Stavemann

Sokratische Gesprächsführung

Harlich H. Stavemann

Sokratische Gesprächsführung in Therapie und Beratung

Eine Anleitung für Psychotherapeuten,
Berater und Seelsorger

Anschrift des Autors:

Dipl.-Psych. Dr. Harlich H. Stavemann
Institut für integrative Verhaltenstherapie
Osterkamp 58
22043 Hamburg
e-mail: stavemann@i-v-t.de

1. Auflage 2002

© Beltz Verlag, Weinheim, Basel, Berlin 2002
Programm PVU Psychologie Verlags Union
http://www.beltz.de

Lektorat: Maren Klingelhöfer
Herstellung: Uta Euler
Umschlaggestaltung: Federico Luci, Köln
Umschlagbild: Image Bank, Frankfurt
Illustrationen: ROBS – Robert Szecowka, Hamburg (nach Ideen des Autors)
Satz: TypoStudio Tobias Schaedla
Druck und Bindung: Druckhaus „Thomas Müntzer", Bad Langensalza
Printed in Germany
Gedruckt auf säurefreiem Papier

ISBN 3-621-27496-0   ND 1-9-04

Inhalt

Vorwort

Der Sokratische Dialog ist eine ursprünglich philosophische Unterrichtsmethode, die eigenverantwortliches Denken fördern will, indem sie zur Reflexion und Selbstbesinnung anleitet, übernommene Normen oder Vorurteile überprüft und zum Selbstdenken anregt. Von Alltagsbeobachtungen ausgehend, werden mit Hilfe der regressiven Abstraktion – dem Rückschluss vom Besonderen zum Allgemeinen – übergeordnete Einsichten und Erkenntnisse gesucht.

Angeblich hat schon Sokrates diese nach ihm benannte Gesprächsführung auch zur Bearbeitung emotionaler Probleme genutzt (Xenakis, 1969; Chessick, 1982), nachgewiesen ist dies aber erst für seine Nachfolger zur Zeit der Stoa (u.a. Epiktet, 1958, 1992).

Heute bedienen sich Vertreter verschiedener Therapieschulen dieser Methodik; sie ist sowohl bei humanistischen, tiefen- und individualpsychologischen Ansätzen als auch bei Gesprächs- und Verhaltenstherapien anwendbar, und besonders Kognitive (Verhaltens-)Therapeuten sehen in dieser Methode eine ihrer wichtigsten Interventionsstrategien (z.B. Ellis, 1973; Beck, 1979; Maultsby, 1986).

Wie komme ich nun dazu, ein Praxisbuch über diese Disputationstechnik und Interventionsmethode zu schreiben?

Mein Interesse an dieser Thematik beruht vor allem darin, möglichst vielen Therapeuten, Beratern oder Seelsorgern eine Gesprächsmethode nahe zu bringen, mit der sie ihren Patienten wichtige Grundlagen für eine psychisch gesunde Lebensweise vermitteln können. Dazu gehört nach meiner Überzeugung besonders die Übernahme von Eigenverantwortung, der Mut zur Selbstbestimmung und das Festlegen eigener Lebensinhalte, Lebensziele und moralischer Normen.

Ich kann mich gut erinnern, wie meine Kollegen und ich während unserer eigenen Therapiefortbildung versucht haben, zu diesem Thema *die* Literatur zusammenzutragen, die uns die praktische Umsetzung dieser Methode in unseren Therapien ermöglichen könnte. Leider ist dieses Unterfangen recht fruchtlos verlaufen.

Auch heute gibt es noch viel zu wenig Anleitungen und Gesprächsbeispiele für die sokratische Gesprächsführung in der Psychotherapie.

Meine psychotherapeutische Tätigkeit ist vorwiegend auf die kognitiven Modelle und Interventionsmethoden ausgerichtet. Dazu zähle ich in erster Linie die Vorgehensweisen von Beck & Emery (1981), Beck et al.(1996), Ellis (1973, 1977), Maultsby (1975, 1986), Mahoney (1977, 1991) und Meichenbaum (1979) mit ihrer Kognitiven Therapie, der Rational-emotiven-Verhaltenstherapie, der

Kognitiven Verhaltenstherapie und der Kognitiven Verhaltensmodifikation. Die Vertreter dieser Schulen setzen zu unterschiedlichen Zeitpunkten im Therapieprozess bestimmte Diskussionsweisen und Disputationstechniken ein, die sie oft nur lapidar mit „Einsatz des Sokratischen Dialogs" beschreiben (siehe Kap.3.2.1). Auch in der Literatur wird häufig lediglich auf die Anwendung der Methode verwiesen, ohne sie selbst explizit zu beschreiben oder darzustellen. Werden aber doch Beispiele angeführt, lässt sich auf Anhieb oft nicht erkennen, worin denn nun genau die sokratische Methode besteht. Zu sehr unterscheiden sich die Vorgehensweisen im Stil, insbesondere in der Direktivität, der Fragetechnik und bei der Enthaltsamkeit von Vorgaben durch den Therapeuten.

Dies führt beim anwendungswilligen Leser schnell zum sokratischen „Zustand der inneren Verwirrung". Und wenn er versucht, die dargestellte Technik in seiner eigenen therapeutischen Praxis anzuwenden, stellt er meist frustriert fest, dass er von dem, was er soeben gelesen hat, wenig umzusetzen vermag.

Als Lehrtherapeut für Kognitive Verhaltenstherapie werde ich häufig gebeten aufzuzeigen, was denn nun genau die sokratische Methode ausmacht und sie nicht nur nachvollziehbar, sondern auch für andere umsetzbar darzustellen. Hierzu soll dieses Buch dienen.

Um aus eigener Erfahrung zu sprechen: Ich selbst habe das Wesen des Sokratischen Dialogs erst richtig verstanden, nachdem ich mich mit dessen philosophischen Wurzeln und seiner weiteren Entwicklung beschäftigt habe. In der Annahme, dies könne auch für andere zutreffen, habe ich den umfangreichen philosophischen Hintergrund in aller Kürze darzustellen versucht und möchte auch die „ungeduldigen Praktiker" ermutigen, sich die Zeit zu nehmen, diesen ersten Teil des Buches nachzuvollziehen. Es wird Ihnen helfen, mit dem zweiten Teil, der praktischen Umsetzung, besser zurechtzukommen, denn gerade bei dieser Thematik sind Ablaufmodelle und Fallbeispiele erst dann in der eigenen therapeutischen oder beraterischen Tätigkeit umsetzbar, wenn Sie die dahinter stehenden philosophischen Grundgedanken kennen und selbst verinnerlicht haben.

Ein kritischer Punkt darf allerdings nicht verschwiegen werden: Es gibt durchaus einen gewichtigen Grund für das Fehlen ausführlicher Literatur zu dieser für Psychotherapeuten so bedeutsamen Thematik, und der liegt in der Methode selbst. Denn:

Was hier vermittelt werden soll, sind nicht irgendwelche philosophischen Einsichten, sondern der Weg, wie man zu ihnen gelangt.

Dieses Ziel allein mit Hilfe eines Buches anzugehen, wäre vergleichbar mit der Aufgabe, jemandem mit Gebrauchsanleitungen das Schwimmen oder Musizieren beizubringen. Jeder weiß (zumindest nach einigen erfolglosen Versuchen), dass man sich solche Fähigkeiten nicht allein durch Vorträge oder Literaturstudium aneignen kann, sondern dass es dazu mühsamer eigener Anstrengung und Übung bedarf.

Gleiches gilt auch für die sokratische Gesprächsführung. Auch sie ist durch Literatur allein nicht vermittelbar – auch nicht durch dieses Buch. Von Sokrates (Platon, 1964) bis Nelson (1929) und Heckmann (1981) sehen die Vertreter dieser Methode den gemeinsamen Dialog als optimale Vermittlungsweise an. Pragmatischen Gesichtspunkten folgend, wähle ich hier die nach Platon (1964) zweitbeste Möglichkeit von philosophischer Einsichtsvermittlung:

Ich werde versuchen, mit Hilfe zahlreicher schriftlicher Dialoge darzustellen, worin das Wesen des Sokratischen Dialogs besteht, ihn in seinen verschiedenen Varianten als Phasenmodell nachvollziehbar beschreiben und Sie mit praktischen Hinweisen ermuntern, die dargestellte Technik zu trainieren und die einzelnen Schritte der Einsichtsgewinnung selbst nachzuvollziehen.

Besonders möchte ich mit diesem Buch die Kolleginnen und Kollegen ansprechen, die in ihrem therapeutischen Vorgehen darauf zielen, dysfunktionale Modelle, kognitive Schemata, Weltbilder und moralische Dogmen ihrer Klienten herauszuarbeiten, zu hinterfragen und – wenn im Sinne des vereinbarten Therapieziels notwendig – dauerhaft zu modifizieren. Und der Sokratische Dialog hat sich hier als besonders geeignetes therapeutisches Instrumentarium für derartig änderungsresistente kognitive Umstrukturierungen erwiesen (u.a. Platon, 1986; Nelson, 1929; Mahoney, 1977; Linden & Hautzinger, 1993; Horster, 1994).

Ich beschreibe hier die sokratische Gesprächsführung sowohl für den Einsatz in der psychotherapeutischen Anwendung als auch für die beraterische und seelsorgerische Tätigkeit. Aus stilistischen und Vereinfachungsgründen benenne ich künftig jedoch den therapeutischen Einsatz und verwende die Begriffe Therapeut und Patient. Alle diesbezüglichen Beispiele sind aber auch auf den beraterischen oder seelsorgerischen Bereich übertragbar.

Aus denselben Gründen habe ich auch auf die „geschlechtsausgeglichene" Nennung der männlichen und weiblichen Bezeichnungen verzichtet und lediglich die männliche Form verwendet. Natürlich sind die Leser*innen* stets in diesen Formulierungen miteingeschlossen.

Begriffe, die für Leser ohne profunde Ausbildung in Kognitiver (Verhaltens-) Therapie oder Philosophie erklärungsbedürftig sein könnten, sind mit einem → gekennzeichnet und werden im Glossar erläutert.

Ihre Rückmeldung, Kritik, Verbesserungs- oder Ergänzungsvorschläge zur theoretischen Ableitung oder praktischen Anwendung sind sehr willkommen. Kontakt: Siehe Autorenanschrift im Impressum.

Hamburg, im Juni 2002   Harlich Stavemann

Teil I

Die Entwicklung des Sokratischen Dialogs: Von der antiken Philosophie zur modernen Psychotherapie

Einleitung

Zuerst war ich ziemlich überrascht von der Nachfrage und Zusammensetzung meiner Seminare zum Thema: „Lehren ohne Belehrung – der Sokratische Dialog in der Psychotherapie." Hatte ich doch befürchtet, mit einem derart „theoretischen" Thema nicht allzu viele Kollegen ansprechen zu können. Um so erstaunter stellte ich fest, dass der Großteil der Seminarteilnehmer aus „alten Hasen", Praktikern und langjährig arbeitenden Therapeuten bestand, die mit einem klar formulierten Lernziel antraten: die sokratische Dialogführung zu trainieren und in ihre therapeutische Arbeit zu integrieren, da sie mit zunehmender Berufstätigkeit um so deutlicher ein Instrumentarium vermissten, mit dem sie die lebensphilosophischen Probleme ihrer Klienten erfolgreich bearbeiten können.

Verblüfft war ich auch von den theoretischen Vorkenntnissen. So ziemlich jeder Teilnehmer besaß eine klare Vorstellung von der Methode und ihrer Zielsetzung. Allein, es mangelte an der Fähigkeit, die bereits vorhandenen Kenntnisse auch praktisch umzusetzen und anzuwenden. Dies wurde dann das definierte Seminarziel.

Auch hier, mit Hilfe dieses Buches, möchte ich die praktische Umsetzung und Anwendung der sokratischen Gesprächsführung vermitteln.

Mir selbst und auch meinen Seminarteilnehmern ist es um so leichter gefallen, auf sokratische Weise zu argumentieren und disputieren, je mehr wir von dem Wesen der sokratischen Technik und ihrer Methode der regressiven Abstraktion verstanden haben. Ich werde deshalb zunächst mit den geschichtlichen Wurzeln beginnen, ihre Wandlung und Präzisierung beschreiben und schließlich die Adaption dieser originär philosophischen Methode für den psychotherapeutischen Einsatz vornehmen.

Im Verlauf des ersten Teils dieses Buches werde ich meine Definition der sokratischen Gesprächsführung für den psychotherapeutischen Einsatz herleiten.

DEFINITION

Der **psychotherapeutische Sokratische Dialog** bezeichnet einen philosophisch orientierten, durch eine nicht-wissende, naiv fragende, um Verständnis bemühte, zugewandte, akzeptierende Therapeutenhaltung geprägten Gesprächsstil, der chronologisch verschiedene Phasen durchläuft.
Er dient einzig der Zielsetzung, dass der Patient durch die geleiteten „naiven" Fragen des Therapeuten seine alte Sichtweise reflektiert, Widersprüche

und Mängel erkennt, selbständig funktionale Einsichten und Erkenntnisse erarbeitet und seine alte, dysfunktionale Ansicht zu Gunsten der selbst- und eigenverantwortlich erstellten aufgibt. Hierzu bedienen Therapeuten sich verschiedener Frage- und Disputationstechniken und/oder der Methode der regressiven Abstraktion.

Ich werde zwei Arten Sokratischer Dialoge unterscheiden und dafür die entsprechenden Vorgehensweisen entwickeln und beschreiben:

(1) Im **explikativen Sokratischen Dialog** machen wir uns auf die gemeinsame Suche nach Begriffsdefinitionen.

(2) Der **normative Sokratische Dialog** dient der Prüfung, ob gewisse Einstellungen oder Handlungen vor einem bestimmten Sozialisationshintergrund, einer ethisch-moralischen Grundeinstellung oder gegebenen (Lebens-)Zielen moralisch oder zielführend sind.

Im zweiten Teil erfolgt dann deren praktische Umsetzung anhand diverser Dialogbeispiele und Hinweise für eigene Dialoge.

Sokrates

1.1 Sokrates – Begründer der Psychotherapie?

Die Beschreibung dessen, wer Sokrates war, wie er lebte, was er lehrte und welche Intentionen er verfolgte, leidet erheblich darunter, dass er selbst keine Schriften verfasst hat. Dies getreu seiner Überzeugung, dass schriftlich festgehaltenes Wissen leicht die Illusion nähre, es könne ohne eigenes Nachdenken, ohne eigene Anstrengung und ohne praktische Umsetzung angelesen werden. So warnt er beispielsweise in Platons „Phaidros" (1957 [275a,d]), dass die Erfindung der Schrift den Menschen am Nachdenken hindere, weil er sich, im Vertrauen auf das Geschriebene, auf angelesene Wahrheiten stütze und sie nicht „aus sich selbst heraus" erarbeite. Niedergeschriebenes könne nur dem zur Erinnerung dienen, der ohnehin schon wisse, was dort stehe.

Erst nach seinem Tode haben einige seiner Schüler etliche Schriften hervorgebracht, die das Leben von Sokrates und seine Lehre beschreiben. Aber auch davon sind leider viele nicht erhalten, und die verbliebenen sind inhaltlich oft recht widersprüchlich. Als einzige zeitgenössische Quellen dienen uns heute die Dialoge Platons und die sokratischen Schriften Xenophons.

Sokrates und seine Nachfolger. Dass Sokrates auch von nachfolgenden Philosophen keineswegs einhellig interpretiert und beurteilt wird, zeigen die vielfältig differierenden Bewertungen und die recht unterschiedliche Würdigung seiner Person und Lehre (siehe Kapitel 1.4).

Unstrittig hat er aber – vielleicht auch gerade wegen dieser Auseinandersetzungen – die Philosophie bis in die heutige Zeit beeinflusst und inspiriert. Auf ihn berufen sich nicht nur die diversen sokratischen Schulen, auch andere Philosophen nutzen zumindest einen Teil seiner Lehre für unterschiedlichste Versionen des → Sokratismus.

Vor allem Platon, seinem bekanntesten Schüler, ist eine wesentliche Verbesserung, Konkretisierung und Erweiterung der sokratischen Lehre zu verdanken. Platons Schüler Aristoteles hat sich selbst auch ausführlich mit ihren Inhalten beschäftigt, und durch die nachfolgenden philosophischen Schulen der Kyniker (hier insbesondere Antisthenes, Diogenes von Sinope) und der Stoa (Zeno, Chrysippus, Epiktet, Seneca, Marc Aurel) spannt sich der Bogen bis in die Moderne zu Kant (1990, 1995), der den sokratischen Grundgedanken entscheidend weiterentwickelt, und zu Nelson (1929), der die sokratische Methode als *das* Mittel der Wahl für den philosophischen Unterricht propagiert.

Philosophie und Psychologie. Die Geschichte der Philosophie ist gleichzeitig auch die der Psychologie und der Psychotherapie, denn erst vor einigen Jahrzehnten haben sich diese bis dahin der Philosophie zugeschriebenen Gebiete als eigenständige Bereiche abgelöst. Dies ist wohl besonders auf das damalige Bestreben innerhalb der Psychologenschaft zurückzuführen, ihre Forschungs- und Lehrinhalte als eigenständige Naturwissenschaft zu etablieren.

Aber auch die überzeugtesten Anhänger quantitativer Forschung oder orthodoxe Verhaltenstherapeuten → Skinnerscher Prägung werden die immensen Überschneidungen in der Thematik und der Problematik bei der psychotherapeutischen Beratung zu Zeiten des Sokrates und heute nicht leugnen.

Damals wie heute ging und geht es immer noch zu allererst um Themen des Selbstwerts, darum, was ein „guter“ oder „schlechter“, ein „wertvoller“ oder „wertloser“ Mensch sei, was ein „erfülltes“ oder „gottgefälliges“ Leben ausmache, wie man „richtig“ lebe oder wie man „unbedingte Sicherheit“ erreichen könne. Damals wie heute leiden Menschen unter unangemessenen Normen und Vorurteilen, dogmatischen Moralvorstellungen, unreflektierten Weltanschauungen und fehlenden oder unrealistischen Lebenszielen.

Und genau hier setzt Sokrates mit seiner Methode an. Er versucht mit seinen Gesprächspartnern Begriffe, Maßstäbe und Zielsetzungen zu klären, sie zu reflektieren und zu konkretisieren. Dadurch führt er seine Gegenüber zu immer tieferer Einsicht und (Selbst-)Erkenntnis und befähigt sie so, ein selbstbestimmtes, eigenverantwortliches Leben in innerer Übereinstimmung und Gelassenheit zu führen.

Dieses Ziel ist auch heutigen Psychotherapeuten nicht fremd.

Urvater der Psychotherapie? Ob man nun wie Xenakis (1969) oder Chessick (1982) Sokrates unbedingt als Urvater der Psychotherapie ansehen möchte oder nicht: unstrittig ist wohl, dass er sich gezielt und systematisch um die Hilfestellung bei emotionalen Problemen bemüht hat (s. Platon, 1977 [156]; Xenophon, 1980), und das ist nach meinem Verständnis Psychotherapie.

Die Einsatzmöglichkeiten der sokratischen Methode zur Behandlung psychischer Probleme werden durch Platon aufgegriffen und in seinen mittleren und späteren Dialogen maßgeblich erweitert.

Auch die nachfolgenden philosophischen Schulen der Kyniker und Stoa haben erheblich zur Verbreitung dieser Methode in der psychotherapeutischen Anwendung beigetragen. Auf den Stoiker Epiktet, den für diesen Bereich wohl wichtigsten und bekanntesten Vertreter jener Zeit, berufen sich heute die psychotherapeutischen Schulen um Beck, Ellis, Maultsby u.a.

Und in der Tat: liest man sein → „Encheiridion“ (dt.: Handbüchlein der Moral, Epiktet, 1958), so glaubt man, das Lehrbuch eines kognitiven Therapeuten vor sich zu haben. Die darin abgehandelten Probleme und die Beschreibung neurotischer Denkmuster haben an ihrer Aktualität nichts eingebüßt. Und vielen seiner Beschreibungen und Ratschläge dazu gibt es auch heute nichts hinzuzufügen als: „ja, genau.“

1.2   Sokrates – seine Zeit

Sokrates (469–399 v.Chr.) wird als Sohn eines Steinmetzen und einer He-bamme geboren. Als freier Bürger Athens erlebt er die Blütezeit seiner Stadt nach Gründung des attisch-delischen Seebundes und schließlich auch ihren Niedergang nach der Kapitulation im Peloponnesischen Krieg (431–404).

Der politisch-gesellschaftliche Hintergrund ist geprägt durch die Demokra-tie des Perikles (444–429), die anschließende grausame Herrschaft der Sparta Hörigen „Dreißig Tyrannen" und die 403 v. Chr. wieder erneut siegreichen An-hänger der Demokratenpartei. Der offizielle, staatlich verordnete Glaube be-steht in einem ausgefeilten Götterkult.

Wie lebt Sokrates? Sein Alltag besteht – wie bei den meisten freien Bürgern Athens – wohl hauptsächlich darin, mit anderen zu schwatzen oder über ethi-sche Ansichten und moralische Fragen zu philosophieren, während die Sklaven die Arbeit machen (Martens, 1992, S.6f).

> **ZITAT**
>
> „Sein Leben spielte sich vor aller Augen ab. Morgens besuchte er die Wan-delhallen und die Ringplätze, in den Stunden, da der Markt voller Leute war, konnte man ihn dort finden. Den übrigen Teil des Tages hielt er sich immer da auf, wo er erwarten konnte, die meisten Leute anzutreffen." (Xenophon, 1980 [I 1,10])

Mit seinen anzweifelnden, stets das dogmatische Wissen in Frage stellenden Re-den zieht er sich recht bald den Ruf eines Jugend verderbenden Götterfrevlers und → „Sophisten" (die Wissenden, die „Weisheitslehrer") zu. Und seine pene-trante Forderung nach einem moralisch einwandfreien Leben erscheint der po-litisch herrschenden Schicht wohl als besonders brenzlig.

Die Sophisten. Es sind vor allem die → Sophisten, die in dieser politisch, wirt-schaftlich und kulturell turbulenten Epoche Athens mit ihren neuen Lehren die überlieferten Vorstellungen angreifen, zum Teil ad absurdum führen und die bestehende „göttliche Ordnung" in Frage stellen.

Fuhrmann (1986, S.105f) beschreibt diese Gelehrten treffend als Erzieher und Propagandisten einer neuen Bildungsform, die ihren Schülern, einer Elite adliger Provenienz, zu erfolgreichem politischen Handeln verhelfen wollen. Dazu bieten sie ihnen neben der reinen Wissensvermittlung zwei Methoden an, um ihr Durchsetzungsvermögen zu steigern: die Dialektik (die Disputierkunst) und die Rhetorik (die Kunst der sorgsam geplanten und ausgeführten zusammenhän-genden Rede). Der Generalnenner sophistischer Bildung liegt in der Überzeu-gung, dass man die überkommene Kultur in all ihren Manifestationen (wie: Sprache, Religion, Politik, Moral, Staats- und Rechtswesen) nicht einfach hinnehmen, sondern reflektieren und kritisieren solle. Die Sophisten gehen dabei teils empirisch vor, indem sie beobachten, wie verschieden Götterkult, Sitte, Recht und staatliches Leben bei unterschiedlichen Völkern beschaffen sind, und kommen zu der relativistischen Auffassung, dass es bei der Vielfalt der Normen unmöglich sei, bestimmte Normen für unbedingt verbindlich zu erklären. Anderteils argumentieren sie aber auch rationalistisch, indem sie die Wiedergabe der Wirklichkeit an konstruierten Normen, an einem Ideal messen. Damit vermeiden sie zwar die Schwierigkeiten des Relativismus, sind dafür aber der Frage ausgesetzt, wie man die so konstruierten Normen überzeugend begründen kann.

Sokrates' Kritik an den Sophisten

Sokrates ist anfänglich stark beeinflusst von den Lehren des Anaxagoras, einem bedeutenden Sophisten, der sich selbst als „Naturphilosophen" sieht, da er alle Erscheinungen des Kosmos mit physikalischen Ursachen zu erklären sucht. Entsprechend zitiert Platon Sokrates im Dialog mit Kebes (1987b [96a], Hervorhebungen d.d.V.): „Hör also, was ich zu sagen habe. Als ich, mein Kebes, jung war, da war ich ganz furchtbar auf die Weisheit aus, die man Wissenschaft von der Natur nennt. Denn das schien mir ganz großartig zu sein, die Gründe für jedes Ding zu kennen, *wodurch* es entsteht und *wodurch* es vergeht und *wodurch* es ist."

Naturwissenschaftliches Fragen. Zwar ist auch Sokrates überzeugt, dass überlieferte Normen und Wertvorstellungen zu reflektieren und einer kritischen Prüfung zu unterziehen seien, doch glaubt er, im Gegensatz zu den Sophisten, nicht an eine unabänderliche, unüberwindbare Krise dieser Normen und Werte. Vielmehr forscht er nach einem neuen moralischen Fundament, das von neuen, objektiven, allgemein gültigen und verstandesmäßig überprüfbaren Normen getragen wird (Fuhrmann, 1986). So begründet er im Dialog mit Kebes, warum er schließlich von der physiologischen Herangehensweise der Sophisten und ihrer Art des allein naturwissenschaftlichen Fragens und Erklärens völlig abgekommen sei (1987b [97b], Hervorhebungen u. Einschub d.d.V.): „Ich verstehe überhaupt nicht mehr, *warum* irgend etwas entsteht oder vergeht oder ist, solange ich dieser Betrachtungsweise [des *wodurch*] folge." Er konzentriere sich lieber auf die Suche nach dem Grund einer Sache. Und den Weg dorthin glaubt er, in seiner deduktiven Methode und seiner typischen Art der Erkenntnisgewinnung durch den erörternden Dialog gefunden zu haben.

Abstraktes Wissen. Besonders kritisiert Sokrates die Sophisten darin, dass sie in ihrer dogmatischen Lehre, ihrem Angebot an Rhetorik und enzyklopädischem Wissen die entscheidende Frage nach dem Ziel ihrer angebotenen Mittel offen lassen (Platon, 1975 [185 b-e]), dass sie eine partielle, oft durchaus nützliche „Tüchtigkeit" mit der umfassenden „Bestheit" gleichsetzen (Martens, 1992), und dass sie lediglich abstraktes Wissen ohne praktischen Bezug vermitteln. Er ist überzeugt, dass nur die eigenen, mühsam herausgearbeiteten Überzeugungen und Erkenntnisse dazu beitragen, sie anschließend auch *zu leben*, und dass die ausschließliche Vermittlung philosophischer Weisheit – egal, ob in mündlicher oder schriftlicher Form – keine wirkliche Einsicht und Veränderung bewirken kann.

Seine Lehre unterscheidet sich von der sophistischen hauptsächlich darin, dass er neben den rhetorischen und dialektischen Übungen und dem Faktenwissen nicht nur eine vernunftorientierte, sondern auch eine moralische Lebensführung mit Realitätsbezug vermitteln will. Während er versucht, ethische Begriffe zu hinterfragen und zu definieren, abstrahiert er daher ausschließlich von realen, beobachtbaren Beispielen.

ZITAT

„Er selbst unterhielt sich immer über das, was den Menschen anging, und untersuchte, was fromm, unfromm, edel, unedel, gerecht, ungerecht sei, ebenfalls, was Besonnenheit, Tollheit, Tapferkeit, Feigheit sei, auch, was ein Staat, ein Staatsmann, eine Regierung und ein Regent sei.“ (Xenophon, 1980 [I.1,16])

Prozess gegen Sokrates

Den meisten Bürgern Athens ist Sokrates' ablehnende Haltung den Sophisten gegenüber und seine kritische Auseinandersetzung mit ihnen wohl verborgen geblieben. Ihre Beurteilung seiner Person ist, im Gegenteil, vermutlich eher geprägt durch eine Komödie des Aristophanes („Die Wolken", o. Jg.), in der ausgerechnet Sokrates als Hohepriester der sophistischen Lehre karikiert und verspottet wird. Insofern mag man es schon als Ironie des Schicksals sehen, dass es gerade Sokrates trifft, als man wieder einmal einen Sophisten, einen dieser unbequemen Kritiker, öffentlich zur Verantwortung zieht und in einem Schauprozess aburteilen will.

Fuhrmann (1986) hegt den nahe liegenden Verdacht, dass die Regierenden sich durch derartige Prozesse wohl auch versprechen, von den derzeit herrschenden chaotischen politischen Zuständen ablenken und in den Vertretern der neuen Weltanschauungen Schuldige für den Verfall der moralischen und politischen Macht präsentieren zu können. (Eine Strategie, die auch heutzutage noch nicht aus der Mode gekommen ist.)

Aus diesem Blickwinkel betrachtet, spricht wieder einiges dafür, warum man gerade Sokrates wählt, um ihn öffentlich zu demontieren. Denn seine ständigen moralischen Ermahnungen und Forderungen sind für die politische Führung sicher unbequemer und gefährlicher als die neue Lehre der Naturphilosophen, und so mag es für sie wichtiger gewesen sein, diesen lästigen Moralapostel mundtot zu machen.

Sokrates' Verteidigungsrede.
Dass Sokrates aber – auch aus damaliger Sicht völlig überraschend – zum Tode durch den Schierlingsbecher verurteilt wird, ist wohl nur durch sein aktives Zutun möglich. Wie Platon (1986) in seiner „Apologie des Sokrates" beschreibt, tritt er durchaus selbstbewusst und ungebeugt

vor seine Richter. Zu beiden Anklagepunkten (Frevel wider die Götter und Verderb der Jugend) legt er – in seiner bekannten Art der Gesprächsführung und streckenweise mit beißender Ironie – die Widersinnigkeit dieser Vorwürfe bloß.

Wir werden im nächsten Kapitel auch den Disput mit Meletos, einem seiner Hauptankläger, als ein Beispiel sokratischer Dialogführung betrachten (Platon, 1986, S.29ff) in dem Sokrates zunächst den Inhalt der Vorwürfe präzisiert, brillant abstrahiert und unter Verwendung von Analogien deren offensichtliche Unhaltbarkeit beweist. Dennoch stimmen 280 von 501 Geschworenen des Gerichtshofes für „schuldig".

Viele Betrachter meinen, dass dies allein auf das provokante Auftreten von Sokrates zurückzuführen sei. Die Beschreibung seines Gebarens vor Gericht geht von konsequent, standhaft und selbstbewusst über überheblich und arrogant bis zu beleidigend und unverschämt (Platon, 1986; Xenophon, 1956; Chessick, 1982). Getreu seiner Maxime, dass der Weisere der sei, der wisse, dass er nichts wisse, tritt er auch seinen Richtern gegenüber als derjenige auf, der als einziger Weisheit besitzt: Er habe zuvor die Bürger, Politiker, Handwerker und Dichter Athens geprüft und stelle fest: „Im Vergleich zu diesen Menschen bin ich der Weisere. Denn wahrscheinlich weiß ja keiner von uns [...] etwas Ordentliches oder Rechtes. [...] Offenbar bin ich im Vergleich [...] um eine Kleinigkeit weiser" (Platon, 1986 [21d]). Und er wisse wohl, dass er sich mit dieser Behauptung keine Freunde mache.

Im zweiten Prozessabschnitt, der zur Festlegung des Strafmaßes dient, schafft es Sokrates, seine Richter so zu emotionalisieren und gegen sich aufzubringen, dass etliche, die zuvor für seine Unschuld gestimmt haben, nun plötzlich für die Todesstrafe votieren.

Nicht nur, dass er den Richtern überzeugt darlegt, statt einer Strafe eine Belohnung für seine unermüdlichen „Menschenprüfungen" zu verdienen, (nämlich einen ständigen Freitisch im → Prytaneion), er sagt auch klar, dass die sonst übliche Verbannungsstrafe für ihn nicht in Betracht komme, und dass er nur weiterhin als „Menschenprüfer" wirken könne. Ein anderes Leben sei für ihn ohne Belang (Platon, 1986 [38a]).

Nun, so kommt es zum bekannten Richterspruch.

Todesstrafe selbst angestrebt? Chessick (1982) spekuliert, dass hinter dem provokanten Auftreten des Sokrates eine gezielte Strategie stehen könnte, bewusst die Todesstrafe zu suchen, obwohl er leicht sein Leben hätte retten können: Als „Therapeut der Gesellschaft" wolle Sokrates damit seine absolute Entmutigung und Enttäuschung – seinen Todeswunsch – zum Ausdruck bringen, weil er erleben muss, wie „sein Patient", das athenische Volk, durch mehrere dumme, selbstzerstörerische Entscheidungen und Handlungen förmlich Suizid als Staatsmacht begeht.

Xenophon (1980, §14) erkennt dagegen in der stolzen, kompromisslosen Haltung die Vollendung der sokratischen Lebensauffassung; Platon (1986 [33d]) vermutet darüber hinaus, dass Sokrates den Tod durch Hinrichtung provoziert, den er – in seiner todesverachtenden Art – dem durch Siechtum vorziehe.

Vorsicht: Soziale Nebenwirkungen!

Wie auch immer: Das Resultat der Abstimmung zeigt allemal sehr deutlich, dass die sokratische Methode nicht immer nur Begeisterte hinterlässt. Zwar setzt man Sokrates schon kurz nach dessen Hinrichtung reuevoll ein Denkmal und seine philosophische Methode erlebt, besonders durch seine Schüler Platon und Xenophon, eine Hochkonjunktur, doch bleibt festzuhalten, dass man sich (auch heute noch) mit unerwünschtem und ungefragtem „Sokratisieren" kräftig in die Nesseln setzen kann.

Nun ja, wer lässt auch schon gern eigene Einstellungen und Konzepte als unlogisch, untauglich und unhaltbar entlarven, wer mag schon der inkonsequenten, nicht zielorientierten Lebensweise überführt werden, wer lässt sich schon gern nachweisen, widersprüchlich zu den eigenen, *eigentlich* verfolgten Werten und Normen zu leben?

Für alle überzeugten und glühenden Verfechter der sokratischen Methode, die gern, überall und intensiv der → „Mäeutik" (der „Hebammenkunst") nachgehen und auch vor der sokratischen Durchforstung ihrer näheren sozialen Umgebung nicht zurückschrecken, sei angemerkt, dass über die sozialen Nebenwirkungen dieser Methode (insbesondere auf die familiendynamische Entwicklung im Hause Sokrates) Genaueres nicht überliefert ist.

So ist ziemlich unklar geblieben, ob die angeblich so zänkische Xanthippe durch die andauernde „Was ist das?"-Fragerei ihres Mannes zur Verzweiflung getrieben wird, oder ob Sokrates seine Methode nur entwickelt hat, weil sie es ihm ermöglicht, dem realen Alltagshorror ziemlich rasch auf ein höheres Abstraktionsniveau zu entfliehen und dort seine Ruhe zu finden.

1.3   Sokrates – seine Lehre

Sokrates gilt als einer der Wendepunkte in der Philosophiegeschichte: Er richtet, im Gegensatz zur sophistischen Lehre, wieder den Fokus auf die Probleme des menschlichen Lebens, darauf, was es bedeutet, „Mensch zu sein", wie man seine Existenz auszufüllen gedenkt und wie die „richtige" Lebensweise auszusehen hat. Die Frage nach der → Arete (der Tugend oder dem guten, richtigen und gerechten Leben) beschäftigt ihn bis zu seinem Tode und ist *das* zentrale Thema seiner philosophischen Betrachtungen.

Seine eigene Lehre ist aus den oben bereits genannten Gründen schwerlich von der Platons zu trennen, und die unterschiedlichen Auffassungen und Deutungen seiner Botschaft sind von der Antike bis zur Gegenwart widersprüchlich und vielfältig. (Eine genauere Beschreibung dieser Sichtweisen liefert Martens, 1992.) Unterstellt man aber, dass die früheren Dialoge Platons der geschichtlichen Wahrheit am nächsten kommen, (und die späten bereits seine eigene, verbesserte und erweiterte Lehre einschließen), so lässt sich Sokrates in erster Linie als Moralphilosoph und Ironiker beschreiben, der sich mit seiner „Was ist das?"-Frage um die Klärung ethischer Begriffe müht.

Ausgangspunkt und Grundannahmen
Sokrates glaubt (Platon, 1994), dass Menschen nicht wider besseren Wissens schlecht oder ungerecht handeln, sondern nur aus Unwissenheit heraus. Man müsse daher in erster Linie um die Erarbeitung tieferer Einsichten und besseren Wissens bemüht sein, um die Menschen zur → Arete, zum Guten und Gerechten, zu führen.

Suche nach dem Guten und Gerechten. Er meint, dass der Charakter und das Wesen eines Menschen direkt durch dessen Art und Weise zu denken bestimmt wird, und dass, wie die menschliche Natur, auch die ethischen Werte konstant und zeitlos sind. Und um diese moralischen Normen zu finden, muss man nur nach dem unveränderlichen ethischen Kern in der chaotischen Welt der Alltagserfahrungen suchen.

Dazu plädiert er an seine Mitbürger, sich weniger auf die vergänglichen Werte wie Macht, Geld und Genuss zu konzentrieren, sondern sich durch eine Innenschau und im Innendialog auf die Suche nach der Tugend, dem Guten, Schönen, Gerechten und Frommen zu machen.

ZITAT

„Denn ich tue, während ich euch nachlaufe, nichts anderes, als daß ich euch, die Jüngeren wie die Älteren, dahin zu bringen suche, euch nicht zuallererst um euer leibliches Wohl und um Geld zu kümmern und auch nicht mit solchem Eifer wie um einen möglichst guten Zustand eurer Seele, wobei ich sage, daß nicht der Reichtum sittlichen Wert hervorbringt, sondern der sittliche Wert Reichtum und alle übrigen Güter..." (Platon, 1986 [30a,b]).

Sokrates erwartet von seinen Gesprächspartnern das Wissen um den Inhalt eines Begriffs, bevor er bereit ist, darüber zu diskutieren. So zitiert Platon (1994 [86d]) ihn im Gespräch mit Menon: „Wenn ich nicht nur mich selbst, sondern auch dich im Griff hätte, würden wir nicht überlegen, ob man Gutsein lehren kann oder nicht, bevor wir nicht zuerst untersucht hätten, was es ist."

Eine „unwissende" Haltung im Gespräch gewährleiste dabei, die Dialogpartner bei der Suche nach ihrer persönlichen Wahrheit und ihren eigenen moralischen Normen nicht durch eigene Dogmen zu beeinflussen.

Zustand der inneren Verwirrung. Aus der Position des „ich weiß, dass ich nichts weiß" prüft Sokrates seine Gesprächspartner als naiver Frager so lange in ihrem behaupteten Wissen um moralische Normen und Begriffe und verwickelt sie derart in Widersprüche, bis sie schließlich angesichts der aufgezeigten Lücken, Inplausibilitäten und Unlogiken ihr Nicht-Wissen um die diskutierte Sache eingestehen müssen und in den von ihm angestrebten „Zustand der inneren Verwirrung" geraten.

Die „Einsicht in das eigene Nichtwissen" und die durch den „Zustand der inneren Verwirrung" hervorgerufene, massive Verunsicherung sei eine wichtige Voraussetzung für Veränderungsprozesse: Anschließend könne er seine Gesprächspartner leichter zur Innenschau, zum Innendialog und letztendlich zur Selbsterkenntnis führen und so zu geistiger (Neu-)Orientierung und einem selbstbestimmten Leben verhelfen. Das Eingeständnis ihres Nichtwissens leite die Menschen an, nun um so mehr nach ihrem sittlichen Ideal, ihren Lebenszielen und moralischen Normen zu forschen, und aus der Kenntnis des „Tugendhaften" heraus, handelten sie dann auch zwangsläufig entsprechend moralisch.

Regressive Abstraktion. Aufbauend auf den „Zustand der inneren Verwirrung", versucht Sokrates mit seiner Methode der → regressiven Abstraktion von den Folgen einer Sache zu ihren Ursachen und Wurzeln zu gelangen, vom Erscheinungsbild zum eigentlichen, allgemein gültigen Wesen vorzudringen. Gemäß seiner Überzeugung, dass die konkreten Erfahrungen und Wahrnehmungen des Alltags die notwendige Basis seiner Fragestellung und Untersuchung zu sein habe, geht er, im Gegensatz zu anderen Philosophen, bei seinen Ableitungen stets vom Alltagserleben seiner Gesprächspartner aus. Denn, wie Nelson es (1929, S.48) formuliert: „Der Abstraktion muss etwas [Konkretes] vorliegen, von dem sie abstrahiert."

> **ZITAT**
>
> „Wir gehen von dem einzelnen Ding aus, um so zum Allgemeinen zu gelangen, zum Wesen des Einzelnen. Haben wir einmal das Wesen einer Sache erkannt, dann verstehen wir auch das Einzelne besser. Wir brauchen aber das Einzelne, das sich uns in der Wahrnehmung zeigt, damit wir das Allgemeine überhaupt erst finden können." (Horster, 1986, S.10)

Der Rückschluss vom Einzelnen zum Allgemeinen, von den Folgen zu den Gründen ist eine → regressive Vorgehensweise. Nach Nelson (1929) dient die Methode der → regressiven Abstraktion zum Aufzeigen philosophischer Prinzipien und erzeugt keine neuen Erkenntnisse, weder von Tatsachen noch von Gesetzen. Sie führe lediglich durch Nachdenken auf klare Begriffe und fördere das zu Tage, was als ursprünglicher Besitz in unserer Vernunft ruhe und in jedem Einzelurteil wiedererkennbar sei. Philosophieren sei demnach nichts anderes, als mit Hilfe des Verstandes jene abstrakten „Vernunftsweisheiten" zu isolieren und in allgemeinen Urteilen auszusprechen.

„Hebammenkunst". Davon überzeugt, dass man durch das Hinterfragen und Erforschen des eigenen, bereits vorhandenen Wissens zu tieferen Einsichten darüber vordringen könne, möchte Sokrates seine Gegenüber also zur Einsicht, zum Wissen um das Tugendhafte und zur Wiedergewinnung der zwar bereits vorhandenen, aber noch verschütteten „Wahrheit" führen. Das heißt: Es geht ihm nicht um Wissensvermittlung, sondern vielmehr um die Wiedergewinnung des bereits Gewussten, des verschütteten Wissens.

Dieses Unterfangen beschreibt Platon (1994 [81d]) folgerichtig als „Hebammenkunst" (→ Mäeutik), da Sokrates, wie eine Hebamme, nicht selbst neue Einsichten gebäre, sondern anderen nur beim Hervorbringen ihrer eigenen, persönlichen Wahrheiten behilflich sei.

> **ZITAT**
>
> „Das Suchen und das Lernen sind [...] gänzlich Wiedererinnerung." (Platon, 1984 [81d])
>
> „[...] wer etwas nicht weiß, der hat in sich wahre Meinungen über das, was er nicht weiß."(Platon, 1994 [85c])
>
> „Deshalb mußt du den Mut haben und dich bemühen, auf das, was du zufällig jetzt nicht weißt – es ist nur etwas, an das du dich nicht erinnerst –, die Suche zu richten und dich zu erinnern." (Platon, 1994[86b])

Kunst der Hinführung. Demzufolge versucht Sokrates mit seiner „Kunst der Hinführung zu tieferen Einsichten", bestehend aus → Protreptik und → Mäeutik, eine Neuorientierung seiner Gesprächspartner zu bewirken, indem er, von der Betrachtung konkreter Einzelbeispiele ausgehend, allgemeine Aussagen formuliert, schrittweise Unwesentliches entfernt und das Wesentliche begrifflich zu fassen sucht. So gelangt er schließlich zu den Ursachen und dem Wesen des Untersuchten, zur Definition einer Sache, zur Erkenntnis und „Wahrheit". Das so erhaltene Ergebnis, diese „Wahrheit", hält er aber nicht für allgemein gültig oder beständig, sondern für eine vorübergehende individuelle Überzeugung oder Vorstellung von der Wahrheit oder vom guten, richtigen, moralischen Leben, der → Arete.

Didaktische Hilfsmittel und Strategien. In seiner Argumentationsweise benutzt er dabei verschiedene didaktische Hilfsmittel und Strategien, die Martens (1992, S.128) beschreibt als:

- ▸ Prüfung der logischen Konsistenz
- ▸ Bezugnahme auf Alltagserfahrungen und darauf ausgerichtete Tatsachenprüfungen
- ▸ Einsatz sowohl → induktiver als auch → deduktiver Schlussfolgerungen
- ▸ Verwendung praktischer Analogien oder → Syllogismen

> **!** Charakteristisch für die sokratische Gesprächsführung ist die geforderte totale Abstinenz bei jeder Form dogmatischer Wissensvermittlung: Sie vermeidet bewusst, neue Wahrheiten zu lehren, sondern zeigt mit Hilfe ihrer Fragetechnik den Weg auf, wie der Gesprächspartner seine individuelle *Wahrheit* selbst finden kann.

Phasenmodell der antiken Sokratischen Dialoge

Untersucht man die überlieferten Sokratischen Dialoge auf eine innere Struktur, stellt sich zunächst der eigene „Zustand innerer Verwirrung" ein, denn in Platons Dialogen zeigt Sokrates unterschiedliche Vorgehensweisen in seiner Gesprächsführung. So stellt denn auch Martens (1992, S.152) fest, dass von *der* sokratischen Methode ebenso wenig die Rede sein kann wie von *dem* sokratischen Nichtwissen.

Diese Tatsache erscheint jedoch weniger verblüffend und irritierend, wenn wir die unterschiedlichen Gesprächspartner und, einhergehend damit, die differierenden Ziele des Sokrates berücksichtigen: Diskutiert er mit wohlgesonnenen, an einer Klärung interessierten Personen wie dem Laches oder dem Euthyphron, mit denen er über die Tugend, die Tapferkeit und das Fromme philosophiert (Platon, 1975, 1978), dann ist er nicht nur an der → Elenktik, der „Kunst der Überführung", sondern auch an der „Kunst der Hinführung" durch → Protreptik und → Mäeutik, interessiert. Kann er das gemeinsame Interesse seiner Gesprächspartner an Begriffsklärungen jedoch nicht unterstellen, oder führt er gar Streitgespräche, in denen ihm in erster Linie an der Widerlegung bestimmter Behauptungen liegt, konzentriert er sich auf die → Elenktik. Als typisches Beispiel steht hierfür seine Auseinandersetzung mit Meletos, seinem Ankläger im → Asebie-Prozess (Platon, 1986).

Versucht man nun, die unterschiedlichen Phasen der sokratischen Dialogführung zusammenzustellen, zeichnet sich ein bestimmter Gesprächsablauf ab.

Phasenmodell der antiken Sokratischen Dialoge

(1) **Auswahl des Themas oder Betrachtungsgegenstandes**
Sokrates greift eine Behauptung, Aussage oder Definition seines Gesprächspartners auf oder legt das Thema der Betrachtung fest.

(2) **„Was ist das?" Erster Definitionsversuch**
Sokrates gibt sich hierzu unwissend und formuliert seine „Was ist das?"-Frage.

(3) **Konkretisierung der Fragestellung und Herstellung des Alltagsbezuges**
Nach der – in der Regel unzulänglichen – Beantwortung des „Was ist das?" fragt er nach einem konkreten Beispiel, in dem das Behauptete vorkommt.

(4) **Ggf. weitere Konkretisierung oder Umformulierung des Themas oder Untersuchungsgegenstandes**
Falls sich die bisherige Fragestellung als zu wenig konkret, zu pauschal oder klärungsbedürftig erweist, folgt eine weitere Konkretisierung, entweder, indem das alte Thema in Unterthemen aufgeteilt und dann eines der Subthemen zum Untersuchungsgegenstand wird, oder indem der alte Untersuchungsgegenstand einem erneuten Definitionsversuch unterzogen wird. In jedem Fall aber: zurück zu (2).

(5) **Widerlegung (Elenktik)**
Widerlegung der Behauptung durch Aufzeigen von Widersprüchen im Modell oder mit Alltagsbeobachtungen. Dadurch soll der „Zustand der inneren Verwirrung" erzeugt und die Bereitschaft zur Neuorientierung gefördert werden.

(6) **Hinführung durch → Protreptik und → Mäeutik**
Mit Hilfe philosophischer Betrachtungen und der → Mäeutik erfolgt (anhand konkreter Beispiele und in der Regel auf dem Wege der → regressiven Abstraktion) die Hinführung zu tieferen Einsichten und die gemeinsame Suche nach einer Beantwortung der Ausgangsfragestellung.

(7) **Ergebnis des Dialogs**
Der Gesprächspartner formuliert die „von ihm selbst" gefundene persönliche Wahrheit, die im Einklang mit seinen individuellen moralischen (Lebens-)Zielen, Normen und Vorstellungen steht.

Beispiel für einen antiken Sokratischen Dialog

Laches. Betrachten wir nun ein Dialogbeispiel und versuchen, diese Struktur wiederzufinden. Als ein klassisches Beispiel für die sokratische Dialogtechnik wird meist die Diskussion des Sokrates mit Laches über die Tugend und die Tapferkeit herangezogen (Platon, 1975 [190b]-[193d]). Die Zahlen in der rechten Kommentar-Spalte geben die jeweiligen Dialogphasen an.

Sokrates: Haben nun nicht, o Laches, auch jetzt diese beiden uns zur Beratung gerufen, auf welche Weise wohl den Seelen ihrer Söhne Tugend beigebracht werden und sie besser machen möge?

Laches: Freilich.

Sokrates: Muß also nicht dieses wenigstens sich bei uns finden, daß wir wissen, was die Tugend ist? Denn wenn wir etwa ganz und gar nicht wüßten von der Tugend, was sie eigentlich ist, wie könnten wir wohl jemandem Rat darüber erteilen, auf welche Weise er sie am besten erwerben möge?

Laches: Wir könnten es ganz und gar nicht, wie mich wenigstens dünkt, o Sokrates.

Sokrates: Behaupten wir also, o Laches, daß wir wissen, was sie ist?

Laches: Freilich wollen wir das.

Sokrates: Wovon wir aber wissen, davon müssen wir doch auch sagen können, was es ist?

Laches: Wie sollten wir nicht.

Sokrates: Laß uns aber nicht, o Bester, nach der ganzen Tugend sogleich fragen, denn vielleicht wäre dies Geschäft zu groß, sondern von einem Teile derselben zuerst sehen, ob wir tüchtig sind, ihn zu verstehen; so wird uns wahrscheinlich die Untersuchung leichter sein.

Laches: Wohl, o Sokrates, laß es uns so machen, wie du willst.

Sokrates: Welchen also wollen wir wählen von den Teilen der Tugend? Oder, nicht wahr, den gewiß, auf welche diese Kunst des Fechtens abzuzwecken scheint? Und das scheint sie doch den Leuten auf die Tapferkeit?

Laches: Allerdings, so scheint es ihnen.

Sokrates im Gespräch mit Laches in Gegenwart der Heerführer Lysimachos und Melesias, die wissen wollen, wie sie ihre Söhne zu tüchtigen Männern erziehen können.
(1) Ursprüngliche Frage des Laches: „Kann man Tugend lehren?"
(2) Fragestellung: „Was ist das: Tugend?"

(3)/(4) Konkretisierung der Fragestellung und Aufteilung in Subthemen: „Gib ein Beispiel für die Tugend!"

Neue Festlegung des Untersuchungsgegenstandes auf „Tapferkeit" als einen Bestandteil von „Tugend"

Sokrates: Dieses also wollen wir zuerst versuchen zu erklären, was die Tapferkeit ist; dann aber nach diesem auch überlegen, auf welche Art sie den Jünglingen beizubringen wäre, soweit es nämlich möglich ist, sie durch Übung und Unterricht beizubringen. Also versuche nun, wie ich sage, zu beschreiben, was die Tapferkeit ist.

zurück zu (2): „Was ist das: Tapferkeit?" Sokrates fragt nach konkreter Beschreibung.

Laches: Dieses, o Sokrates, ist beim Zeus nicht schwer zu sagen. Denn wenn jemand pflegt in Reih und Glied standhaltend die Feinde abzuwehren und nicht zu fliehn, so wisse, daß ein solcher tapfer ist.

Unvollkommene Antwort des Laches

Sokrates: Sehr wohl zwar gesprochen, o Laches; vielleicht aber bin ich, weil ich mich nicht deutlich erklärt, schuld daran, daß du nicht dasjenige geantwortet hast, was ich im Sinne hatte bei meiner Frage, sondern etwas anderes.

Laches: Wie meinst du dieses, o Sokrates?

Sokrates: Ich will es dir erklären, wenn ich nur dazu imstande sein werde. Tapfer freilich ist auch der, den du beschreibst, der im Gliede standhaltend gegen die Feinde ficht.

Laches: So wenigstens behaupte ich.

Sokrates: Ich gewiß auch. Aber was ist denn der, welcher fliehend gegen die Feinde ficht, und nicht standhaltend?

Laches: Wie doch fliehend?

(3) Es folgt die weitere Konkretisierung und Sammlung praktischer Beispiele für „Tapferkeit", nachdem Sokrates die Antwort von Laches entgeneralisiert und als Teilwahrheit entlarvt.

Sokrates: Wie ja von den Skythen gesagt wird, daß sie nicht minder fliehend als verfolgend den Feind bekriegen. Und auch Homeros, indem er irgendwo die Pferde des Aineias lobt, sagt: Dort zu sprengen und dort, verständen sie, in Verfolgungen und in Entfliehung. Ja auch der Aineias selbst lobt er in dieser Hinsicht, daß er sich auf die Flucht verstände, und nennt ihn Ersinner der Flucht.

(3) wie oben
Sokrates gibt weitere Erklärungsmöglichkeiten.

Laches: Und das sehr richtig, o Sokrates, denn er spricht von Wagen, und so meinst du auch das von den Skythen in Beziehung auf die Reiter; denn die Reiter bei ihnen fechten so, das Fußvolk der Helenen aber so, wie ich sage.

Sokrates: Ausgenommen doch wohl, o Laches, das der Lakedaimonier; denn von diesem wird erzählt, als es bei Plataiai auf die Schildträger gestoßen, habe es nicht standhaltend fechten gewollt, sondern sei geflohen, nachdem aber die Reihen der Perser sich getrennt, habe es umkehrend wie Reiter gefochten und dadurch in jener Schlacht gesiegt.

(5) Widerlegung der Behauptung, „Tapferkeit" sei gleichzusetzen mit „Standhalten"

Laches: Richtig.

Sokrates: Das ist nun eben, was ich meinte, ich wäre schuld daran, daß du nicht recht geantwortet hast, weil ich dich nicht recht gefragt habe; denn ich wollte nicht nur erfahren, welches die Tapfern im Fußvolke wären, sondern auch in der Reiterei und in allem, was zum Kriege gehört; und nicht nur im Kriege, sondern auch die Tapfern in den Gefahren der See, ferner auch die, welche in Krankheiten und in Armut und in der Staatsverwaltung tapfer sind, ja noch mehr, nicht nur die gegen den Schmerz tapfer sind und gegen die Furcht, sondern auch die gegen Begierden und Lust stark sind zu fechten, und zwar sowohl standhaltend als umwendend. Denn es sind doch einige, o Laches, auch in diesen Dingen tapfer?

(4) Erneute Präzisierung der Frage: „Wie heißt die *allgemein* gültige Definition von Tapferkeit?"

Laches: Gar sehr, o Sokrates.

Sokrates: Tapfer also sind alle diese, aber einige beweisen in der Lust, einige in der Unlust, einige in der Begierde, einige in der Furcht ihre Tapferkeit; andere aber dagegen, meine ich, Feigheit eben hierin?

Laches: Allerdings.

Sokrates: Was ist wohl jede von diesen? Danach fragte ich. Noch einmal also versuche zuerst die Tapferkeit zu erklären, was doch seiend sie in allem diesen dasselbe ist. Oder verstehst du noch nicht, was ich meine?

(4) wie oben

Laches: Noch nicht recht.

Sokrates: Ich meine es so, als wenn ich fragte, was wohl die Geschwindigkeit ist, was sie nämlich sowohl im Laufen ist, als in der Musik, im Reden, im Lernen und in vielen anderen Dingen, und fast haben wir sie ja in allem, wovon nur die Mühe lohnt zu reden, sowohl in den Verrichtungen der Hände als der Füße, des Mundes und der Stimme oder auch des Verstandes. Oder meinst du nicht auch so?

Analogiebeispiel des Sokrates

Laches: Allerdings.

Sokrates: Wenn nun jemand mich fragte, wie erklärst du dieses, o Sokrates, was du in allen Dingen Geschwindigkeit nennst, so würde ich sagen, daß ich die in kurzer Zeit vieles vollbringende Kraft Geschwindigkeit nenne, sowohl in der Stimme als im Lauf und in allen anderen Dingen.

Laches: Sehr gut wäre dies erklärt.

Sokrates: Versuche also auch du, o Laches, so die Tapferkeit zu erklären, welche Kraft wohl, als dieselbe seiend, in der Lust und Unlust und allen anderen Dingen, worin wir sagen, daß es statthabe, dann Tapferkeit genannt wird.

(4) Neuformulierung der Fragestellung: Was ist das Wesen von Tapferkeit?

(Es folgt dann die neue These des Laches: „Tapferkeit ist verständige Beharrlichkeit".)

Apologie des Sokrates. Platon beschreibt in seiner „Apologie des Sokrates" (1986 [24c]-[25c]) ein weiteres Beispiel sokratischer Gesprächsführung. Hier fordert Sokrates den Meletos, einen seiner Ankläger im → Asebie-Prozess, heraus, ihm den Vorwurf zu begründen, er, Sokrates, verderbe mit seiner Lehre die jungen Menschen Athens. In seinem Disput versucht er, die Widersinnigkeit der Anklage aufzuzeigen, indem er zunächst die Meinung des Meletos und den

Inhalt seines Vorwurfs präzisiert, um beides dann anhand einer Analogie als unhaltbar aufzuzeigen. Im Gegensatz zum Dialog mit Laches werden hierbei jedoch nicht alle oben beschriebenen Phasen durchlaufen. Sokrates ist eher an einer Widerlegung des Meletos als an einer vorurteilsfreien Begriffsdefinition gelegen. Hierzu zeigt auch sein Gesprächspartner wenig Motivation. Damit fehlt eine der unabdingbaren Voraussetzungen für die Schritte (6) und (7).

Auch sind hier die Sokrates vielfach zugeschriebenen und gerühmten Eigenschaften bei seiner Dialogführung (wie die offene, wertfreie Suchhaltung, die belehrungsfreie, undogmatische Einstellung und die Anerkennung der Gleichberechtigung und Achtung seiner Gesprächspartner) gänzlich in den Hintergrund getreten oder werden gar konterkariert durch eine betont kämpferische, suggestive, herabwürdigende und dogmatisch-lehrmeisterhafte, besserwisserische Haltung

1.4   Sokrates in der Kritik

So unterschiedlich, wie die Lehre des Sokrates beschrieben und aufgefasst wird, fällt auch die Beurteilung seiner philosophischen und therapeutischen Leistung aus, denn die reicht von verächtlich-spöttischer Ablehnung bis zu euphorischer Begeisterung.

Zur ersten Gruppe gehört insbesondere Aristophanes, der in seiner Komödie „die Wolken" (o. Jg.) Sokrates als Vertreter der gefährlichen, die Polis zersetzenden sophistischen Lehre karikiert und verspottet, und auch Kierkegaard (Martens, 1992, S.19), der Sokrates in erster Linie als Prototyp eines Ironikers sieht und die Sichtweise des Aristophanes unterstreicht. Zu den Bewunderern zählen, unter vielen anderen, Platon, Xenophon, Aristoteles, Epiktet, Cicero, Kant, Nelson und Chessick.

Positive Aspekte der Kritiken

Platon. Platons hohe Meinung von Sokrates kommt schon allein durch die Anzahl seiner vielen, positiven Berichte, Abhandlungen und Werke über seinen großen Lehrmeister zum Ausdruck.

Xenophon. Xenophon (1956, insbes.: „Memorabilien" und „Symposion") stellt Sokrates als nützlichen Ratgeber in praktischen Lebensfragen heraus, der seinen Mitmenschen bei alltäglichen, auch psychischen Problemen behilflich ist. Über dessen psychotherapeutische Tätigkeit gibt er in seinen „Memorabilien" ein Beispiel, als Sokrates seinem Bekannten Anastarchos Ratschläge zur Überwindung einer deprimierten Stimmung erteilt.

Aristoteles. Nach Aristoleles (1994) bemüht sich Sokrates als erster, moralisch-sittliche Allgemeinbegriffe aufzustellen und benutzt seine „Was ist das?"-Frage, um die Prämissen für die erfragten Definitionen zu suchen und dann daraus seine meist widerlegenden Schlüsse zu ziehen. Neben diesen ethischen Allgemeinbegriffen schreibt er ihm auch die → Induktionsschlüsse zu, den Weg vom Einzelnen zum Allgemeinen, entweder durch die Verallgemeinerung von Einzelbeispielen oder durch Analogieschlüsse. Er meint, dass Sokrates derartige Definitionen bereits als hinreichende Bedingung für ein tugendhaftes Handeln angesehen habe. Hätte Aristoteles mit dieser Interpretation Recht, so dürften wir uns über das Scheitern der sokratischen Bemühungen nicht wundern, da ethische Prinzipien sich nicht aus Beobachtungstatsachen erschließen lassen (vgl. Nelson, 1929, S.24).

> **ZITAT**
>
> „Sokrates nun, der ehrwürdige, meinte, das Ziel sei die Erkenntnis der Tugend, und pflegte zu fragen: was ist die Gerechtigkeit und was ist die Tapferkeit und ebenfalls jeder andere Teil der Tugend. Und dieses Fragen war ja wohlbegründet, denn er meinte alle Tugenden seien Wissen, so dass sich gleichzeitig mit dem Wissen die Gerechtigkeit einstelle, daß man auch selbst gerecht sei. Denn wir haben ja die Mathematik oder die Baukunst gelernt und sind damit zugleich Baumeister und Mathematiker. So pflegte er denn zu fragen: was ist die Tugend? und nicht: wie oder wodurch entsteht sie?" (Aristoteles, 1997 [5,1216b 3–11])

Diese Sichtweise hat Sokrates selbst aber zuvor schon als sophistische Auffassung der „Was ist das?"-Frage kritisiert, denn neben der kritischen Prüfung des von seinen Dialogpartnern behaupteten Wissens, kam es ihm vor allem darauf an, die gefundenen theoretischen Einsichten und „Wahrheiten" auch mit dem tatsächlichen Verhalten in Einklang zu bringen.

Diese sokratische Lebensregel bringt auch Xenophon zum Ausdruck, als er Sokrates in einem Dialog mit Hippias zitiert (1980 [IV.4,9f]). Als jener sich seines Wissens um die Gerechtigkeit rühmt, fordert Sokrates ihn ironisch auf, ihm doch bitte diesen „herrlichen Fund" mitzuteilen. Hippias weigert sich, da er meint: „Es ist genug, daß du die anderen stets zum besten hältst, sie ausfragst und in die Enge treibst, selber aber niemandem Rede stehst und nicht deine Meinung preisgeben willst. – *Wie, Hippias, hast du nicht bemerkt, daß ich nie aufhöre, an den Tag zu legen, was ich für Recht halte?* – Und wie ist dein Reden darüber? – *Nicht durch Worte, sondern durch die Tat lege ich es an den Tag. Und ist die Tat nicht ein besserer Beweis als das Wort?"* (Hervorhebungen im Original).

Auch Nelson widerspricht Aristoteles, wenn er (1929, S.24) feststellt, dass man die sokratische Methode nicht als Rückschluss vom Besonderen zum Allgemeinen verstehen und damit der → induktiven Methode gleichsetzen dürfe. Sokrates sei nicht der Erfinder der → Induktion. Er verfolge vielmehr regressive Abstraktion, die das Wissen, dass wir schon besitzen, durch Nachdenken ins Bewusstsein zurückbringe.

Epiktet. Epiktet (1958, 1992) bezieht und beruft sich in seinen philosophisch-praktischen Ratschlägen häufig auf sein großes philosophisches Vorbild (z.B. 1958 [5], [46], 1992 [32], [I.12], [I.19], [IV.1], [IV.9], [IV.12]) und rühmt dessen Vernunft und Vollkommenheit (1992 [51]).

Cicero. Cicero sieht in Sokrates den Vater der Philosophie, der „die Philosophie als erster vom Himmel geholt und im Alltagsleben der Bürger angesiedelt" habe (Martens, 1992, S.17).

Kant. Kant erkennt in Sokrates und seiner dialogischen Lehrweise einen mustergültigen methodologischen Philosophen für eine ethische Didaktik (1990 [A166]) und das Vorbild für seinen → „kategorischen Imperativ". Er nimmt dessen Vorgehen, seine Dialogpartner durch die → Elenktik von ihrer eigenen Unwissenheit zu überzeugen, zur Grundlage seiner eigenen kritischen Philosophie (Martens, 1992).

Nelson. Nelson (1929) sieht das Hauptverdienst des Sokrates in seiner Methode der → regressiven Abstraktion, mit der er nicht Philosophie, sondern das Philosophieren gelehrt habe. Er glaubt, dass die sokratische Methode zur Einsicht in das eigene Nichtwissen und so zur Aufgabe von Vorurteilen und Dogmen führe, dass sie das Selbstdenken und die Selbstverantwortung fördere, dem Dogmatismus und der Selbstverblendung den Boden entziehe und so zur Freiheit des Einzelnen führe. Zudem erkennt er im Vorgehen, konkrete Alltagsbeispiele zum Gegenstand der Untersuchung zu machen, den Instinkt des Sokrates für die allein richtige Methode. Seine philosophische Größe liege darin, dass er als erster erkannt habe, „daß nicht Einfälle oder äußere Lehre uns diese Wahrheit erschließen, sondern nur planmäßiges Nachdenken..." (a.a.O., S.26).

Chessick. Chessick (1982) lobt Sokrates dafür, dass er sich als erster auf die Belange des menschlichen Daseins, auf den Sinn und Zweck des Lebens konzentriere und die Philosophie in unseren Alltag bringe, um zu erkennen, was gut und gerecht sei. Darüber hinaus schreibt er Sokrates die Einführung des Begriffs der Seele als zentralem Konzept zu. Er erklärt Sokrates zum Begründer der Psychotherapie und zitiert als Beleg aus Platons Charmides (1977 [156e]-[157]).

ZITAT

„[...]wie man nicht die Augen ohne den Kopf und nicht den Kopf ohne den Körper zu heilen versuchen solle, genauso auch nicht den Körper ohne die Seele. Daß die hellenischen Ärzte den meisten Krankheiten gegenüber hilflos seien, liege lediglich darin, daß sie das Ganze vernachlässigten. Auf das ▶

> Ganze aber müsse man seine Sorgfalt richten. Denn ohne sein Wohlergehen komme auch der Teil unmöglich in eine gute Verfassung. Von der Seele gehe nämlich alles Schlechte und Gute für den Körper und den ganzen Menschen aus [...]. Die Seele also müsse man zuerst und am sorgfältigsten behandeln [...]." (Platon, 1977[156e]-[157])

Seidmann. Seidmann (1982, S.114) hebt ebenfalls Sokrates' Verdienste als Therapeut hervor: Die sokratische Behandlung der menschlichen Seele bedeute die Sorge um den inneren Menschen und seine existentielle Lage, den Dienst an seinem seelischen Wachstum, an der Überwindung wahnhafter Verworrenheiten, geistiger und existentieller Desorientierung, Erarbeitung eines besser orientierten Lebens und einer menschengemäßen Wertorientierung.

Hoellen. Hoellen (1986) stellt besonders die undogmatische Grundhaltung der Sokratischen Dialoge heraus, in denen Sokrates sich seinen Gesprächspartnern gegenüber nie als Lehrer aufspiele. Er erarbeite stattdessen – in unbedingter Offenheit für neue Entwicklungen – gemeinsam neues Wissen. Dadurch gewinne er in der modernen Psychotherapie an besonderer Bedeutung. (Diese Auffassung kann allerdings durch die überlieferten Dialoge nicht annähernd untermauert werden.)

Horster. Horster (1994) würdigt, dass Sokrates die Griechen durch seine Anleitungen zum Selbstdenken und zur Eigenverantwortung vom Götterglauben und mystischen Denken befreien wolle und sie ermuntere, sich stattdessen der eigenen Vernunft zu bedienen.

Negative Aspekte der Kritiken
Worauf sich die zum Teil recht enthusiastische Bewunderung der sokratischen Gesprächsweise und seiner therapeutischen Fertigkeiten bezieht, bleibt allerdings ziemlich rätselhaft, denn aus den überlieferten Dialogen stützt kaum etwas derartige Sichtweisen. So kann man vermuten, dass sich die Begeisterung eher auf die theoretischen Ansprüche und Zielsetzungen dieser Dialogform bezieht (die Sokrates selbst leider nie in seinen Gesprächsbeispielen vorführt) oder aber bereits die Verbesserungen einbezieht, die erst durch die Weiterentwicklung der sokratischen Methode erreicht werden (siehe Kapitel 2).

Selbst die treuesten Anhänger und Protagonisten der sokratischen Lehre sehen neben den oben erwähnten Stärken und Vorteilen gleichermaßen diverse Mängel in der Technik, in ihrer Vermittlung durch Sokrates und in seinem Auftreten selbst.

Platon. Bereits Platon hat die zu langen Monologe, die Suggestivfragen, die Weitschweifigkeit der Gesprächsführung, die Eintönigkeit der Abhandlungen und die Ergebnislosigkeit der Wortgefechte bemängelt.

Aristoteles. Aristoteles (1968, 1997) kritisiert, dass Sokrates den irrationalen Teil der Seele völlig ausgeschlossen habe und damit in krassem Widerspruch zu Alltagserfahrungen stehe.

Nelson. Nelson (1929) stellt fest, dass ein gelungener Sokratischer Dialog historisch nicht vorliege und dass Sokrates' Lehrweise nur so von Fehlern strotze. Jeder intelligentere Gymnasiast beanstande, dass Sokrates in den platonischen Dialogen an den entscheidenden Stellen Monologe halte und dass der Schüler fast nur ein Jasager sei, von dem man nicht einmal genau sehe, wie er zu seinem „Ja" komme. Zu diesen didaktischen Mängeln begehe er zudem schwere philosophische Fehler, so dass die ablehnenden Urteile seiner Gesprächspartner verständlich seien (a.a.O., S.18f). Wie schon Platon moniert auch Nelson, dass Sokrates meist Suggestivfragen stellt, auf die er nichts anderes einhole, als: „'Unzweifelhaft, mein Sokrates!'" (a.a.O., S.20) und dass er in der Durchführung seiner Abstraktionen wegen methodischer Fehler gescheitert sei. Er habe seine Aufmerksamkeit einseitig auf die allgemeinen Merkmale – wie wir sie in Begriffen denken – gerichtet und alles darangesetzt, diese Begriffe durch Definitionen festzulegen. Zwar meint auch Nelson (1929, S.25), dass ohne Begriffe keine deutliche Einsicht in allgemeine „Vernunftswahrheiten" möglich sei, aber dass Begriffsklärungen und Erörterungen über das Verhältnis der Begriffe nicht hinreichten, um den Gehalt jener synthetischen Wahrheiten zu fassen, nach denen er eigentlich suche. So seien denn Sokrates' Definitionsversuche auch fast immer missglückt.

Chessick. Chessick (1982) meint, dass Sokrates mit seiner Methode zwar Wahrheiten untersuchen und herausfinden könne, sie aber mit seiner Herangehensweise nie gefunden habe.

Einen Hauptgrund sieht er in den sokratischen Thesen, dass die Tugend durch Wissen entstehe, dass niemand willentlich Unrecht tue und dass jemand sich auch sofort entsprechend verhielte, sobald er ihn intellektuell davon überzeugt habe, was gut, richtig und gerecht sei. Diese Sichtweise überschätze den Einfluss von Wissen und Einsichten maßlos und bagatellisiere die Auswirkungen emotionaler Konflikte, den Hang zur Bequemlichkeit und zum kurzfristigen Denken. Die Stärke seines eigenen Charakters habe Sokrates möglicherweise zu diesem Trugschluss veranlasst, und er habe naiverweise seine eigenen Fähigkeiten auf alle anderen übertragen.

Horster. Horster (1994) kritisiert, dass von der angeblich angestrebten moralischen Grundhaltung (z.B. die Gleichwertigkeit der Dialogpartner und die wertfreie Anerkennung des Opponenten) und dem Ziel, die Gesprächspartner zur Kommunikation und zur Meinungsbildung zu befähigen, in den überlieferten Dialogen wenig zu bemerken sei. Mit den meisten Sokrates-Anhängern ist er sich einig darin, dass dieser seine Ironie häufig überzogen und seinen eigenen Ansprüchen widersprechend eingesetzt habe. Obwohl die ironische Haltung bis zu einem gewissen Maße hilfreich gewesen sein mag, seine Mitbürger aufzurütteln und an ihren fundamentalen Glaubenssätzen zu arbeiten, wäre Sokrates sicherlich erfolgreicher gewesen und hätte sich weniger Feinde geschaffen, wenn er auf den Einsatz seiner oftmals beißenden Ironie verzichtet und seine Gesprächspartner in der Öffentlichkeit weniger bloßgestellt hätte.

Chessick (1982) versucht hierzu eine analytische Erklärung und meint, dass es nur auf Gegenübertragungsphänomene zurückzuführen sein könne, wenn Sokrates seinen messerscharfen Intellekt benützt habe, um seine Gegenüber zu demütigen. Die Natur dieser Gegenübertragung erklärt er mit der Frustration des Sokrates, der den Niedergang Athens und den Verfall der öffentlichen Moral miterlebt und erkannt habe, dass seine Klientel, die Bürger Athens, die von ihm vermittelten Botschaften nicht entsprechend annehmen und umsetzen. Die sokratische Ironie repräsentiere daher die zerstörte Hoffnung eines Psychotherapeuten, der nach jahrelanger Arbeit mit seinen Patienten feststelle, dass es denen immer schlechter geht.

Logische Fehler und Paradoxien der platonisch-sokratischen Lehre

Die sokratische Lehre enthält zudem einige logische Fehler und Paradoxien, die Sokrates selbst nicht aufgelöst hat.

Das Postulat des Nichtwissens. Zum einen behauptet Sokrates zu wissen, dass er nichts wisse. Diese Aussage steht seinem oftmals sehr belehrenden Auftreten in der Öffentlichkeit gegenüber. Und er war sicherlich auch nicht so unwissend, wie er vorgab, sonst hätte er wohl kaum derart viele Anhänger und Schüler gehabt und wäre auch schwerlich in der Lage gewesen, anderen Anleitung auf dem Weg zur Selbsterkenntnis zu geben. Menon bringt in seinem Dialog mit Sokrates diese Paradoxie auf den Punkt.

> **ZITAT**
>
> Menon: „Und auf welche Weise willst Du denn, mein Sokrates, die Untersuchung anstellen über einen Gegenstand, von dem Du überhaupt nicht weißt, was er ist? [...] Oder, wenn Du auch noch so sehr zufällig darauf stößt, wie wirst Du [...] wissen, daß es genau das ist, was Du nicht gewußt hast?" (Platon, 1994 [80d])

Gemäß seiner Behauptung, nichts zu wissen, hätte er auch nicht seine eigene Methode vertreten können, denn er hätte ja nicht gewusst, ob sie „gut" sei und zu einem „guten" Ziel führe. Zudem stellt er in seinen Dialogen durchaus auch eigene Behauptungen auf und vertritt sie recht kämpferisch (z.B. Platon, 1975, 1987b; Xenophon, 1956). Das verträgt sich kaum mit dem Postulat des Nichtwissens.

Chessick (1982) versucht diese Paradoxie als ironische Doppelbotschaft zu erklären: Einerseits behaupte Sokrates, nichts zu wissen, andererseits behaupte er zu wissen, wie man zur Wahrheit gelangen könne. Und indem er zeige, wie er nach seinem Modell zur Tugend und Weisheit gelangt sei, vermittle er seine Botschaft in typisch sokratisch-ironischer Weise.

Aber offensichtlich hat Sokrates neben seinem Wissen um das eigene Nichtwissen auch weitere Kenntnis für sich beansprucht. Martens (1992) erkennt in seiner Untersuchung des sokratischen Nichtwissens ein → Nicht-Evidenz-Wissen, das Sokrates, zur Abgrenzung vom behaupteten Satz- oder Definitionswissen der sophistischen Lehre, als Kritik am konventionellen Wissen und am Anspruch auf unmittelbares, evidentes Wissen postuliere. Dieses → Nicht-Evidenz-Wissen sei dann jedoch mit einem, wenn auch eingeschränkten Wissensanspruch verbunden, und auch Sokrates komme nicht ohne Wissen und Gebrauch von Definitionen, Konventionen und Evidenzen aus. Bezeichnend für sein Wissen seien jedoch „praktische Grunderfahrungen aus dem Zusammenleben, moralische Überzeugungen und → eschatologische Hoffnungen. An keiner Stelle dagegen beanspruche er ein theoretisches, allein auf Vernunftgründen beruhendes Wissen. Das sokratische Wissen bewege sich zwischen der bloßen, ungeprüften oder beliebig gesetzten 'Meinung' und dem unmittelbaren, einer Prüfung entzogenen 'Evidenzwissen'. Somit habe es die Form der 'begründeten wahren Vorstellung' und entspreche der sokratischen Grund-Maxime, jeweils die beste Überzeugung nach gründlicher Überprüfung oder Überlegung zu suchen und ihr zu folgen" (a.a.O., S.136).

Tugendhaftigkeit ist einsichtsgeleitet. Des Weiteren behauptet Sokrates (z.B.: Platon, 1994), dass die Tugend, das Gute und Gerechte durch Einsicht entstehe und dass niemand willentlich schlecht handle. Wenn aber Fehlverhalten durch Unwissenheit bedingt ist, dann ist es unfreiwillig. Man würde sich anders verhalten, wenn man die richtige Einsicht besäße. Aber was ist „richtig"?

Andererseits fordert Sokrates von seinen Mitbürgern Selbstkontrolle und sieht ihren Hang, ihren Begierden und „niederen" Beweggründen wie Sinnlichkeit, Gier und Ehrgeiz nachzugeben als größtes Hindernis zur Weisheit. Wenn aber niemand willentlich schlecht handelt, sondern nur aus Nichtwissen heraus, dann gibt es nach Chessick (1982) keine Selbstkontrollmöglichkeit, sondern lediglich Nichtwissen.

Erziehung zur Selbstbestimmung. Sokrates möchte die Menschen zur Selbstbestimmung erziehen. Auch diese Paradoxie hat er nicht selbst aufgelöst: Wie stellt er es sich vor, Menschen dahingehend zu beeinflussen, sich nicht durch andere beeinflussen zu lassen?

Didaktische und logische Fehler in den Sokratischen Dialogen

Martens (1992) prüft die überlieferten Sokratischen Dialoge auf die praktische Umsetzung der aufgestellten theoretischen Forderungen und Ansprüche und kommt zu dem Schluss, dass man in keinem Text den vielfach an Sokrates so gerühmten offenen, an der Sache orientierten Dialog auch nur annähernd in Reinform vorfinde. Im Gegenteil, lese man etwa den Euthyphron, müsse man denjenigen Recht geben, die einen derartigen 'Sokratischen Dialog' als manipulativ und einseitig rationalistisch kritisierten. Der wirkliche Sokratische Dialog sei im Euthyphron und in den meisten anderen Frühdialogen lediglich ex negativo sichtbar (a.a.O., S.153). Martens zeigt am Beispiel des Dialogs mit Euthyphron (Platon, 1978) über die Frage, was fromm sei, sehr klar die didaktischen und logischen Fehler auf, die Sokrates in seiner Argumentationsweise begeht (1992, S.92ff): Offensichtlich argumentiere Sokrates fehlerhaft. Seine mangelhafte, manipulative Argumentation habe auf der Gesprächsebene mit Euthyphron die Funktion, das Gespräch nach den gewaltsamen, unbegründeten Behauptungen Euthryphrons durch eine neue 'Hypothese' voranzubringen. Auf der Gesprächsebene mit dem Leser dagegen, gebe sie erneut den Hinweis auf den bloß sophistischen Schattenkampf mit bloßen Worten oder beliebigen 'Hypothesen'. Bei genauem Hinsehen jedoch folge ein erreichtes Ergebnis nicht wirklich, weil die vorangegangenen Aussagen von Sokrates manipulativ erschlichen, aber nicht bewiesen würden. Bei der Prüfung benutze Sokrates das → synonymische Verfahren des Prodikos und setze es höchst manipulativ zur Widerlegung seines Gegners ein, ausschließlich zu dem Zweck, den anderen zum Verlierer zu machen oder ihm 'ein Bein zu stellen'. Eine gemeinsame, wahrheitsorientierte Prüfung sei nicht im Gange. Daher müsse Euthyphron zwar schließlich seine Verwirrung zugeben, ohne aber sein Nichtwissen wirklich einzusehen und mit Sokrates gemeinsam weiter zu suchen.

> **!** Trotz einiger Schwächen und Widersprüchlichkeiten hat Sokrates mit seiner Vorgehensweise einen Stein ins Rollen gebracht: Er hat eine neue philosophische Methodik entwickelt – auch wenn er selbst damit nicht besonders erfolgreich war. Bei den meisten seiner Beurteiler gilt er bis heute als lebenspraktischer, weiser Philosoph, der aber den Ansprüchen einer Philosophie als systematische Lehre nicht gerecht geworden ist.

2 Weiterentwicklung der sokratischen Methode

Sokrates:

Sokrates möchte die Menschen durch „Was ist das?"-Fragen zur Suche nach der eigenen inneren Wahrheit anleiten und so zum Guten und Gerechten führen. Indem er im Gespräch einen „Zustand der inneren Verwirrung" erzeugt, versucht er bei seinem Gegenüber die Bereitschaft zur Neuorientierung zu fördern.

Platon:

Platon ist der bekannteste Schüler Sokrates'. In seinen Dialogen beschreibt er Leben und Philosophie seines Lehrers, der selbst keine Schriften hinterlassen hat. Mit seiner Ideenlehre versucht er das sokratische Paradoxon des Wissens um das Nichtwissen zu lösen; mit seiner Seelenlehre sprengt er den Rahmen der sokratischen Philosophie, da er metaphysische Gedanken einbringt.

Aristoteles:

Platons Schüler Aristoteles hat sich selbst auch ausführlich mit der sokratischen Lehre auseinander gesetzt. Seine Einsichten gehen entscheidend über die seiner Lehrer hinaus, da er feststellt, dass eine Idee nur in Verbindung mit einem Stoff in Erscheinung treten kann. Zudem unterscheidet er vier Dialogformen.

Kyniker:

Die philosophische Schule der Kyniker geht auf Sokrates' Schüler Antisthenes zurück. Kyniker erkennen das unzerstörbare Glück in der inneren und äußeren Freiheit eines Menschen und demzufolge in der Entsagung, da diese die eigene Freiheit vorantreibe. Bekanntester Vertreter ist Diogenes Laertius.

Stoiker:

Der für Psychotherapeuten wichtigste Vertreter der Stoa, Epiktet, steht der kynischen Philosophie zwar nahe, da er Affektkontrolle als sehr bedeutsam ansieht, schwächt die Forderungen nach Askese und materieller Entsagung aber ab.

Epiktet erkennt bereits, dass man nicht andere für eigene emotionale Zustände verantwortlich machen, sondern die eigene Urteilsfähigkeit verbessern sollte.

Kant:

Immanuel Kant (1724–1804) hat seine Philosophie der praktischen Vernunft und seine dialogische Methode auf Grundlage der sokratischen Lehre entwickelt.

Nelson:

Leonard Nelson (1882–1927) systematisiert den platonisch-sokratischen Dialog und stellt theoretische und praktische Forderungen für dessen Anwendung auf.

Heckmann:

Nelsons Schüler Gustav Heckmann bemüht sich um die Weiterentwicklung der sokratischen Methode und formuliert sechs Gebote für eine gelungene sokratische Dialogführung.

Von der Vielzahl der Philosophen, die sich in den letzten 2000 Jahren mit der sokratischen Methode befasst haben, will ich mich exemplarisch auf die beschränken, die maßgeblich zu ihrer heutigen Form beigetragen haben.

Zunächst greifen Platon (der berühmteste Schüler des Sokrates) und Aristoteles (der wohl bekannteste Schüler Platons) die Methode auf, erweitern und präzisieren sie und versuchen so, einige ihrer Schwächen zu vermeiden. Darauf aufbauend, knüpfen zunächst die Kyniker, dann die Stoiker an die ethisch-moralischen Inhalte der sokratischen Lehre an, setzten sie in ihrer pragmatischen „Alltagsphilosophie" um und nutzen sie wesentlich zum Aufbau ihres praktisch-therapeutischen Erziehungsstils.

In der Neuzeit nimmt sich Kant der Methode erneut an und macht sich um deren theoretische Verbesserung verdient. Nelson und Heckmann entwickeln die sokratische Gesprächsführung in der ersten Hälfte des zwanzigsten Jahrhunderts als philosophische Lehrmethode weiter, systematisieren sie und führen explizite Regeln ein.

2.1   Platon und Aristoteles

Platon

Die Übernahme und Weiterentwicklung der sokratischen Lehre durch Platon beschreibt Nelson (1929, S.9) sehr plastisch: Platon habe die sokratische Methode auch dann noch mit all ihren Unvollkommenheiten, Schwächen und Härten beibehalten, als ihn seine eigenen Forschungen längst über die Ergebnisse seines Lehrers hinausführten. Sicherlich täte er dies gewiss nicht nur aus Pietät gegenüber Sokrates, sondern auch, weil er selbst diese Mängel nicht zu beseitigen wisse. Andererseits jedoch huldige er seinem großen Lehrmeister damit, dass er diesem die eigenen Weiterentwicklungen in den Mund legt, so dass sich die philosophischen Philologen noch heute stritten, was sokratisch und was platonisch an der Lehre sei. Als größte Form der Ehrerbietung belaste Platon so die eigene Lehre mit Fehlern seines Lehrers, indem er die eigenen Ergebnisse in den unausgeglichenen, oft abwegigen sokratischen Gesprächsstil kleide.

Platon erkennt, dass Sokrates keine schlüssige, vermittelbare Antwort für seine These des inneren Wissens um Gut und Böse gefunden hat. Er bemüht sich, diese

Lücke zu füllen, indem er zu erklären sucht, was die wahre Natur vom „Guten" und von der „Seele" ist, die durch das Erkennen des Guten jemanden gut macht.

Das sokratische Paradoxon des Wissens um das Nichtwissen versucht er, mit seiner Lehre von den „Ideen" zu lösen.

ZITAT

Menon: „Und auf welche Weise wirst du die Suche auf etwas richten, von dem du nicht einmal weißt, was es ist?" [...]

Sokrates: „[Weil die Seele] sich an das zu erinnern vermag, was sie ja vorher gewußt hat." (Platon, 1994 [80d – 81e])

Die Ideenlehre. Unter „Idee" versteht Platon das „Wesen einer Sache", und das „Reich der Ideen" bestimme die „wahre Wirklichkeit". Das Wahrnehmbare zeichne dagegen nur ein unvollkommenes Abbild der „wahren Wirklichkeit".

Die Dinge streben nach Ansicht Platons zwar danach, so zu sein, wie die Ideen, seien ihnen gegenüber jedoch sehr fragmentarisch und fehlerhaft. Nur wenn man das Wesen einer Sache kenne, sei es möglich, über eine Sache auszusagen, was sie ist. Die ausschließliche Wahrnehmung könne dagegen zur Täuschung führen.

Horster (1994, S.11f) beschreibt dies an einem Beispiel: Bäume blühen oder auch nicht, tragen Früchte oder auch nicht, werfen ihre Blätter ab oder auch nicht. Sie sehen im Laufe des Jahres immer wieder anders aus und unterscheiden sich auch untereinander. Dennoch nennen wir sie alle „Bäume". Was aber nun ist das „Baumhafte", das Wesen eines Baumes? Das „Baumhafte" ist, wie jedes andere Wesen einer Sache, etwas Bestehendes, Bleibendes, während jeder einzelne Baum, wie er für uns wahrnehmbar ist, entsteht, sich verändert und vergeht. Das „Baumhafte" der Bäume lässt sich, Platons Lehre zufolge, nicht sinnlich wahrnehmen.

Die Seelenlehre. Obwohl Sokrates sich selbst eher als Agnostiker beschreibt, findet man in Platons „Apologie" (1986), dem wohl am ehesten den historischen Sokrates beschreibenden Dokument, Hinweise auf einen Götterglauben und auf die Unsterblichkeit der Seele.

Im „Phaidon" geht Platon weit über diesen einfachen Glauben, die banalen Hoffnungen und Anspielungen auf göttliche Mächte hinaus und versucht, die Unsterblichkeit der Seele durch philosophische Argumente zu stützen. Er verlagert den Schwerpunkt der sokratischen Lehre (dass das glückliche Leben durch die Innenschau und den Innendialog möglich wird) auf die göttliche, unsterbliche Seele und vermutet die Glückseligkeit im jenseitigen Leben (Platon, 1987b; Chessick, 1982). Dies ist verbunden mit einer Geringschätzung des jetzigen Lebens.

Platon erweitert (1987b) die naive Glaubensvorstellung der sokratischen Seelenlehre um den Begriff der dreigeteilten Seele, die mit sich selbst in Konflikt geraten kann. Damit kann er, Chessick (1982) zufolge, im Gegensatz zu Sokrates nun auch den irrationalen Teil der Seele und innere Konflikte berücksichtigen und in die Erklärung menschlichen Verhaltens einbeziehen. Seine metaphysische Philosophie sprenge damit den Rahmen der sokratischen, die sich ja vorwiegend mit ethischen Fragen beschäftigt.

Platon erkennt, dass die Art und Weise der häufig ironischen sokratischen Dialogführung außer vielen Feinden häufig nichts an vorzeigbaren Ergebnissen einbringt. Er entwickelt sie daher Zug um Zug von der reinen → Elenktik zu einer → Didaktik, die statt von der persönlichen, konfrontativen Auseinandersetzung zunächst von technisch-philosophischen Argumenten und am Ende sogar von Vorlesungen und mystischen Erzählungen geprägt ist. So entwickelt sich Platon, wie Chessick (1982) meint, vom Philosophen zum Ontologen. In dieser Veränderung sieht er auch den Hauptunterschied zwischen Sokrates und Platon. Durch den Verzicht auf teilweise demütigende Ironie und intensive persönliche Befragung und Prüfung habe Platon zwar ein weitaus poetischeres System mit der Hoffnung göttlicher Glückseligkeit geschaffen, dafür aber auf die direktere, persönlichere Philosophie mit der unmittelbaren moralischen Leidenschaft des Sokrates verzichtet. Chessick (1982) würdigt zwar, dass Platon das sokratische Gedankengut in ein ausgereiftes philosophisches System entwickelt habe, und dass er der erste theoretisch-systematische Philosoph gewesen sei, aber er sieht Platon deswegen auch weniger als Psychotherapeuten denn als Poeten und Visionär. Man könne von der Schönheit und der Rhapsodie seiner Mythen und seiner Philosophie gefangen sein, aber es sei unwahrscheinlich, dass man dadurch in seinen inneren, moralischen Fundamenten und Dogmen erschüttert werde, und Platon selbst habe die Haupteinwände gegen seine eigene Metaphysik im „Parmenides" (Platon, 1987a) bereits vorausgesehen.

Auch Platon selbst hat ein letztes, sicheres Wissen um die Wahrheit nicht für möglich gehalten. Dies sei allenfalls in den seltenen Momenten von intuitiver, nicht vermittelbarer Erleuchtung erreichbar (Platon, 1964 [341cf], 1973 [VII,504ef]). Er bekräftigt dies, wenn er sagt, dass der Philosoph der Liebhaber, nicht aber der Besitzer der Wahrheit sei (Platon, 1979 [204af]).

Aristoteles
Aristoteles kritisiert an Platon besonders dessen Ideenlehre.

> **ZITAT**
>
> „Sokrates setzte [...] das Allgemeine und die Begriffsbestimmungen nicht als abgetrennte Wesenheiten an; die Anhänger der Ideenlehre aber trennten es und nannten es Ideen der Dinge." (Platon, 1994 [XIII.4,1078b])

Die Lehre vom Eidos. In seiner Auseinandersetzung mit Platons Ideenlehre sieht Aristoteles in Sokrates einen Verbündeten für seine Auffassung vom Allgemeinbegriff (vgl. Martens, 1992). Wie Platon suchte auch Aristoteles nach dem Wesen einer Sache, und er fragte sich, wie das Wesen mit dem Einzelseienden zusammenhängen könne. Seine Einsichten gehen entscheidend über die Sokrates' und Platons hinaus, wenn er feststellt, dass eine Idee (Eidos) nur in Verbindung mit einem Stoff in Erscheinung treten könne.

Martens führt hierzu als Beispiel ein Haus an (1992, S.24): Die Idee trete erst mit Hilfe der Materialien (des Einzelseienden) in Erscheinung. Ohne die Idee sei das Einzelseiende nichts außer Lehm, Steinen und Holz; sie würden ohne die Idee noch kein Haus ergeben. Diesen Grundgedanken hält er für die nachmetaphysische, pragmatische Philosophie für bedeutsam, und er sieht ihn als grundlegend für die heutige Form der sokratischen Gesprächsführung.

ZITAT

„Daß das einzelne von seinem Eidos her und durch dieses hindurch erst seine Anwesenheit hat und daß umgekehrt das Eidos nur als Wesen des einzelnen (in Identität mit diesem) seinerseits anwesend ist, das ist der einheitliche Grundgedanke der Kategorienschrift und der metaphysischen Abhandlungen [des Aristoteles]." (Martens,1992, S.26)

Dialogformen. Aristoteles unterscheidet vier „Arten der Unterredung":
(1) die „didaktische" Art, in Form eines Lehrvortrags
(2) die „dialektische" Art, die von den eigenen, wahrscheinlichen Annahmen ausgehend, den anderen zu widerlegen sucht
(3) die „prüfende" Art, deren Prämissen ausschließlich auf dem vom Dialogpartner beanspruchten Wissen abgeleitet werden
(4) die → eristische Art, die auf scheinbaren, vorgetäuschten Wahrheiten aufbaut

Davon billigt er Sokrates allerdings nur die „prüfende" Unterredungsart zu, denn die anderen Formen würden sich nicht mit der sokratischen Prämisse des Nichtwissens vertragen (Aristoteles, 1968 [I.2], Martens, 1992).

Dem widerspricht jedoch Xenophon (1980 [IV.6,14f]), der Sokrates durchaus auch die für Aristoteles mit dem Postulat des Nichtwissens unvereinbare dialektische Dialogführung zuschreibt. Xenophons Sichtweise wird gestützt, wenn man beispielsweise den Dialog zwischen Sokrates und Euthyphron über die Frömmigkeit betrachtet: Nicht nur, dass Sokrates den Euthyphron sukzessive mit Hilfe der „prüfenden" Gesprächsführung von dessen eigenen Grundannahmen her widerlegt, er benutzt darüber hinaus auch eigene Plausibilitätsannahmen und schlägt seinen, mit sophistischen Zügen versehenen Dialogpartner mit den eigenen Mitteln in Form eines → dialektischen Gesprächs. Dabei verzichtet er auch nicht auf → eristische Mittel (Platon, 1978, Martens, 1992).

Xenophon führt dazu weiter an (1980 [I.4,1], [I.2,48]), dass etliche Menschen aufgrund schriftlicher und mündlicher Berichte über Sokrates glaubten, dass der zwar hervorragend die Menschen zur Tugend habe anregen können, aber selbst nicht fähig gewesen sei, sie auch zu ihr hinzuführen. Diese Leute sollten aber nicht bloß die Gespräche berücksichtigen, in denen Sokrates diejenigen, die sich Wissen einbildeten, durch seine Fragen widerlegte, sondern sollten auch die täglichen Gespräche mit seinen Freunden betrachten. Sie würden dann feststellen, dass er sehr wohl dazu fähig sei, diejenigen zum Besseren zu verändern, die mit ihm umgingen.

Während Platon Emotionen noch als unerklärlichen, zufällig auftretenden „Wahnsinn" ansieht (Platon, 1973 [§934d]), hat Aristoteles (1999) im zweiten Buch seiner „Rhetorik" indirekt bereits eine Behandlungsmöglichkeit für emotionale Probleme beschrieben, wenn er den Zusammenhang zwischen Gefühlen und der Rationalität von Urteilen postuliert und feststellt, dass der Verstand die Emotionen hervorruft, denn Gefühle seien Urteile. Er behauptet ferner, wie Montgomery (1993) feststellt, dass Emotionen systematisch katalogisiert und planmäßig evoziert werden könnten.

2.2 Kyniker und Stoiker

Während Platon seine philosophischen Erörterungen zunehmend von der Sokrates' schen Zielgruppe auf den Marktplätzen weg und hin zu einer kleinen Gruppe Auserwählter verschiebt, streben die Kyniker und Stoiker danach, ihre „Alltagsphilosophie" wieder zurück unter das Volk zu bringen. Da die kunstvolle, geschliffene Dialogform Platons sich zudem nicht dazu eignet, moralische Thesen für die breite Masse vermittelbar zu machen, wird sie, von Diogenes an, durch den weniger elaborierten, facettenreichen Diatribenstil ersetzt. Diatriben sind Erörterungen zu moralisch-ethischen Themen, wie sie schon Sokrates bevorzugt behandelt hat, wobei jedoch der „Dialog" fingiert ist, da der Vortragende beide Seiten repräsentiert und die hypothetischen Einwände eines Opponenten selbst mit „Ja, aber"-Sätzen vertritt. Von Syntax, Grammatik und Wortschatz her, zeichnen sie sich durch schlichte, prägnante Sätze in der Alltagssprache aus, wobei auch die üblichen rhetorischen Mittel (wie Beispiele, Vergleiche, Analogien, Allegorien, Anekdoten, Humor und Überzeichnungen) verwendet werden.

Kynismus

Diogenes von Sinope, der wohl bekannteste Vertreter der kynischen Philosophie und der herausragende Tonnenbewohner seiner Zeit, führt den gemeinsamen Ursprung der kynischen und stoischen Lehre auf Antisthenes, einen Schüler des Sokrates, zurück. Trotz ihrer gemeinsamen Wurzeln unterscheiden sich aber beide Schulen bedeutend: Den Kynikern wird – wohl oft zu Recht – vorgeworfen, ihren asketischen Verzicht und ihre Loslösung von materialistischen Dingen bis zu absurden Extremen auszuleben. Montgomery (1993, S. 12) meint darin einen „noninterventionist approach to the problems of others" zu erkennen, der sicherlich für die Kyniker, nicht aber für die Stoiker gelte.

Kyniker erkennen das unzerstörbare Glück in der inneren und äußeren Freiheit eines Menschen und demzufolge in der Entsagung, da diese die eigene Freiheit vorantreibe. In diesem Kern ihres moralischen Strebens, der „Freiheit", subsumieren sie die „Autarkie", die „äußere Freiheit" und Unabhängigkeit von Körper, Besitz, sozialen Bindungen und Ansehen, und die „Apathie", die „innere Freiheit" und Unabhängigkeit von Affekten und Begierden. Für Capelle (1992) wäre der Kynismus in dieser extremen Form nur einem kleinen Kreis willensstarker Individuen vorbehalten und für die Allgemeinheit vermutlich nicht vermittelbar gewesen, hätte nicht Zeno, einer der Gründer der Stoa, etliche kynische Elemente in das stoische Gedankengut eingearbeitet. Erst jetzt könne man darin ein echtes philosophisches System erkennen, welches das gesamte Wissen einbeziehe und organisch in die Bereiche Ethik, Logik (inklusiv der Erkenntnistheorie) und Physik (inklusiv der Metaphysik, der Anthropologie und der Psychologie) gliedere.

Stoa

Die Stoiker greifen insbesondere die ethischen Grundgedanken der sokratischen Lehre auf und entwickeln sie fort. Die sokratische These, dass niemand freiwillig falsch handle, sondern nur aufgrund von Nichtwissen (siehe Kapitel 1.3), halten sie jedoch nicht für logisch zwingend und bestreiten, dass man richtig handeln *müsse*, sobald man die Wahrheit erkenne.

Die Begründer der Stoa, Zeno und Chrysippus, teilen noch etliche kynische Standpunkte, wie beispielsweise die Wichtigkeit von materiellem Verzicht und Askese für das seelische Wohlbefinden, und sie glauben (wie schon Aristoteles), dass Seele und Verstand, Gefühle und Urteile identisch seien (Montgomery, 1993).

Epiktet. Diese Sichtweise ändert sich jedoch mit der Lehre Epiktets, dem wohl bedeutensten Vertreter der → Stoa, denn der schwächt die Forderung nach

Askese und materieller Entsagung wesentlich ab. Dennoch ist auch seine Nähe zur kynischen Philosophie deutlich wiederzuerkennen, so z.B. in der Wichtigkeit, die er der Affektkontrolle in seiner Ethik beimisst und in seiner Auffassung von psychischer Gesundheit.

> **ZITAT**
>
> „Begehre nicht, daß das, was geschieht, nach deinem Gutdünken geschehe, sondern halte es für gut, wie es geschieht, und du wirst glücklich leben." (Epiktet, 1958 [8])

Wie den Kynikern geht es Epiktet neben dem Streben nach der → Arete um kein anderes wahres Gut. Im Gegensatz zu ihnen lehnt er Genuss und materiellen Besitz jedoch nicht grundsätzlich ab. Beides sei für die innere Freiheit unschädlich, solange man nicht sein Herz daran hänge (Epiktet, 1992), und er verschiebt so die Gewichtung von der Autarkie, der „äußeren Freiheit" zu Gunsten der Apathie, der „inneren Freiheit".

Während Chrysippus noch unterstellt, dass es ausreiche, den Patienten zur Einsicht in seine falschen Sichtweisen zu führen, betont Epiktet (1958 [46], [49], [52], [III.21], [III.23]), dass dies nicht genüge, um zu Veränderungen im Alltag zu kommen. Es bedürfe etlicher Anstrengungen, um die unangemessenen Vorurteile, Annahmen und Schemata, die das Weltbild eines Menschen bestimmen, dauerhaft zu verändern. Damit stellt er sich in Gegensatz zur sokratischen These von der zwangsläufigen Identität von Einsicht und Verhalten.

Epiktet zielt – im Gegensatz z.B. zu Marc Aurel mit seinen „Selbstbetrachtungen" (1992) – in erster Linie darauf ab, seine ethisch-moralischen Botschaften unter das Volk zu bringen und seine Zuhörer mit Hilfe einer Gesinnungsänderung zur → Arete zu führen. Dazu bedient er sich der verständlichen, teils deftigen, teils humorigen, manches Mal auch harschen Sprache seiner Zielgruppe in Form der oben beschriebenen Diatriben.

Das Primat der Handlung. Für Montgomery (1993) ist Stoikern der Zusammenhang zwischen der individuellen Wahrnehmung und dem tatsächlichen Ereignis (der „Wahrheit") besonders bedeutsam. Sie seien bemüht, beides durch logisches Denken in Übereinstimmung zu bringen, denn nur dadurch könne die Wahrheit hervorgebracht werden. Stoiker glauben, dass der Mensch von Natur aus ein vernünftiges Wesen ist und leiten aus dieser Prämisse die ihre Lehre beherrschende rationale Grundeinstellung ab.

Dennoch: Trotz der Betonung der Ratio sind ihnen theoretische Diskussionen über Tugend und Wahrheit zweitrangig, da sie sich in erster Linie als Pragmatiker sehen. Getreu ihrer Einsicht, dass Erkenntnis allein für eine tugendhafte Lebensführung nicht ausreiche, ordnen sie das rationale Element ihrer ethischen Lehre dem praktischen Alltagsleben unter (Epiktet, 1958 [46], [49]; 1984 [III.21],

[III.23]). Epiktet betont dies in der Forderung (1992 [52]), dass der erste und notwendigste Punkt in der Philosophie die *Anwendung* ihrer Lehren im Leben sei.

Dieses Primat der Handlung betonen auch Diekstra & Dassen (1982) bei der Beschreibung des stoischen Standpunktes, wenn sie feststellen, dass für Stoiker eine rationale Einstellung erst durch entsprechendes Verhalten an Bedeutung gewinne.

Betonung der Eigenverantwortlichkeit. Epiktet reflektiert über die Selbstverantwortung für emotionales Erleben in typisch kynischer Weise und kommt zu dem Schluss (1992[I.1]), dass wir uns um die Dinge, die in unserer Macht stehen, möglichst bemühen sollten, alles andere aber so nehmen müssten, wie es komme.

Stoiker lehren eine diesem Leitgedanken entsprechende selbstdeterminierte Lebenseinstellung, d.h., wie man ohne emotionalen Aufruhr in Übereinstimmung mit seinen (Lebens-) Zielen lebt, ohne auf äußere Einflüsse für die eigene Zufriedenheit oder innere Ausgeglichenheit angewiesen zu sein.

> **ZITAT**
>
> „Wofür haben sie dir nun die Verantwortung auferlegt? Nur für das, was in deiner Macht steht, für den rechten Gebrauch deiner Vorstellungen. Warum hälst du dir da noch das auf, wofür du keine Verantwortung hast? Das heißt ja, sich selbst das Leben schwer machen!" (Epiktet, 1992, [I.12])

Ratio und Emotionen. Unter „tugendhafter" Lebensweise verstehen Stoiker ein auf Vernunft ausgerichtetes Dasein ohne → Pathos. Diese Forderung nach einem pathosfreien Leben impliziert aber, dass in ihrer Ethik emotionale Reaktionen willentlich beeinflussbar sein müssen. Damit setzt sich die stoische Sichtweise klar von der platonischen Lehre ab.

Dennoch sehen sich Stoiker als emotionale Wesen und kennen auch unangenehme Gefühle wie Angst, Trauer, Ärger oder Niedergeschlagenheit. Auch sie haben Begierden. Mit Hilfe ihres Verstandes streben sie jedoch danach, sich davon nicht überwältigen zu lassen, indem sie versuchen, starke Emotionen durch Vernunft zu zügeln, und indem sie sich um emotionale Unabhängigkeit von materiellen Dingen bemühen. Damit bestimmen sie ihr emotionales Schicksal oder, wie Diekstra & Dassen (1982) es ausdrücken, ihre „innere Freiheit" selbst.

Für Epiktet besteht die Hauptaufgabe eines Menschen dementsprechend in der angemessenen Verarbeitung seiner Eindrücke, um sich nicht von seinen Gefühlen dominieren zu lassen, und er warnt beständig, sich nicht von intensiven, unangemessen verarbeiteten Eindrücken emotional bestimmen zu lassen (u.a. 1984 [4], [12], [16], [18]). Die Eindrücke entstehen, seinem Verständnis zufolge, durch innere oder äußere Wahrnehmung vermittels der Sinnesorgane und sind Grundlage dessen, womit der Verstand arbeitet. Da die angemessene Verarbeitung dieser Eindrücke für emotionales Erleben wesentlich sei, komme es darauf an, die rationalen Fähigkeiten der Menschen zu schulen, denn die seien letztendlich dafür verantwortlich, ob Eindrücke angemessen verstanden und verarbeitet würden.

Epiktet hat in seinem „Handbüchlein der Moral" die stoische Sichtweise prägnant und alltagstauglich beschrieben. Zudem hat er diverse Kapitel seiner „Unterredungen" (1984) der angemessenen Form logischen Denkens gewidmet, um zu zeigen, wie dadurch emotionale Turbulenzen zu verhindern oder abzubauen sind.

ZITAT

„Wenn wir [...] bedrängt, unruhig oder betrübt sind, wollen wir die Ursache nicht in etwas anderem suchen, sondern in uns, das heißt in unseren Vorstellungen." (Epiktet, 1958 [5])

„Wenn jemand deinen Körper dem ersten besten, der dir begegnet, überantworten würde, dann würdest du dich empören. Du aber überläßt dein Herz jedem Beliebigen, so daß es, wenn dich jemand beschimpft, aufgeregt und aus der Fassung gebracht wird – solltest du dich dessen nicht schämen?" (Epiktet, 1992 [28])

„Wer von euch kann begehren oder meiden, streben oder fliehen, sich zu etwas rüsten oder sich etwas vornehmen, wenn er nicht vorher die Vorstellung von etwas Gutem oder Schlechten dabei gebildet hat?" (Epiktet, 1992 [III.22])

Innere Freiheit und psychische Gesundheit. Epiktet behauptet (1984, 1992), wie alle Stoiker, dass die innere Gelassenheit die einzig wahre sei und nicht durch die Lösung äußerer Probleme erreichbar ist. Dazu müsse man seine innere Unabhängigkeit von äußeren Bedingungen stärken, z.B. die von Bewunderung, Zuneigung, Verachtung oder Ablehnung durch andere.

Die Unterscheidung dessen, was in der Macht eines Menschen stehe und was nicht, erscheint ihm dabei so bedeutsam für die Erlangung innerer Freiheit, dass er diesem Thema diverse Kapitel widmet (u.a. Epiktet, 1958 [1], [14], [19], [24]).

Die Konzentration auf diese inneren Prozesse in typisch kynischer Tradition impliziert jedoch nicht, dass Stoiker die äußere Lebensweise unbeachtet ließen. Ganz im Gegenteil: Ihr Ziel ist, wie bereits oben beschrieben, die *Umsetzung* gewonnener Einsichten und Erkenntnisse im Alltag. Epiktet (1984 [II.19]) sieht sich demzufolge in erster Linie als Propagandist einer Lebenseinstellung *und* -haltung. Die von ihm gepriesene und angestrebte Freiheit meint dabei das Freisein von emotionalen Störungen und innerem Aufruhr, die emotionale Unabhängigkeit von äußeren Einflüssen. Das wichtigste Mittel, um innere Freiheit zu erlangen, liege in der Selbsterkenntnis, die weitaus bedeutsamer sei als das Wissen um andere Dinge (1984 [II.10]). Selbsterkenntnis durch Selbstexploration sei daher *das* therapeutische Agens, um *die* Vorurteile und Schemata aufzudecken, die ungeprüft zu kognitiven Verzerrungen und damit zu emotionalen Belastungen führen können.

Diesem Grundgedanken folgend, befassen sich die meisten Botschaften Epiktets[*] mit vernunftgerechtem Denken und mit Möglichkeiten zum Erlernen der Impulskontrolle. Die stellt seiner Ansicht nach die wichtigste Aufgabe im Leben eines Menschen dar, denn er hält die geistige Gesundheit für weitaus bedeutsamer als die physische. Auch Montgomery (1993) betont, dass Epiktet immer wieder den Vorrang präventiver Methoden vor den der kurativen stellt, da sie die heilenden überflüssig machten.

Epiktets Lehre umfasst nicht nur beschreibende Erklärungen zur Natur der menschlichen Existenz, sondern auch praktische Ratschläge, wie man seine Denkmuster analysiert, Leid und Kummer vermeidet oder abbaut und wie man dies trainiert. Der höchste therapeutische Anspruch (und damit das Therapieende) sei erreicht, wenn jemand nicht mehr andere für seine emotionalen Zustände verantwortlich macht, sondern die eigene Urteilsfähigkeit verbessert und entsprechend handelt.

ZITAT

„Wer also frei sein will, darf nicht etwas erstreben oder vermeiden wollen, was in der Macht eines anderen steht. Sonst wird er unweigerlich dessen Sklave." (Epiktet, 1992 [14])

„Der Ungebildete macht anderen Vorwürfe, wenn es ihm übel ergeht. Der philosophische Anfänger macht sich selber Vorwürfe. Der wahrhaft gebildete tut weder das eine noch das andere." (Epiktet, 1984 [5])

„Bedenke, daß dich nicht der verletzt, der dich beschimpft oder schlägt, sondern nur deine Meinung, daß jener dich verletzt. Wenn dich jemand reizt, so wisse, daß es nur deine Auffassung von der Sache ist, die dich gereizt hat. Deshalb strebe vor allem danach, dich nicht von deiner falschen Vorstellung fortreißen zu lassen." (Epiktet, 1992 [20])

Stoizismus und Kognitive Therapie. Auch diese stoischen Sichtweisen entsprechen denen Kognitiver (Verhaltens-)Therapeuten, sie unterscheiden sich jedoch – insbesondere hinsichtlich des Primats der Handlungen – von den psychoanalytischen und anderen humanistischen Ansätzen.

Seelische Zustände sind, nach stoischer Lehre, Reaktionen eines Individuums auf einen äußeren Reiz, den man jedoch erst als einen solchen erfassen oder erkennen könne, nachdem man eine spezifische Einstellung dazu entwickelt habe.

---

[*] Wie Sokrates hat auch Epiktet keine eigenen schriftlichen Aufzeichnungen verfasst und hinterlassen. Seine Lehre wurde insbesondere durch seinen Schüler Arrian aufgezeichnet. Das „Handbüchlein" hat dieser vermutlich selbst aus den von ihm gesammelten Diatriben Epiktets zusammengestellt.

Aufgrund dieser Einstellungen oder Interpretationen entstehen Gefühle. Interpretationen sind dabei die aus der Lebenserfahrung durch Abstraktion oder Generalisation gebildeten Vorurteile. Diese Vorurteile oder zugrunde liegenden Annahmen sind wiederum das, was Montgomery (1993) und andere Kognitive Therapeuten heute „Schemata" nennen. Auch das Hauptcharakteristikum stoischer Philosophie, die Kontrolle des eigenen Denkens – und damit die Möglichkeit, eigene intensive Gefühle zu beeinflussen – wird von Kognitiven Therapeuten als Grundlage der eigenen Therapietheorie übernommen.

Diese Grundidee wird deutlich in Epiktets Behauptung (1984 [III.21]), dass jeder notwendigerweise Dinge so behandelt, wie er seine Vorstellung dazu gebildet hat oder in Senecas Aussage (1987 [78.13]), dass das gesamte menschliche Leiden auf Meinungen beruhe. Sie seien der Grund für unsere Trauer, denn jeder von uns sei so glücklich, wie er glaube.

Die Schlussfolgerung daraus, nämlich dass nicht eine Sache allein Gefühle verursachen könne, sondern lediglich die Interpretation dieser Sache mit Hilfe der zugrunde liegenden Vorurteile, Annahmen oder Schemata, ist der wohl am meisten zitierte Satz Epiktets (1992 [5]). Auch seine Empfehlung, wie mit Mitleid umzugehen sei, ist bis heute uneingeschränkt gültig – nicht nur für Psychotherapeuten und Seelsorger, sondern für jeden, der das Risiko eines „Burn-out-Syndroms" begrenzen möchte. So liest sich Epiktets „Handbüchlein der Moral" (1984) wie das Therapiemanual eines Psychotherapeuten.

> **ZITAT**
>
> „Wenn du einen in tiefer Betrübnis um ein Kind siehst, das in die Ferne zieht, oder weil er sein Vermögen verloren hat, so gib acht, daß dich nicht die Vorstellung übermannt, er wäre wegen dieser äußeren Dinge unglücklich. Du mußt vielmehr sogleich zu dir sagen: nicht das Geschehene betrübt diesen Mann – denn einen anderen betrübt es ja auch nicht – sondern nur seine Auffassung des Geschehenen. Soweit es mit Worten geht, zögere nicht, an seinem Leid Anteil zu nehmen, und wenn es nicht anders geht, magst du auch mit ihm seufzen. Gib jedoch acht, daß nicht auch deine Seele seufzt." (Epiktet, 1984 [16])

2.3   Kant, Nelson und Heckmann

Immanuel Kant

So, wie Platon in der Antike, hat vor allem Kant (1724–1804) in der Moderne seine Philosophie zum großen Teil ausdrücklich auf der Grundlage der sokratischen Lehre entwickelt (Kant, 1990, 1995; Nelson, 1929), und er setzt als einer der letzten Philosophen der Moderne die praxisorientierte sokratische Philosophie als Lebensform fort (Martens, 1992), wenn er in seiner „Metaphysik der Sitten" (1990, §53) der ethischen Askese einen ganzen Abschnitt widmet.

In der kritischen Methode Kants erkennt Nelson (1929) die Wiederaufnahme des sokratisch-platonischen Philosophierens und sieht in dessen Abhandlung zur „Kritik der reinen Vernunft" (1995) ein Traktat der sokratischen Methode. Kant habe die → regressive Methode der Abstraktion zur Vollendung geführt, indem er die sokratisch-platonische „Lehre von der Wiedererinnerung" von platonischer Mystik befreit und die Ergebnisse der Abstraktion durch → deduktives Vorgehen sichergestellt habe.

Leonard Nelson

Der Göttinger Philosoph Leonard Nelson (1882–1927) greift die Intentionen der sokratischen Gesprächsführung in einer für den philosophischen Unterricht modifizierten Form auf (1929). Er systematisiert den platonisch-sokratischen Dialog, stellt theoretische und praktische Anforderungen für die Anwendung auf und versucht, die methodisch-kritischen Zielsetzungen von Kant und Fries voranzutreiben. Wie die „Sokratiker" vor ihm, ist er mit seinen Dialogen auf der Suche nach dem Wesen einer Sache und zielt – wie Horster (1994) feststellt – mit seinen Betrachtungen hauptsächlich auf das dialektische Wissen, bei dem die theoretische und praktische Intention zur Deckung kommen.

Nelson stellt sich mit seiner Forderung, dass die Menschen ihre Fähigkeit zur Selbstbestimmung entwickeln müssen, um ihre innere Freiheit selbst zu bestimmen, in die direkte philosophische Nachfolge von Epiktet. Und, wie schon Sokrates, wendet sich auch Nelson in scharfer Form gegen die immer noch praktizierte → sophistische Lehrmethode und die herrschende Distanz zwischen der Philosophie und dem Alltagleben. So resümiert er (1929, S.18), dass jemand, der Philosophie auf → sophistische Art vermittle, sie wie eine Wissenschaft von Tatsachen behandele und so allenfalls etwas zur Geschichte der Philosophie vortrage. Denn was er vermittle, sei nicht die philosophische Wahrheit selbst, sondern nur die Tatsache, dass jemand dieses oder jenes für eine philosophische Wahrheit halte. Wer ernsthaft philosophische Einsicht vermitteln wolle, könne nur die Kunst des Philosophierens lehren wollen, indem er dazu anleite, selbst die Methode der → regressiven Abstraktion zu erlernen, da allein diese Einsicht in Grundprinzipien gewähre. Philosophischer Unterricht könne daher stets nur Unterricht im Selbstdenken sein und die Kunst vermitteln, selbständig Prinzipien zu abstrahieren. Insofern sei die sokratische Methode als philosophische Unterrichtsmethode die Kunst, nicht Philosophie, sondern das Philosophieren nach den Regeln der → regressiven Methode zu lehren.

Nelson unterscheidet die → regressive Abstraktion von der → induktiven Abstraktion, bei der Wissen aufgrund von Beobachtungen erst noch gebildet werden soll (1929, S.12f). Die Gesetze, die den Erscheinungen der Natur zugrunde lägen, könnten induktiv erschlossen werden, während die eigentlichen methodischen Probleme einer Wissenschaft aber meist da lägen, wo der Rückschluss vom Besonderen zum Allgemeinen vollzogen werden muss. Die Philosophie beruhe zwar in ihren Grundsätzen nicht auf einleuchtenden Wahrheiten, gehe aber dennoch nicht vom Standpunkt des Nichtwissens aus, so dass von einem induktiven Vorgehen nicht die Rede sein könne. Folglich seien die auf Vorwissen gegründeten Abstraktionen auch nicht mit der induktiven Methode gleichzusetzen. Die → regressive Methode der Abstraktion, die zur Erarbeitung philosophischer Prinzipien diene, erzeuge dagegen keine neuen Erkenntnisse, sondern führe durch Nachdenken zu Einsichten, die als ursprünglicher Besitz bereits in unserer Vernunft ruhten (1929, S.16). Damit setzt sich auch Nelson klar von Aristoteles' Sichtweise ab und unterstreicht die platonisch-sokratische These der „Wiedererinnerung". Er geht bei seiner Suche nach „Begriffswahrheiten" wie Sokrates stets von konkreten Einzelbeispielen aus, in denen sich die gesuchte Wahrheit widerspiegelt und filtert sie durch regressive Abstraktion heraus.

Das sokratische Paradoxon, einen Schüler dazu erziehen zu wollen, sich nicht durch äußere Einwirkung erziehen zu lassen, versucht er (1970ff, S.291) mit der Forderung aufzulösen, dass der philosophische Unterricht die Einflüsse, die der philosophischen Erkenntnisgewinnung im Wege stehen, planmäßig schwächen und die ihr förderlichen gezielt stärken müsse. Zu diesem Zweck beschreibt er (1929) als erster technische und inhaltliche Regeln für Schüler und Lehrer, um einen erfolgreichen sokratischen Disput zu führen. (Auf die Beschreibung dieser Regeln verzichte ich an dieser Stelle, da diese nachfolgend von Heckmann noch präzisiert und erweitert werden.)

In der durch Nelson weiterentwickelten Methode fällt das Primat der Definitionen ebenso fort wie die meist suggestive Frageweise des platonisch-sokratischen Dialogs (vgl. Siebert, 1996). Zudem erweitert Nelson den Einsatz dieser Methode vom ursprünglichen Zweiergespräch nun auch auf Gruppen.

Gustav Heckmann

Nelsons Schüler Gustav Heckmann bemüht sich um die Weiterentwicklung der sokratischen Methode und formuliert in einer ausführlichen Monografie zum Sokratischen Dialog explizit Regeln für Leiter und Teilnehmer einer sokratischen Gesprächsrunde (Heckmann, 1981; Horster, 1994).

Für die Leiter sokratischer Gespräche formuliert Heckmann (1981) sechs Gebote für eine gelungene Dialogführung.

> **!** **Sechs „pädagogische Maßnahmen" als Gebote für eine gelungene Dialogführung:**
> (1) Halte dich als Gesprächsleiter mit eigenen Aussagen und Meinungen zurück!
> (2) Gehe stets von konkreten Beispielen aus!
> (3) Schöpfe das Gespräch als Hilfsmittel des Denkens aus und achte auf gegenseitiges Verständnis der Darlegungen!
> (4) Bleibe beim Thema und halte an der gewählten Fragestellung fest!
> (5) Arbeite auf einen Konsens hin!
> (6) Lenke das Gespräch so, dass optimale Bedingungen für die regressive Abstraktion bestehen!

(Auf die Darstellung der „Regeln für Schüler" verzichte ich an dieser Stelle, da sie für die weitere Betrachtung der Methode in der psychotherapeutischen Anwendung unwesentlich sind.)

Heckmann (1981) zufolge ist ein Gespräch immer dann ein sokratisches, wenn die Gesprächspartner versuchen, der Wahrheit zu einer Frage durch gemeinsames Erwägen von Gründen näher zu kommen. Dabei könne alles zum Gesprächsgegenstand Sokratischer Dialoge werden, was die Dialogpartner durch Reflexion ihrer eigenen Erfahrungen zu erörtern in der Lage seien. Psychologische Themen und individuelle seelische Probleme schließt er (a.a.O., S.9), wie schon zuvor auch Nelson, dezidiert aus.

Heckmann (1981) unterscheidet bei der sokratischen Vorgehensweise zwischen einer Methode philosophischen Denkens und einer pädagogischen, die darauf zielt, philosophisches Denken zu lehren. Aus letzterer ergeben sich „sokratische Lehrgespräche", in denen der Gesprächsleiter die pädagogische Aufgabe hat, den Teilnehmern dazu zu verhelfen, den Weg der → regressiven Abstraktion – von konkreten Alltagserfahrungen ausgehend hin zur allgemeinen Einsicht – selbst zu gehen.

In seiner Ausformulierung und Beschreibung dieser Regeln und Gebote sieht Horster (1994) das besondere Verdienst seines Lehrers Heckmann.

Wiewohl Horster (1994) Heckmanns Verdienst würdigt, eine genauere Beschreibung der → regressiven Abstraktion zu liefern als Nelson, so kritisiert er zugleich, dass sie immer noch nicht konkret genug sei, um als Orientierung für die zu taugen, die diese sokratische Technik erlernen möchten. Selbst davon überzeugt, dass die → regressive Abstraktion notwendiger Bestandteil eines jeden Sokratischen Dialogs zu sein habe, wendet er sich auch strikt gegen Heckmanns Behauptung, deren Einsatz sei themenabhängig.

Zudem bemängelt Horster (1994), dass bei Heckmann das philosophische Thema „Wahrheit" ungeklärt bleibe und vermutet, dass der Wahrheitsbegriff den „Sokratikern" offensichtlich die größte Schwierigkeit bereite, sei doch die Monografie Heckmanns zum Sokratischen Dialog ein einziger Ausdruck der Unsicherheit über diese Wortbedeutung. Horster fordert daher eine Klärung dessen, wie „Wahrheit" für die sokratische Dialogführung zu definieren sei, schließlich werde ja das sokratische Gespräch als Methode der Wahrheitsfindung apostrophiert. Horsters eigenen Definitionsversuch betrachten wir daher in Kapitel 3.1.

3 Moderne sokratische Gesprächsführung

Die Weiterentwicklung der sokratischen Methode in den letzten 50 Jahren ist stark durch bildungspolitische Aspekte geprägt: Bis zur zweiten Hälfte des 20. Jahrhunderts wird die Psychologie allgemein als integraler Bestandteil der Philosophie angesehen. Im Bestreben, sich als eigenständiger, neuer Wissenschaftsbereich auf Grundlage der empirischen Naturwissenschaften zu etablieren, lösen sich in den darauf folgenden Jahrzehnten immer mehr Psychologen von ihrem traditionellen geisteswissenschaftlichen Hintergrund und bilden an den Universitäten eigene Fachbereiche. Dieser Ablösungsprozess ist inzwischen so gut wie abgeschlossen. Als Relikt von der ehemaligen Gemeinsamkeit zeugt allenfalls noch der weiterverwendete akademische Grad „Dr. phil.", den noch nicht alle Universitäten in „Dr. rer. nat." oder „Dr. psych." geändert haben.

Diese Abtrennung wird allerdings nicht nur von der Psychologenseite betrieben. Auch die Philosophen verzichten zunehmend freiwillig auf die ehemals ihrer Wissenschaft zugehörigen psychologischen Inhalte. Dass sie die bisherige Linie ihrer philosophischen Vorgänger (von Sokrates über Platon und Epiktet), die die Psychologie noch als Teil ihrer Wissenschaft ansehen, heute verlassen haben, macht u.a. Horster deutlich, wenn er (1994, S.36) fordert: „In Abgrenzung zu einem philosophischen Gespräch müssen wir die [...] psychologische Beratung sehen. [...] sokratische Gespräche [haben] nicht den Zweck, psychische Probleme zu bearbeiten." Wie seine philosophischen Vorgänger konzediert er zwar, dass in jedem Sokratischen Dialog gleichzeitig auch psychische Probleme angesprochen werden und dass psychische Probleme in enger Verbindung zu philosophischen stehen, will aber dennoch Themen mit starker psychologischer Problematik von seinen Dialogen ausgeschlossen wissen. Offenbar hält auch Horster die Bearbeitung psychologischer Inhalte nicht mehr für eine philosophische Aufgabe.

> **!** Ab Ende des 20. Jahrhunderts setzt eine getrennte Fortentwicklung des Sokratischen Dialogs ein: Philosophische Anschauung und psychotherapeutische Anwendung lösen sich voneinander.

3.1 Philosophisch-sokratischer Dialog bei Horster

Horster (1986, 1994) untersucht die Auswirkungen mehrerer → Paradigmenwechsel in der Geschichte der Philosophie auf die heutige Anwendung des (philosophischen) Sokratischen Dialogs.

Der platonische Sokratische Dialog ist noch von der → metaphysischen Fragestellung geprägt, in welcher Beziehung das Individuum, das „Einzelseiende" zum Gesamten, zum „einheitsstiftenden Ganzen" steht. Die → Metaphysiker (oder „Ontologen") gehen davon aus, dass der einheitsstiftende Bezugspunkt in der Außenwelt, im empirisch Konkreten zu suchen sei. Demzufolge versuchen sie, eine objektive Wahrheit durch genaue Beobachtung der Realität zu erforschen.

Mit dem Paradigmenwechsel von der Metaphysik/Ontologie zur „Bewusstseinsphilosophie" (Schnädelbach, 1989) werden die Einwände aufgegriffen, die bereits sophistische Vertreter der Antike gegen den → metaphysischen Anspruch erheben, Wahrheiten objektiv erkennen und formulieren zu können. Die Bewusstseinsphilosophen bezweifeln, dass die Erkenntnis des wahren Seins überhaupt möglich ist und postulieren, dass das Bewusstsein der Grund allen Wissens und damit auch der „Wahrheit" sei.

Mit dem Paradigmenwechsel von der Bewusstseins- zur „Sprachphilosophie" wird der innere und äußere Dialog der Menschen in den Mittelpunkt der Betrachtung gerückt. Hierzu zitiert Horster (1994) von Humboldt: „Der Mensch spricht sogar in Gedanken, nur mit einem Anderen, oder mit sich, wie mit einem Anderen" und folgert, dass wir demnach gar nicht anders denken können als in sprachlich-argumentativer Weise. Der Mensch führe selbst in Gedanken stets einen Dialog.

Zwar sind Dialoge bereits bei den Metaphysikern wesentliche Grundlage bei ihrer Suche nach objektiver Wahrheit, und auch Bewusstseinsphilosophen betreiben dialogisches Philosophieren, jedoch sind – nach Schnädelbach (1989) – deren Ziele und Bezugspunkte verschieden.

Der Wahrheits- und Vernunftbegriff bei Horster

Horster (1994) stellt sich die nahe liegende Frage, ob sich durch die beschriebenen Paradigmenwechsel die Wahrheits- und Vernunftauffassung geändert habe, und welche Konsequenzen dies für den Sokratischen Dialog nach sich ziehe. In seinen Betrachtungen setzt er sich mit den Auffassungen der Metaphysiker, der Bewusstseins- und der Sprachphilosophen auseinander und folgert, dass das philosophisch zentrale Problem der Wahrheitsdefinition weder durch die Metaphysiker noch durch die nachfolgenden philosophischen Schulen hinreichend beantwortet wird. Man könne daher die Geschichte der Philosophie auch als eine zweieinhalbtausendjährige Suche nach der Wahrheit beschreiben.

Horster beschreibt (a.a.O.) auch die Wahrheitsdefinitionen neuzeitlicher Philosophen. Dabei zeigt er sich besonders beeindruckt von den, auch aus psychotherapeutischer Sicht bedeutsamen, sozialpsychologischen Ausführungen Meads (1969, 1987) und seiner „Theorie des symbolisch vermittelten Interaktionismus" (siehe Exkurs): „Seit George Herbert Mead [...] wissen wir, daß sich unsere Erkenntnisweise in der intersubjektiven Alltagspraxis entwickelt." (Horster, 1994, S.45)

Er folgert daraus für die Wahrheitsauffassung im Sokratischen Dialog, dass es wegen dieser, bei Mead beschriebenen Gründe eine objektive, endgültige Wahrheit nicht geben könne. Die Wahrheitssuche und -definition im sokratischen Gespräch sei daher stets nur eine vorläufige. Sie könne sich jederzeit ändern, z.B. durch neue Erfahrungen der Gesprächspartner, durch unterschiedliches Hintergrundwissen anderer Dialogpartner, durch die Interaktion während des Dialogs selbst oder auch durch die Wechselwirkungen zwischen dem erarbeiteten Wahrheitsbegriff und den damit im Alltag gemachten Erfahrungen.

Fazit. In Anbetracht der oben beschriebenen Paradigmenwechsel und der Interaktionismustheorie Meads konstatiert Horster (1994):

▶ Vernunft ist empirisch-sprachlich fassbar und wird dem Individuum intersubjektiv, durch soziale Interaktionsprozesse vermittelt.
▶ Da es keine Möglichkeit für objektive Erkenntnis gibt (auch keine auf → induktivem Wege gewonnene), ist absolute Wahrheit nicht formulierbar.
▶ „Wahrheit" hat deshalb keine objektive Grundlage, sondern eine ethisch-moralische (wenn man Ethik und Moral als soziale Gewohnheit oder Sitte definiert). Demzufolge gibt es, dem jeweiligen kulturellen Hintergrundwissen entsprechend, differierende Wahrnehmungsweisen und – daraus abgeleitet – entsprechende „wahre" Aussagen. Somit ist das, was die Menschen aller Kulturen miteinander verbindet, der jeweilige Wahrheitsanspruch ihrer Aussagen.

EXKURS

Die sozialpsychologische Wahrheitsdefinition Meads
In seiner „Theorie des symbolisch vermittelten Interaktionismus" beschreibt Mead (1969, 1987) die individuelle Entwicklung als Orientierungsprozess an anderen und an gesellschaftlich akzeptierten Normen und schließt daraus, dass wir lediglich durch unsere Interaktion mit anderen so sind, wie wir sind.
In der Primärsozialisation lernen Kinder „allgemein gültige" Normen ihrer Bezugspersonen. Die adaptierten Normen werden fortan durch eigene Handlungen stets aufs Neue aktualisiert und so gefestigt. Über einzelne Normen der Bezugsgruppe hinaus adaptiert das Individuum letztendlich auch deren Weltanschauung und damit den (vor)theoretischen Hintergrund, womit es sich „die Welt" erklärt.
Indem wir die Gewohnheiten, die kulturellen-, klassen- und geschlechtsspezifischen Normen, Moralvorstellungen und Ideologien übernehmen, betrachten wir die Welt aus dieser vermittelten Perspektive heraus auf eine Art und Weise, wie es der vermittelten „Sitte" oder „Normalität" entspricht. Die Erkenntnisse, die wir dadurch gewinnen, erscheinen uns dann zwangs-

läufig und natürlich, obwohl doch Betrachter mit anderem sozialen oder kulturellen Hintergrund zu völlig anderen Erkenntnissen oder „Wahrheiten" gelangen.

Mead zeigt (a.a.O.) auf, dass wir aus den beschriebenen Gründen notwendigerweise eine „ethnozentrische" Wahrheitsauffassung besitzen *müssen*. Demzufolge gibt es weder objektive Erkenntnis noch eine daraus abgeleitete absolute Wahrheit. Es können lediglich Aussagen über Objekte gemacht werden, die innerhalb der eigenen Bezugsgruppe als wahr oder unwahr zu bezeichnen sind.

Folgen der Wahrheitsdefinition für sokratische Diskurse. Horster (1994) untersucht die Auswirkungen des nachmetaphysischen Denkens und der oben beschriebenen Wahrheits- und Vernunftdefinition auf das Ergebnis heutiger sokratischer Diskurse. Er sieht darin, dass nun keine endgültige Definition mehr angestrebt werden könne. Die erzielten Begriffsbestimmungen seien stets an neuen Erkenntnissen und anderem Hintergrundwissen zu prüfen und könnten nur so lange gelten, wie ihnen keine neue Erfahrung entgegenstehe.

Der Prozess der regressiven Abstraktion

Auch Horster erkennt (1986, 1994) im → regressiven Abstraktionsprozess das Wesen und den Kern eines jeden Sokratischen Dialogs. Ohne einen solchen sei ein Gespräch kein sokratisches. In der Abstraktion werden Begriffe, die wir oftmals gebrauchen, ohne uns über deren Bedeutungsgehalt im Klaren zu sein, einer kritischen Reflexion unterzogen. Horster versucht, durch eine präzise Beschreibung der regressiven Vorgehensweise eine Orientierung zu geben, wie die Abstraktion eines Begriffes im Rahmen sokratischer Gespräche vonstatten geht. Er unterscheidet, in Anlehnung an Habermas (1997), verschiedene Diskurstypen, die jeweils eine eigene Vorgehensweise bei der Abstraktion erforderlich machen: die „explikativen" und die „normativen" Diskurse, die Schnädelbach (1977) auch „theoretische" und „praktische" Diskurse nennt.

DEFINITION

Im **explikativen Diskurs** werden Begriffsbestimmungen erarbeitet, wie z.B. in der sokratischen Frage nach dem Wesen der „Tapferkeit" im Dialog mit Laches (Platon, 1975).

Der **normative Diskurs** befasst sich mit Wertbegriffen: Hier wird nicht nach der Definition, nach der „Wahrheit" eines Begriffes gesucht, sondern geprüft, ob eine Entscheidung auf der Basis zugrunde liegender Werte richtig ist oder nicht. Mit Hilfe der regressiven Abstraktion sollen dann die grundlegenden, meist unbewussten Wertmaßstäbe für eine Entscheidung herausgearbeitet werden, wie z.B. mit der Frage, ob eine bestimmte Handlungsweise moralisch oder unmoralisch ist.

Die regressive Abstraktion bei explikativen Diskursen. Der Habermas' schen Einteilung zufolge sind Sokratische Dialoge in der Regel explikativer Art, da es für Philosophen meist um Begriffsklärungen geht. Nach dem Festlegen des zu untersuchenden Begriffs erfolgt die regressive Abstraktion in fünf Schritten.

Die regressive Abstraktion bei explikativen Diskursen

(1) **Sammeln von Eigenschaften.** In dieser reinen Informationsphase werden vermeintliche Eigenschaften des untersuchten Begriffs gesammelt. Diese Meinungen führen erst durch die nachfolgenden regressiven Abstraktionsschritte zur „Wahrheit".

(2) **Zusammenfassen der bisher gesammelten Eigenschaften.** Bei den unter (1) gesammelten Eigenschaften werden, wenn nötig, Voraussetzungen und Folgen unterschieden, Doppelnennungen eliminiert und mehrere ähnliche Eigenschaften zu Oberbegriffen zusammengefasst. Hier beginnt die Argumentationsphase. Gründe für oder wider das Streichen oder Zusammenfassen von Eigenschaften werden gegenübergestellt und mit den elementaren Regeln der Argumentation abgewogen. Zusammengefasst oder gestrichen werden Eigenschaften erst, wenn alle Gegenargumente entkräftet sind und keine weiteren mehr vorgebracht werden.

(3) **Frage nach weiteren Beispielen.** Die Gesprächsteilnehmer überlegen, ob ihnen weitere Eigenschaften zum untersuchten Begriff einfallen. Falls ja, wird erneut Schritt (2) durchlaufen.

(4) **Trennen von notwendigen und hinreichenden Eigenschaften.** „Notwendige" Eigenschaften (die, die beim Weglassen dazu führten, dass sich das Wesen des betrachteten Begriffs verändert) werden von „hinreichenden" oder „zufälligen" getrennt. Letztere werden entfernt, die „notwendigen" gesammelt. Auch hierbei wird argumentativ verfahren.

(5) **Erarbeitung von wesentlichen Kriterien.** Hier wird untersucht, worin genau sich der betrachtete Begriff von jedem anderen unterscheidet. Die notwendigen Eigenschaften werden dabei daraufhin geprüft, ob sie auch andere Begriffe beschreiben. Falls ja, werden sie gestrichen. Die verbliebenen Eigenschaften ergeben die wesentlichen Kriterien und die wiederum die gesuchte Definition.

Die regressive Abstraktion bei normativen Diskursen. Für den psychotherapeutischen Bereich sind die normativen Diskurse allerdings von mindestens ebenso großer Bedeutung wie die explikativen, denn hier werden die Fragestellungen behandelt, die sich mit moralischen Normen und Wertebegriffen beschäftigen, wie z.B., ob eine Handlungsweise vor dem Hintergrund der eigenen ethisch-moralischen Normen „sinnvoll", „zielführend" oder „moralisch" ist oder nicht.

Horster unterscheidet zwei Arten normativer Diskurse mit unterschiedlichen Abstraktionswegen: Jeweils unter Berücksichtigung der individuellen moralisch-ethischen Normen und Grundeinstellungen geht es beim einen um die Erkenntnis und Bewertung der Gründe, die für eine Entscheidung herangezogen werden, beim anderen soll eine Fragestellung durch das Abwägen positiver und negativer Aspekte beantwortet werden.

Nach dem Festlegen der zu untersuchenden Fragestellung erfolgt die regressive Abstraktion dann in vier bzw. fünf Schritten.

Die regressive Abstraktion bei normativen Diskursen

A   Bewertung der Entscheidungsgründe:

(1) **Sammeln der Gründe für eine Entscheidung.** In dieser reinen Informationsphase werden die Gründe für eine gefällte Entscheidung gesammelt.

(2) **Zusammenfassen der gesammelten Gründe.** Gründe für oder wider das Zusammenfassen von Gründen werden gegenübergestellt und mit den elementaren Regeln der Argumentation abgewogen. Zusammengefasst werden Gründe erst, wenn alle Gegenargumente entkräftet sind und keine weiteren mehr vorgebracht werden.

(3) **Suche nach Werten, die diesen Gründen zugrunde liegen.** Es werden die moralisch-ethischen Werte gesucht, die für die getroffene Entscheidung maßgeblich sind.

(4) **Zusammenfassen der Werte.** Gründe für oder wider das Zusammenfassen von Werten werden gegenübergestellt und mit den elementaren Regeln der Argumentation abgewogen. Zusammengefasst wird erst, wenn alle Gegenargumente entkräftet sind und keine weiteren mehr vorgebracht werden.

B   Entscheidung durch Abwägen von Aspekten:

(1) **Sammeln der positiven und negativen Aspekte einer Entscheidung.** In dieser reinen Informationsphase werden die positiven und negativen Aspekte für eine Entscheidung gesammelt.

(2) **Positive und negative Aspekte zusammenfassen.** Gründe für oder wider das Zusammenfassen von positiven oder negativen Aspekten werden gegenübergestellt und mit den elementaren Regeln der Argumentation abgewogen. Zusammengefasst wird erst, wenn alle Gegenargumente entkräftet sind und keine weiteren mehr vorgebracht werden.

(3) **Suche nach eventuellen weiteren Aspekten.** Die Gesprächsteilnehmer überlegen, ob ihnen weitere positive oder negative Aspekte zur untersuchten Entscheidung einfallen. Falls ja, wird erneut Schritt (2) durchlaufen.

(4) **Erneutes Zusammenfassen der positiven und negativen Aspekte.** Wie (2).

(5) **Abwägen der zusammengefassten positiven und negativen Aspekte.** Vor dem Hintergrund der individuellen moralisch-ethischen Grundeinstellungen und Ziele wird nun aufgrund der gefundenen, zusammengefassten positiven und negativen Aspekte gegeneinander abgewogen und eine Entscheidung gefällt.

3.2 Psychotherapeutisch-sokratischer Dialog in der Literatur

Ziel und Rahmenbedingungen des psychotherapeutischen „Sokratischen Dialogs"

Wie in den philosophischen, geht es auch in den psychotherapeutischen Sokratischen Dialogen um Begriffsklärungen. Sie bleiben, in platonisch-sokratischer Tradition, ein typisches Kennzeichen und Wesen dieser Gesprächsführung.

Im Unterschied zur philosophischen Form der Horster'schen Dialogführung, liegt der Schwerpunkt aber nicht notwendigerweise in der gemeinsamen → regressiven Abstraktion von Begriffen, denn in der Regel hat der Therapeut bereits ganz klare Zielvorstellungen und möchte den Patienten mit Hilfe seiner Fragen zu ganz bestimmten Erkenntnissen führen. Damit verstößt er allerdings eindeutig gegen die Zurückhaltungs- und Neutralitätsgebote Nelsons (1929), Heckmanns (1981) oder Horsters (1994).

> **!** Wenn ein Psychotherapeut das Mittel der sokratischen Gesprächsführung nutzt, um mit seinem Patienten bestimmte Erkenntnisse und Schlussfolgerungen zu erarbeiten, zum Beispiel, um Begriffe wie „Ehre", „Treue", „Wert" oder „Gerechtigkeit" zu untersuchen, dann kennt er bereits das angestrebte Ergebnis seiner „Suche": Ehre, Treue, Wert oder Gerechtigkeit gibt es nicht tatsächlich. Sie repräsentieren das, was man ihnen (gemäß des eigenen Sozialisationshintergrundes) zuschreibt, das, was man für ehrenhaft, treu, wertvoll oder gerecht *hält*.

Häufig besteht das Ziel auch lediglich darin, den Patienten in den „Zustand der inneren Verwirrung" zu versetzen, ihn in seiner alten Überzeugung zu verunsichern, um damit seinen Widerstand zu senken, andere Sichtweisen in Erwägung zu ziehen.

Unterschiede zum philosophischen Sokratischen Dialog. Das psychotherapeutische oder beraterische Setting unterscheidet sich maßgeblich von den philosophischen Gesprächsrunden Nelsons, Heckmanns und Horsters:

- Es geht hier in der Regel nicht um „gemeinsame" Begriffsdefinitionen, sondern um Definitionen für den Patienten – in Abhängigkeit von dessen Sozialisationshintergrund, dessen moralisch-ethischem Normensystem, dessen (Lebens-)Zielsetzungen.
- Die „Gleichrangigkeit der Gesprächspartner" ist allein schon dadurch nicht gegeben, dass der eine Hilfe vom anderen erwartet.
- Der Therapeut fungiert zumindest in Einzelgesprächen nicht nur als Diskussionsleiter, sondern auch als Dialogpartner.
- Der Therapeut kann die Forderung nach Zurückhaltung und Neutralität schon allein aufgrund seiner ihm zugeschriebenen Rolle nicht erfüllen: Er ist

verantwortlich für die, gemäß seiner Diagnose ausgewählten Themen, für einen stringenten Behandlungsplan, für die Überwachung des Therapiefortschritts etc.

Konsequenzen. Diese unterschiedlichen Zielsetzungen und Rahmenbedingungen für psychotherapeutische Dialoge erfordern teilweise andere Schwerpunkte und Vorgehensweisen, als Horster (1994) es für den philosophischen Unterricht fordert, dennoch bietet er mit seinem Modell auf der Grundlage der Ausführungen Nelsons (1929, 1970ff.) und Heckmanns (1981) auch für den psychotherapeutischen Bereich wichtige, relevante Erkenntnisse, Definitionen und Anwendungsmöglichkeiten.

Bevor wir entscheiden, welche seiner Prämissen und Forderungen übernommen werden und welche zu modifizieren sind, betrachten wir, welche Rolle der Sokratische Dialog als psychotherapeutische Interventionsmethode spielt, und wie unterschiedlich er dabei in der Fachliteratur dargestellt wird.

3.2.1 „Sokratischer Dialog" als diffus beschriebene Methode

Wir stellten in den vorangegangenen Kapiteln fest, dass das heutige Verständnis von dem, was ein „Sokratischer Dialog" sei, und wie er durchgeführt werden sollte, bei Philosophen und Psychotherapeuten erheblich von dem abweicht, was Platon (1975, 1994) in seinen Dialogen dem Sokrates, beispielsweise im „Laches" oder „Menon", in den Mund legt.

Psychotherapeuten verschiedener humanistischer Verfahren, besonders aber die Kognitiven (Verhaltens-)Therapeuten, sehen im „Sokratischen Dialog" *die* Methode der Wahl bei der Bearbeitung irrationaler (Ellis) oder dysfunktionaler (Beck) Kognitionen (u.a. Ellis, 1962; Beck, 1976). Weniger einig sind auch sie sich allerdings in der Definition bzw. in der Anwendung dessen, was sie „Sokratischen Dialog" nennen und als solchen praktizieren. Allerdings gibt es auch in der Literatur zur Kognitiven (Verhaltens-)Therapie Autoren, die die sokratische Methode noch nicht einmal erwähnen (u.a. Lazarus, 1976; Emery, 1981; Dryden, 1984; Dryden & Trower, 1986; Kammer & Hautzinger, 1988; Fliegel, 1994; Hautzinger et al., 1994; Jacobi et al., 2000).

Während der philosophische Sokratische Dialog in seiner Weiterentwicklung und heutigen Anwendung nachvollziehbar beschrieben ist, bleibt weitgehend unklar, worauf genau sich die Psychotherapeuten bei ihrem aktuellen Einsatz der Methode beziehen. Ihr gemeinsamer Bezugspunkt ist, gemessen an der Anzahl der Zitate und Referenzen, jedoch unbestritten der Stoiker Epiktet (Ellis, 1962; Maultsby, 1975; Beck, 1976; Chessick, 1982 u.v.a.).

In der Literatur finden sich zwei Hauptvarianten vom Verständnis des psychotherapeutischen „Sokratischen Dialogs": Die einen verstehen darunter lediglich eine Disputationsmethode oder Fragetechnik im Prozess der Kognitiven Umstrukturierung, die anderen meinen damit den speziellen Gesprächs-stil, der die eigenverantwortliche, individuelle Bestimmung von (Lebens-)Zie-len, von Moral- und Wertvorstellungen fördert.

Bei irrationalen Kognitionen. Häufig wird der Terminus „Sokratischer Dialog" als Synonym für „Disputationstechnik" oder gar für „Diskutieren" und „De-battieren" verwendet. Allerdings erwähnt Försterling (1980) bei seiner Be-schreibung „bewährter Disputationstechniken" für die Behandlung irrationa-ler Kognitionen selbst unter den „hedonistischen Disputen" die Technik des Sokratischen Dialogs nicht explizit.

Zwar betonen besonders Kognitive (Verhaltens-)Therapeuten einhellig die Vorzüge der sokratischen Methode im Prozess der kognitiven Umstrukturie-rung, aber eine genaue Definition oder gar nachvollziehbare Beschreibung des Verfahrens findet auch bei ihnen in der Mehrzahl der Fälle nicht statt. Konsens ist allenfalls im Ziel zu sehen, damit dysfunktionale oder irrationale Denkmus-ter zu identifizieren, zu prüfen, zu widerlegen und zu ersetzen.

So bevorzugen zwar Lakatos & Reinecker (1999) bei der Umstrukturierung „dysfunktionaler Grundannahmen" vermittels Disputation den „Gesprächsstil des Sokratischen Dialogs", bleiben aber eine Definition und Beschreibung des-selben ebenso schuldig wie Lückert & Lückert (1994), die den „Sokrates-Effekt" als besonders wirksam für resistente, dauerhafte kognitive Veränderungen prei-sen und sich dabei auf Untersuchungen von Rosen & Wyer (1972) stützen. Auch Hoffmann (1979) verweist lediglich auf die Vorzüge des „Sokrates-Effekts" und führt zum Beleg zusätzlich noch die zahlreichen Untersuchungen von McGuire (1960) und Janis & Feshbach (1953, 1954) an, die sämtlich belegten, dass kognitive Veränderungen immer dann besonders deutlich und nachhaltig wirkten, wenn die Patienten mit Hilfe der sokratischen Methode selbst zur Realitätsprüfung ihrer Denkweisen veranlasst würden.

Bei Depression. Definition und Beschreibung der Methode fehlen auch bei Beck & Greenberg (1979), die die sokratische Methode bei der Behandlung von Depressionen propagieren, da die Patienten dadurch die Schlussfolgerungen glaubwürdiger fänden und ihre Erfahrungen erweiterten, die Realität zu testen.

Bei Panik. Auch bei Schneider & Margraf (2000) fehlt eine Definition, sie weisen lediglich darauf hin, dass bei der Behandlung von Panikanfällen und Agorapho-bie „Verhaltensexperimente" die (kognitiven) Ergebnisse des „Sokratischen Dia-logs" verbesserten und die Korrektur der Fehlinterpretationen erleichterten.

Bei Schizophrenie. Kraemer & Möller (2000) wollen mit dem „Sokratischen Dialog" die kognitiven Muster bei schizophrenen Störungen bearbeiten, da diese Interaktionsform die Patienten dazu bringe, die ihren alten Überzeugun-gen widersprechenden Erfahrungen zu erkennen, zu berichten und zuzulassen, selbständig alternative Sichtweisen und Lösungswege zu überlegen und für die nachfolgende Prüfung und Übung parat zu halten. Aber auch sie erklären nicht, was sie unter dem „Sokratischen Dialog" eigentlich verstehen.

Bei posttraumatischen Störungen. Steil (2000) sieht im „Sokratischen Dialog" zwar die Basis einer jeden kognitiven Intervention, bleibt in seiner Beschreibung der Behandlung von Patienten mit posttraumatischen Belastungsstörungen aber eine genaue Definition der Methode schuldig. Die aufgeführten Beispiele sind lediglich exemplarische Einzelfragen, die nicht dialogisch eingebettet sind.

Bei Partnerschaftsproblemen. Schröder & Hahlweg (2000) setzen angeblich den „Sokratischen Dialog" (ohne Definition, aber mit Verweis auf Beck et al., 1996) bei der Behandlung von „Partnerschaftsproblemen" auf unterschiedliche Weise ein, indem „die offen geäußerten Kognitionen zum Thema gemacht und mithilfe des 'geleiteten Entdeckens' oder des 'Sokratischen Dialogs' bis zu den so genannten 'automatischen Gedanken' verfolgt [werden], um dann die Gedanken zu erklären" (a.a.O., S.557). Die angeführten Beispielinterventionen sind jedoch bar jeglicher Fragetechnik, sondern ausschließlich sophistische Wissensvermittlung und Erklärungen. Für ihr abweichendes Verständnis von der sokratischen Methode steht auch ihre Beschreibung, wie sie Überzeugungen analysieren wollen (a.a.O., S.560): „Der sokratische Dialog soll dann zu einer logischen Analyse dieser Überzeugungen führen. Z.B. könnte *erklärt* werden, dass ..." [Hervorhebung d.d.V.].

Empathie statt Strategie. Wilken (1998) führt zwar „allgemeine Strategien innerhalb des sogenannten 'Sokratischen Dialogs'" an, sieht darin selbst aber weniger eine Technik oder Strategie, sondern eher eine Haltung des Therapeuten beschrieben, die durch Respekt, Achtung und Empathie gekennzeichnet sei. Entsprechend fehlt auch hier sowohl eine klare Beschreibung als auch Struktur des sokratischen Vorgehens. Die Autorin beschreibt als „wesentliches Mittel des sokratischen Dialogs" lediglich verschiedene Frage- und Disputationsstile, um dysfunktionale Kognitionen in Frage zu stellen, erwähnt aber weder die sokratische „Was ist das?"-Frage noch die Methode der regressiven Abstraktion.

Sokratische Fragen statt Standardfragen. J.S. Beck (1999) setzt zur Modifikation von Annahmen und „automatischen Gedanken" verschiedene Techniken ein, darunter auch „sokratische Fragen", die, im Gegensatz zu „Standardfragen", wesentlich effektiver für die Entwicklung alternativer Sichtweisen seien, allerdings auch suggestiver und weniger ausgewogen als „Standardfragen", die sie zur Überprüfung von Beweisen und Folgen bevorzugt. Was genau unter „sokratischen Fragen" und „Standardfragen" zu verstehen ist, wird nicht expliziert. Entsprechend fehlen auch Definition und Beschreibung der sokratischen Technik. Die aufgeführten Beispiele (z.B. zu „Sokratische Fragen zur Modifikation von Annahmen", a.a.O., S.156ff) sind zwar dialogisch und zielen auf die (meist empirische) Überprüfung bestimmter Annahmen, ein übergeordnetes Konzept bei der Vorgehensweise wird jedoch nicht beschrieben. Die Autorin bezeichnet ihre Dialogform allerdings auch selbst nicht ausdrücklich als sokratisch. Es bleibt daher ungeklärt, was „sokratische Fragen" sind und in welchen konzeptionellen Zusammenhang sie im Behandlungsplan stehen.

Auch Davison & Neale (1998) bringen weder Definition noch Beschreibung der sokratischen Methode, dafür aber einen exemplarischen „Sokratischen Dialog" (a.a.O,. S.655), den sie aus Goldfried & Davison (1976, S.163ff) übernehmen (P = Patient, T = Therapeut, Anmerkungen rechts d.d.V.).

BEISPIEL

Der Sokratische Dialog bei Davison & Neale

P: Mein Hauptproblem ist, daß ich fürchterlich aufgeregt bin, wenn ich vor einer Gruppe von Leuten sprechen muß. Ich glaube, ich habe einfach einen Minderwertigkeitskomplex.

T: *(Ich möchte an diesem Punkt nicht auf ein Nebengleis geraten und über die Begrifflichkeit sprechen, die er für sein Problem wählt. Ich werde sie nur etwas ankratzen und dann für einen glatten Übergang auf ein anderes Thema sorgen.)* Ich weiß nicht, ob ich das einen Minderwertigkeitskomplex nennen würde, aber ich glaube   (1)
tatsächlich, daß Menschen ihre Aufregung und Angst in bestimmten Situationen selbst verursachen können. Wenn man in einer bestimmten Situation ist, ist die Angst häufig nicht die Folge der Situation, sondern die Art und Weise, wie man diese Situation *interpretiert* – das, was man sich selbst über die Situation sagt.   (2)
Sehen Sie sich zum Beispiel diesen Kugelschreiber an. Macht er Sie nervös?

P: Nein.

T: Warum nicht?

P: Er ist nur ein Gegenstand, ein Kugelschreiber.

T: Er kann Ihnen nichts tun?

P: Nein.

T: Es ist in Wirklichkeit nicht der Gegenstand, der uns aufregt und   (1)
Angst macht, sondern das, was wir darüber denken. *(Hoffentlich bringt ihn dieser sokratische Dialog zu dem Schluß, daß Selbstaussagen emotionale Erregung vermitteln können.)* Nun, das gilt nur für ... Situationen, in denen Aufregung und Angst durch das entstehen, was jemand zu sich selbst über die Situation sagt. Nehmen wir zum Beispiel zwei Leute, die zu demselben geselligen Beisam-   (2)
mensein unterwegs sind. Beide werden auf dieser Party gleich viele Bekannte treffen, aber während der eine der Situation opti-

---

> mistisch und entspannt entgegensieht, denkt der andere darüber
> nach, welchen Eindruck er machen wird, und folglich wachsen
> Angst und Unsicherheit. *(Ich möchte ihn dahin bringen, daß er* (3)
> *selbst ausspricht, daß hier Einstellung und Wahrnehmung entschei-*
> *dend sind.)* Hängt nun der Gefühlszustand, in dem beide auf der
> Party ankommen, in irgendeiner Weise mit den äußeren Umstän-
> den zusammen, auf die sie dort treffen? (4)
>
> P: Nein, offensichtlich nicht.
> T: Womit denn? (1)
> P: Sie sind offensichtlich der Party gegenüber unterschiedlich einge-
>   stellt.
> T: Genau. Und die Einstellung – die Art und Weise, wie sie auf die Si-
>   tuation zugehen – bestimmt weitgehend, wie sie gefühlsmäßig auf
>   sie reagieren.

Kommentar. Bei diesem Beispiel bleibt unklar, was daran das „Sokratische"
ausmachen soll. Der Therapeut bedient sich bei (1) rein sophistischer Wissensvermittlung, die er dann bei (2) mit Beispielen zu untermauern versucht. Auch
sein „Erfolg", als der Patient bei (4) die „unterschiedliche Einstellung" für die
Verschiedenheit der Emotionen verantwortlich macht, ist nicht auf sokratische
Weise erarbeitet worden. Der Therapeut hat dem Klienten zuvor eben dieses
Wissen bei (1) auf dogmatische Weise vermittelt. Zudem ist die Behauptung des
Therapeuten bei (3) unlogisch: Angst und Unsicherheit (?) erwachsen nicht, weil
jemand darüber nachdenkt, welchen Eindruck er machen könnte. Ängstlich rea-
giert man nur dann, wenn man diesbezüglich Befürchtungen hegt.

3.2.2 Modelle und Beschreibungen

Es gibt aber auch Autoren, die eine Beschreibung und/oder Definition der Methode vornehmen. Diese Modelle wollen wir nun betrachten.

Das Modell von Ellis et al.
Ellis beschreibt (1979) die wichtigsten Methoden der Rational-emotiven Therapie (RET). Dazu zählt er auch „Fragen nach sokratischem Vorbild", ohne
diese aber genauer zu definieren. Er beschreibt jedoch die Zielsetzung und das
Vorgehen (a.a.O., S.158): Nachdem der Therapeut dem Klienten geholfen hat,
dessen philosophische Annahmen, die seine emotionalen Probleme auslösen,
zu identifizieren, versucht er auf unbarmherzige und hartnäckige Art, deren Irrationalität zu beweisen. Dabei macht er keine deklarativen Aussagen, sondern
stellt „Fragen nach sokratischem Vorbild", indem er z.B. wiederholt und mit
energischem Nachdruck fragt: „Warum sollte sich Ihr Mann nicht so verhalten,
wie er es tut? Wo sind die Beweise dafür ...?"

Therapieausschnitt. Ellis (a.a.O., S158ff) führt einen exemplarischen Therapieausschnitt zum Einsatz der sokratischen Fragetechnik an, den wir nun genauer analysieren (T = Therapeut, G = George, Anmerkungen rechts d.d.V.).

BEISPIEL

Der Sokratische Dialog bei Ellis et al.

G: Es stimmt. Da ist irgendwas in mir, was mir sagt, daß es nicht wahr sein sollte. Es stimmt. Die Leute *sollten* in der Lage sein, Perfektionismus zu erlangen. Wir sollten mehr sein als einfach nur menschlich.

T: Warum sollte das stimmen? Warum sollte jemand mehr sein als   (1)
ein Mensch? Fragen Sie sich: „Warum muß ich, George, mehr sein als ein Mensch?"

G: Einfach, weil ich gern mehr als ein Mensch sein möchte.

T: Sie haben die Bücher gelesen und kennen die Slogans. Aber denken Sie mal einen Augenblick nach. Okay: „Ich wäre gern so erfolgreich, daß Sie den Mund nicht mehr zubekommen." Richtig? „Weil ich – und Sie auch – es gerne möchten." Aber warum *müssen* und wie *können* Sie mehr sein als ein Mensch?

G: Nun, der einzige Grund, warum ich muß, ist der, daß ich mir sage, daß ich muß.

T: Das weiß ich. Lassen Sie uns das noch einmal durchdenken. *Wa-*   (2)
rum müssen Sie? Denken Sie noch einmal über Ihre Vorstellungen in dieser Hinsicht nach.

G: Hm, es ist nicht so sehr, daß ich muß, sondern daß ich es gern hätte, wenn es so wäre. Eben weil es wirklich schön wäre, sehr kompetent zu sein.

T: Okay, da bin ich ganz Ihrer Meinung. Aber der Grund dafür, daß   (3,4)
Sie so viel leiden, ist der, daß Sie die Grenze zwischen: „Mann, wäre das toll" zu „Deshalb muß ich sehr kompetent sein" überschreiten. Wenn Sie einmal über diese Grenze hinaus sind, dann beginnt es unangenehm zu werden. Aber warum *müssen* Sie – Sie als einzelner Mensch auf Gottes Erdboden –, warum *müssen* Sie immer, oder – um es etwas anders mit unseren Begriffen auszudrücken – warum müssen Sie bei der nächsten Gelegenheit voll und ganz über der Situation stehen? Nicht, „warum wäre es schöner, wenn ..." – schöner wär's, das weiß ich auch, und darüber sind   (2)
wir uns wohl beide einig –, aber warum *müssen* Sie?

G: Rein logisch betrachtet gibt es keinen Grund dafür.

T: Was wäre die logische Überlegung?

G: Nun, wenn ich es logisch durchdenke, gibt es da eine ganze Reihe von Dingen. Zunächst einmal: ich als ganze Person unterscheide

---

mich von dem was ich mache, so daß ich also, nur weil ich bei der nächsten Gelegenheit gut bin oder Mist baue, deswegen noch nicht als ganzer Mensch gut oder wertlos bin.

T: Richtig, das sind Sie nicht. Aber warum sind Sie es nicht? (3)

G: Warum nicht?

T: Ja, ich meine, warum entscheidet Ihr Erfolg oder Mißerfolg bei (5) der nächsten Besprechung nicht darüber, ob Sie ein guter oder schlechter Mensch sind?

P: Logisch gesehen ist das nicht möglich. Das würde dann voraussetzen, daß man perfekt sein kann. Bin ich bei der nächsten Gelegenheit gut, dann könnte ich erst dann sagen: „Ich bin ein erfolgreicher Mensch", wenn ich bei *allen* nächsten Gelegenheiten gut wäre. Man muß eben schon perfekt sein, um sagen zu können: „Wenn ich bei der nächsten Gelegenheit gut bin, bin ich ein perfekter Mensch." Man müßte dann bei der nächsten Gelegenheit perfekt sein, dann bei der nächsten ... dann wiederum bei der nächsten usw.

T: Und? Ist das möglich?

G: Nein, das ist nicht möglich.

T: Stimmt. Und was heißt das? (3)

G: Ja, das heißt, daß man nicht so perfekt handeln kann, wie man es gerne möchte. Ich würde auch nicht bei jeder Gelegenheit perfekt handeln wollen. Man kann eine Situation meistern, man kann auf (6) einem Gebiet oder auch nur auf einem Teil eines Gebiets ein so großer Meister sein, wie man will, aber die Chancen dafür, bei jeder Gelegenheit perfekt zu handeln, sind ... das ist einfach nicht möglich. Es gibt zu viele Dinge, die sich damit nicht vereinbaren lassen.

T: Es gibt zuviel, was sich damit nicht vereinbaren läßt, einschließ- (7) lich die Tatsache, daß Sie ein Mensch sind.

G: Ja, stimmt.

T: Wenn Sie mehr als ein Mensch wären, dann wären Sie ein göttli- (3) ches Wesen. Sie wären dann entweder tot oder ein göttliches We- (8) sen. Stimmt's?

G: Stimmt. (9)

T: Jeder ist ein Mensch, außer denen, die tot oder göttliche Wesen (4) sind. Ich kenne keine göttlichen Wesen, ich habe mich noch nie mit einem göttlichen Wesen unterhalten. Noch nie! Haben Sie schon jemals einen anderen Menschen auf dieser Welt getroffen, haben Sie sich schon jemals mit einem anderen Menschen unterhalten, von dem Sie ehrlich sagen könnten, er hätte noch nie einen Fehler gemacht? Ich spreche jetzt von einem lebenden menschlichen Wesen.

G: Nein (lacht).

T: Wirklich nicht?

G: (lebhaft) NEIN! Manchmal hatte ich zwar das Gefühl, aber nur solange, bis ich den Betreffenden lange genug kannte.

T: Richtig. Sie waren fähig, die Tatsache zu verbergen, daß sie Men- (3,8) schen waren.

G: Richtig.

T: Und wahrscheinlich war es so: je länger Sie gebraucht haben, um (4) zu erkennen, daß es auch Menschen sind, desto mehr war es ein Zeichen dafür, daß Ihnen der Gedanke, na ja, einfach ein Mensch zu sein, einen gewaltigen Schrecken einjagte. Deswegen durften (10) Sie sich nicht als Mensch zu erkennen geben. Wahrscheinlich ist es (4) so: je länger es dauert, bis man an jemandem einen Fehler fest- stellen kann, desto mehr hat der Betreffende seine Fehler versteckt und desto mehr Angst hat er, daß man seine Fehler entdeckt.

G: Ich glaube, über das, was Sie eben gesagt haben, werde ich noch (11) einmal nachdenken müssen.

T: Nun gut, wie es auch sein mag, aber um auf das Entscheidende zu- (4) rückzukommen: Sie haben noch nie einen anderen Menschen ge- troffen, der vollkommen perfekt ist. Mit anderen Worten, der nicht wie ein Mensch ist. Warum sollten ausgerechnet Sie anders sein als alle anderen? Um es kraß auszudrücken: was ist denn so (1) Besonderes an Ihnen? Ich meine, ich weiß, daß Sie in jeder Hin- sicht einzigartig sind, daß es auf der ganzen Welt keinen Men- schen gibt, der Ihnen gleicht, aber einzigartig sein und etwas Be- (8) sonderes sein sind zwei verschiedene Dinge.

G: Nein, ich bin nichts Besonderes.

T: Stimmt. Sie sind es nicht. (3, 12)

Kommentar. Unabhängig davon, dass Ellis selbst heute vermutlich statt des Per- fektionismusanspruchs sofort die diesem in der Regel zugrunde liegende irratio- nale Idee vom „Wert eines Menschen" („Wer perfekt ist, ist mehr wert") explika- tiv disputiert hätte: Wenn die Absicht war, den Patienten mit Hilfe dieses Dialogs zum Selbstdenken anzuregen, eigene deklarative Aussagen zu unterlassen und die Gültigkeit der Patientenannahmen zu prüfen, dann hat der Therapeut seinen Pfad an einigen Stellen verlassen (siehe Anmerkungen rechts).

(1) Der Therapeut stellt mehrere Fragen auf einmal.

(2) Erfolgreicher wäre hier vermutlich ein explikativer Diskurs zum Thema „Was heißt: müssen?" um herauszuarbeiten, dass das, was sein muss, ohne- hin nicht frei wählbar ist und somit nicht in unserer Macht steht.

(3) Der Therapeut gibt unnötig bewertende Statements ab und verstößt ge- gen das Gebot der Zurückhaltung.

(4) Der Therapeut stellt eigene, z.T. suggestive Hypothesen auf oder doziert, statt Fragen zu stellen.

(5) Verdrehung der Verantwortlichkeit: Der Erfolg entscheidet nicht über den Wert, allenfalls der Patient.

(6) Wieso nicht? Die Aussage erscheint unglaubwürdig und gelernt rational.

(7) Wenn der Patient zum Selbstdenken angeregt werden soll, wäre hier die Frage „Welche?" günstiger.

(8) Die Logik dieser Therapeuten-Aussage oder Schlussfolgerung ist undurchsichtig.

(9) Siehe Platons „Sehr wohl, o mein Sokrates!". Unklar bleibt, ob der Patient tatsächlich der undurchsichtigen Logik „was mehr (?) als ein Mensch ist, ist göttlich oder tot", folgt.

(10) „Schreck" ist keine Emotion. Man kann sich nicht gedanklich in Schrecken versetzen, dazu gehört ein Überraschungseffekt.

(11) Der Patient denkt hier über die sophistischen Auslassungen des Therapeuten nach und reflektiert nicht über eigene Gedankengänge.

(12) Völlig ungeklärt bleibt auch, ob der Patient mit seiner neuen Einsicht, nichts Besonderes zu sein (selbst wenn er sie denn auch glaubte), von seiner alten Forderung ablässt, etwas Besonderes sein zu *müssen*, (um nicht minderwertig zu sein).

Neuere Entwicklungen. In ihren Reflexionen und Neubestimmungen zur Rational-emotiven Verhaltenstherapie (REVT) setzen sich Ellis & Hoellen (1997) dann intensiver mit der Definition und Beschreibung des „Sokratischen Dialogs" auseinander und geben einen teilweisen Überblick über das Wesen der historischen Dialogform, ohne jedoch auf deren philosophischen Weiterentwicklungen einzugehen. Sie kommen zu dem Schluss, dass er weitgehend der Disputation entspreche, wie sie in der REVT betrieben werde, denn auch dort sehe sich der Therapeut als Suchender, der – ohne die eigene Meinung zu propagieren – zusammen mit dem Patienten den zu Autonomie und Autarkie führenden Weg erarbeiten wolle. Der Untersuchungsgegenstand sei auch hier das alltägliche Problemlösen. Statt sich auf Fakten und Einzelaspekte zu konzentrieren, werde der Patient angeleitet, Sachverhalte, Probleme, Zustände oder Prozesse des Lebens zu reflektieren und zu analysieren, um so seinen Bezugsrahmen durch den Disput zu verändern und zu alternativen Lösungen zu gelangen (Ellis & Hoellen, 1997, S.152).

Bislang fehle allerdings auch für die REVT ein einheitliches Konzept hinsichtlich des „Sokratischen Dialogs", dessen Zielsetzung die Autoren (a.a.O., S.154) beschreiben: „So wie Sokrates zunächst die Definition eines allgemeinen Begriffes forderte und diese Definition gewöhnlich mit der Absicht untersuchte, ihre Unvollständigkeit, ihre Widersprüchlichkeit oder gar Absurdität zu enthüllen, so verlangt auch die REVT den genauen Umgang mit den vom Klienten eingeführten Prämissen, um durch fortlaufendes Fragen zu differenzierteren Definitionen zu gelangen." Als Voraussetzung für die Anwendung der sokratischen Methode des Bezweifelns, Analysierens und Debattierens fordern sie eine tragfähige Therapeut-Patient-Beziehung, zudem solle der Patient durch den Dialog nicht noch weiterer Freiheitsgrade beraubt werden, als dies in Therapien ohnehin schon der Fall sei. Hierzu führen sie 3 der 6 von Heckmann (1981) formulierten Regeln (siehe Kapitel 2.3, S. 47) an: (1) Halte dich als Gesprächsleiter mit eigenen Aussagen und Meinungen zurück! (2) Gehe stets von konkreten Beispielen aus! (4) Bleibe beim Thema und halte an der gewählten Fragestellung fest!

Die Autoren erklären allerdings nicht, weshalb sie die Forderungen (3), (5) und (6) fallen lassen.

Das Modell. Ellis & Hoellen beschreiben (a.a.O., S. 153f), wie der „Sokratische Dialog" im Rahmen einer REVT-Behandlung aussehen könnte (Nummerierung d.d.V.):

(1) **Der Satz des Klienten wird festgehalten und verbalisiert:** „Sie müssen demnach also von allen Seiten anerkannt werden?"
(2) **Fragen nach dem Hintergrund dieser Prämisse:** „Wieso muss das so sein?"
(3) **Festlegung eines neuen Satzes:** „Wenn Sie nicht von jedermann anerkannt werden, betrachten Sie sich als wertlos?"
(4) **Herausforderung:** „Und wenn Sie ein wertloser Mensch wären?"
(5) Wenn nun der Klient mit Zustimmung auf die Herausforderung des Therapeuten reagiert („Es stimmt wohl, ich kann kaum von jedermann Anerkennung erhalten"), schlüpft der Therapeut in die Rolle des 'advocatus diaboli' und vertieft die ursprünglich vom Klienten vorgebrachte Schlussfolgerung: „Aber dann laufen Sie doch Gefahr, sich als wertlos betrachten zu müssen." Auf diese Weise vergewissert sich der Therapeut, ob der Klient tatsächlich eine neue Position eingenommen hat oder es nur zum Austausch von Begriffen gekommen ist.

Zunächst fällt auf, dass in diesem Modell auf die sokratische → regressive Abstraktion mit seiner begriffsklärenden „Was ist das?"-Frage völlig verzichtet wird. Nach sokratischer Tradition wäre wohl zunächst die Behauptung, es gäbe „wertlose" Menschen (und demzufolge einen bestimmbaren menschlichen Wert) aufgegriffen, analysiert und herausgefordert worden. Ellis & Hoellen erklären nicht, warum sie darauf verzichten.

Unklar bleibt, ob (3) unabhängig auf die Antworten des Patienten auf (2) folgt. Falls ja, weshalb wird dann überhaupt erst nach (2) gefragt? Falls nein, wie kann die Antwort auf die „Wieso"-Frage in (2) zur Festlegung dieses neuen Satzes in (3) führen?

Es ist unverständlich, weshalb mit der hypothetischen Frage in (4) die Existenz eines bestimmbaren menschlichen Wertes zumindest vordergründig indirekt bestätigt wird.

Das Modell enthält auch keine Hinweise auf weiteres therapeutisches Vorgehen, falls der Patient nicht so, wie unter (5) beschrieben, reagiert.

Verglichen mit dem Phasenmodell des historischen Sokratischen Dialogs (siehe Kapitel 1.3, S. 19f) fehlen diesem Vorgehen neben dem Definitionsversuch größtenteils auch die → Elenktik, die → Protreptik und die → Mäeutik, so dass unklar bleibt, was das Sokratische an diesem Vorgehen ausmacht. Die zuvor betonte Gemeinsamkeit, eine genaue Begriffsklärung zur Voraussetzung des gemeinsamen Herausarbeitens neuer Erkenntnisse zu machen, ist nicht erkennbar.

Weiterentwicklung der sokratischen Methode. Die Autoren reklamieren, dass die sokratische Methode in der REVT durch eigene verbale Strategien wesentlich weiterentwickelt worden sei.

Fragemöglichkeiten und Disputarten. So unterscheiden sie verschiedene Fragemöglichkeiten im Disput: analytische (z.B.: „Welche Belege haben Sie für Ihre Sichtweise?"), synthetische (z.B.: „Was bedeutet es für Sie, Mutter zu sein?") und bewertende Fragen (z.B.: „Was haben Sie sich von der Ehe versprochen?") und Disputarten: „Als kognitives Disputieren bezeichnen wir jenen Prozess, bei dem die Auffassungen des Patienten auf ihren (Wahrheits-)Gehalt hin untersucht werden, um dann neue Positionen und Einstellungen zu entwickeln. Dabei unterscheiden wir ein schlussfolgerndes Disputieren (inferential, empirical oder inelegant disputing) von einem bewertendem Disputieren (philosophical oder elegant disputing)" (a.a.O., S.155). Das Disputieren, welches sich auf die Schlussfolgerungen oder automatischen Gedanken des Patienten bezieht, wird dabei als „schlussfolgernd", das, welches direkt auf den irrationalen Gedanken oder die tieferliegenden Kernannahmen des Klienten zielt, als „philosophisch" bezeichnet.

Unklar bleibt, ob die Autoren vom „kognitiven Disputieren" ein „nicht-kognitives" unterscheiden. Ebenso, welche Parallelen es zwischen empirischem und bewertendem Disput zu Horsters explikativem und normativem Diskurstyp gibt.

Disputationsstrategien. Ellis & Hoellen beschreiben unterschiedliche Disputationsstrategien: logisches, empirisches und hedonistisches Disputieren, mit denen sie prüfen, ob die Kriterien rationalen Denkens erfüllt sind. [In der REVT sind Denkweisen rational oder funktional, wenn sie (1) logisch sind, (2) den empirischen Realitäten entsprechen, (3) dem Erreichen der persönlichen Ziele dienen.] Logisches Disputieren dient demnach dem Aufzeigen von logischen Inkonsistenzen, empirisches Disputieren testet den Realitätsbezug, und das hedonistische Disputieren prüft, ob Einstellungen des Patienten seinen (Lebens-) Zielen dienlich sind.

Disputationsstile. Dargestellt werden auch unterschiedliche Disputationsstile. Der Disputationsstil sei ebenso wichtig wie die Disputation selbst, da viele Patienten nicht nur durch reine Logik im Sinne folgerichtigen Denkens zu beeinflussen seien. Neben der direkten Widerlegung und dem aktiven Suchen nach unbeweisbaren Gründen, könnten neue Erkenntnisse auch auf indirekt-verdeckte Art, z.B. durch Reframing, Metaphern, Bilder, Szenarien und den Einsatz von Humor erreicht werden.

Unterschiede zur bzw. Weiterentwicklungen an der historischen sokratischen Methode sehen die Autoren auch darin, dass neue Einsichten auch durch den Therapeuten an den Patienten herangetragen werden, z.B. indem der Therapeut sich nicht scheut, eigene Sichtweisen darzulegen, didaktisch zu vermitteln und Ratschläge zu erteilen.

Unbeantwortet bleibt, wie dies mit den drei oben erwähnten Geboten, insbesondere dem der Zurückhaltung, in Einklang zu bringen ist.

Ellis betont (1995), dass die REVT sich gleichermaßen kognitiver, emotiver und verhaltenssteuernder Methoden bediene, um irrationale oder dysfunktionale Bewertungen zu disputieren. Denken, Fühlen und Handeln seien nämlich keine voneinander unabhängige Größen: Sie interagieren und beeinflussen einander. Zwar seien Disputationen in erster Linie kognitiv, für bessere Resultate biete sich jedoch auch emotives und verhaltensveränderndes Vorgehen mit Hilfe von Rational-emotiven Imaginationsübungen, rationalen Verhaltensübungen, Rollenspielen oder „shame-attacking-exercises" an. Die REVT fokussiere dabei auf dysfunktionale Philosophien, die zu emotionalen Problemen führen, statt sich (wie z.B. die Psychoanalyse) auf die meist unveränderlichen (historischen) Gründe für eine Störung oder für die Übernahme dieser Philosophien zu kümmern.

Das Modell von Beck et al.

Während Beck (1979) in seiner Beschreibung der „Kognitiven Therapie emotionaler Störungen" in seinen Behandlungsplänen Sokratische Dialoge noch nicht explizit erwähnt, sondern, im Gegenteil, den Patienten „demonstrieren" will, wie falsch die Grundsätze sind, aus denen sie ihre Wertordnung zusammensetzen, konzediert er später (Beck & Emery, 1981) in seiner „Kognitiven Verhaltenstherapie bei Angst und Phobien", dass die Kognitive Therapie vor allem mit dem Sokratischen Dialog arbeite.

Fragen stellen. Direkte Vorschläge und Erklärungen zur Modifikation irrationaler Befürchtungen seien nicht so wirksam wie der Sokratische Dialog, in dem der Therapeut den Patienten durch „zeitlich gut abgestimmte, wohlformulierte Fragen" dazu anrege, herauszufinden, was er denkt, sein Denken auf „Verzerrungen" zu prüfen und ggf. durch „ausgeglichene" Kognitionen planmäßig zu ersetzen.

Die Autoren führen verschiedene „Funktionen von Fragen" an: Diese könnten dazu dienen, – um zu strukturieren, – um die Zusammenarbeit zu fördern, – um die Therapeut-Patient-Beziehung zu verbessern, – um wesentliche Informationen zu vermitteln, – um das zuvor geschlossene logische System des Patienten zu öffnen, – um Interesse und Motivation zu wecken. „Zeitlich gut koordinierte und wohlgeformte Fragen" würden dem Patienten helfen, „auf eine neue, frische Weise zu denken" (a.a.O, S.26).

Unabhängig davon, ob jemals die Notwendigkeit angezweifelt wurde, in der Therapie Fragen zu stellen: Das Sokratische daran zeigen Beck & Emery nicht auf. Leider erklären sie auch nicht, wann Fragen ihrer Meinung nach „zeitlich gut abgestimmt", „koordiniert", „wohlformuliert" oder „wohlgeformt" sind. Unklar bleibt auch, *wie* der Therapeut mit Hilfe seiner Fragen „wesentliche Informationen vermitteln" soll. Ein Konzept für die Dialogführung wird ebenso wenig beschrieben wie eine Struktur desselben. Auch eine klare Definition wird nicht geliefert.

Insgesamt vermitteln die Autoren den Eindruck, als ob sie den Terminus „Sokratischer Dialog" gleichsetzten mit „in der therapeutischen Interaktion Fragen stellen". Zu letzterem Punkt formulieren sie (a.a.O., S.27) sechs Richtlinien für das Stellen von Fragen:
(1) Es sollte genug Zeit dafür sein, sie zu stellen.
(2) Der Therapeut sollte sie nicht selbst beantworten.
(3) Sie sollen spezifisch und konkret sein.
(4) Sie sollen therapeutisch begründet sein.
(5) Sie sollen zeitlich gut koordiniert sein (ohne Angabe von Kriterien, wann diese Bedingungen erfüllt sind).
(6) Sie sollen nicht trommelfeuerartig gestellt werden.

Auch diese Hinweise lassen die, über das normale Gesprächsverhalten hinausgehende, sokratische Methode nicht einmal erahnen.

Geleitetes Entdecken. Später haben Beck et al. ihr Verständnis von der Anwendung des Sokratischen Dialogs bei ihrer Darstellung der „Kognitiven Therapie der Sucht" (1997) zu präzisieren versucht: Er sei am besten geeignet für eine wirksame Interaktion zwischen Therapeut und Patient und um Patienten die eigenen verzerrten Denkmuster entdecken zu lassen. Dass dieses „Entdecken" jedoch keine gemeinsame vorurteilsfreie Suche nach Antworten ist, wird durch die Beschreibung ihres Vorgehens deutlich: „Obwohl in der kognitiven Therapie neue Grundannahmen und Verhaltensweisen gelernt werden sollen, werden diese nicht durch Vorträge oder Strafpredigten vermittelt. Stattdessen benutzt der kognitive Therapeut gezielte Fragen, Überlegungen, Zusammenfassungen und Hypothesen, um die Grundannahmen und automatischen Gedanken des Patienten zu identifizieren, kritisch zu betrachten und zu überprüfen" (a.a.O., S.144).

Dieses Vorgehen klingt allerdings eher nach dogmatischer Wissensvermittlung als nach sokratischer Selbsterkenntnis.

Die Autoren bezeichnen den „Sokratischen Dialog" in Anlehnung an Overholser (1987) als einen „Prozess des geleiteten Entdeckens", der bei korrekter

Durchführung die subjektive Belastung und die akute Symptomatik reduziere, die Selbstwahrnehmung und rationale Entscheidungsfindungsprozesse fördere, „indem Patienten auf einzelne wichtige Informationen aufmerksam gemacht werden" (a.a.O.). Entscheidend sei, dass durch „aktives Fragen" und selektives Reflektieren ihre Art zu Denken in eine bestimmte Richtung geleitet werde. Das Ziel des „Sokratischen Dialogs" sei letztendlich, „dass die Patienten lernen, unabhängig (d.h. autonom) und rational zu denken" (a.a.O.).

Wie Beck et al. dieses Ziel mit Hilfe ihres zumindest teilweise sophistischen Vorgehens planmäßig erreichen wollen, bleibt offen. Leider wird weder das Prozesshafte beim „Prozess des geleiteten Entdeckens" näher beschrieben, noch werden die Kriterien für eine „korrekte Durchführung" desselben angeführt. Auch der Terminus „aktives" (versus „passives"?) Fragen wird nicht expliziert.

Therapieausschnitt. Betrachten wir daher einen Therapieausschnitt, den die Autoren als „gekonnte Anwendung des sokratischen Dialogs" einstufen (a.a.O. S.159f), um möglicherweise daraus nähere Erkenntnisse zu ziehen (T = Therapeut, P = Patient, Anmerkungen d.d.V.).

BEISPIEL

Der Sokratische Dialog bei Beck et al.

T: Sie sagten, daß Sie wieder trinken. Was glauben Sie, warum das passiert ist? (1)

P: Also, meine Frau hat mich in letzter Zeit ständig genervt. Ich wäre sicher in der Lage, trocken zu bleiben, wenn sie mich endlich in Ruhe lassen würde.

T: Also geben Sie Ihrer Frau die Schuld dafür, daß Sie wieder angefangen haben zu trinken?

P: In gewisser Weise ja. Aber so einfach ist das nicht.

T: OK. Dann erzählen Sie mir mehr über die anderen Faktoren, die vielleicht dazu beigetragen haben. Insbesondere interessiert mich, (2) welche Rolle Ihre *Frau* dabei spielt und welche Rolle *Ihre* Gedanken und Handlungen spielen.

P: Sie kritisiert mich, und dann denke ich, daß ich niemals in Frieden leben kann, und dann fühle ich mich wie ein Gefangener.

T: Und dann? (2)

P: Und dann denke ich, daß mein einziger Ausweg darin besteht, mich zuzusaufen und meine ganze miserable Ehe zu vergessen.

T: D.h. also, wenn Sie sich auf das Elend in Ihrer Ehe besinnen, dann haben Sie das Gefühl, es gibt nur noch einen Ausweg, nämlich zu trinken, bis Sie völlig zu sind. Stimmt das? (3)

P: Ja.

T: Wäre es fair zu behaupten, daß es Ihre *Entscheidung* war, sich zu (s.1) betrinken, anstatt einen anderen Weg zu suchen, um Ihre Probleme mit Ihrer Frau zu lösen?

P: Ja. Ich glaube, es ist meine Entscheidung. Aber es ist einfacher, Ihr die Schuld zu geben (lacht leise).

T: Es ist sicher einfacher, Ihr die Schuld zu geben. Aber hilft es Ihnen, (4) Ihr Ziel zu erreichen, nämlich mit Ihrem Alkoholproblem zurechtzukommen?

P: Nein.

T: Was *würde* Ihnen dabei helfen?

P: Wenn ich mich mehr auf mein eigenes Leben und meine eigenen Entscheidungen konzentriere, egal wie sehr ich von meiner Frau genervt bin.

T: Das ist sicher nicht einfach, aber ein wichtiges Ziel. (5)

Kommentar. Unterstellt man den Autoren, dass sie hier einen normativen Disput vorstellen möchten, in dem die (Lebens-)Zieladäquatheit von Einstellungen oder Handlungen geprüft wird, so ist nicht erkennbar, welche neuen Erkenntnisse der Patient im Disput erarbeitet hat. Hier wird lediglich die anfängliche unnötige Passivphrase des Therapeuten in (1) wieder richtig gestellt. Trinken „passiert" nicht, man tut es oder lässt es. Günstiger wäre in (1) die Frage: „Was wollten Sie denn damit erreichen, als Sie sich entschieden haben, wieder zu trinken?" So käme man sehr viel schneller auf das diesem Verhalten eigentlich zugrunde liegende Problem: Der Differenzierung zwischen kurz- und langfristigen Zielen und dem suchttypischen Vermeidungsverhalten, d.h. sich lieber für die kurzfristige Entlastung zu entscheiden, koste es langfristig, was es wolle.

Bei (2) handelt es sich lediglich um Explorationsfragen.

Wenn dem Patienten der Zusammenhang zwischen Denkweisen und Emotionen vermittelt werden soll, ist es günstig, wenn der Therapeut bei (3) selbst sprachlich sauber formuliert: Zu glauben, es gäbe nur einen Ausweg, ist kein Gefühl, sondern ein Gedanke.

Bei (4) ist die Frage ungünstig formuliert. Besser wäre: „Haben Sie damit Ihr langfristiges Ziel, mit Ihrem Alkoholproblem zurechtzukommen, verfolgt, oder Ihr kurzfristiges, sich zuzuschütten, um Ihre Ruhe zu haben?" Denn für das kurzfristige Ziel ist das Trinken ja adäquat.

Zum Aufbau einer handlungsorientierten Lösung wäre bei (5) die Frage: „Wie wollen Sie das denn machen?" sinnvoller.

Das Modell von Walen et al.

Walen et al. setzen (1982) den Sokratischen Dialog in ihrem „Practitioner's Guide to Rational-Emotive Therapy" bevorzugt ein, um irrationale Schlussfolgerungen anzugreifen, denn sie halten Fragen grundsätzlich für geeigneter als Antworten oder Vorträge, um die Selbstverantwortung ihrer Patienten zu fördern.

Therapieausschnitt. Leider beschreiben die Autoren weder ein Modell oder eine Struktur der gepriesenen sokratischen Methode, noch liefern sie eine Definition oder Abgrenzung zu den sonst noch erwähnten Fragetechniken. Allerdings führen sie einen exemplarischen „Sokratischen Dialog" an, um dessen Vorteile im Vergleich zur dogmatischen Wissensvermittlung zu demonstrieren (a.a.O., S. 167f, hier dt. Fassung: Walen et al., 1982, S.181f).

BEISPIEL

Der Sokratische Dialog bei Walen et al.

T: Gut, ich verstehe, daß Sie ängstlich sind, wenn Ihre Mutter auf Ihnen herumhackt. Nun, woher kommt Ihrer Meinung nach diese Angst? (1)

K: Natürlich von meiner Mutter. Wenn sie aufhören würde, auf mir herumzuhacken, dann würde ich mich nicht ängstlich fühlen!

T: Gut, es kann so aussehen, aber wenn Ihre Mutter auf mir herumhacken würde, würde ich mich nicht ängstlich fühlen. Wieso aber würde ich keine Angst empfinden, während Sie Angst empfinden?

K: Weil Sie nicht mit ihr leben müssen!

T: Nehmen wir einmal an, ich würde mit ihr zusammenleben. Ich würde mich trotzdem nicht ängstlich fühlen, was wäre denn der Unterschied?

K: Vielleicht bedeutet Sie Ihnen nicht so viel, wie sie mir bedeutet.

T: Das könnte sein. Das Wort „Bedeutung" ist sehr wichtig, nicht wahr? Denn es ist die *Bedeutung*, die wir Situationen zumessen – in diesem Fall dem Verhalten Ihrer Mutter –, die zu unseren emotionalen Reaktionen führt. Was glauben Sie, welche Bedeutung Sie dem Verhalten Ihrer Mutter beimessen? (2) (3) (4)

K: (Pause) Das ist eine schwierige Frage.

T: Aber ganz offensichtlich sagen Sie sich nicht: „Oh, das ist toll, daß sie sich so benimmt. Ich bin wirklich erfreut." Oder? (5) (6)

K: Ach nein, keineswegs!

T: Was sagen Sie zu sich selbst?

K: Das ist überhaupt nicht toll! Es ist schrecklich, daß sie sich so benimmt!

T: Genau! Sie sagen, es ist entsetzlich oder schrecklich, daß sie sich so benimmt. Das nennen wir Schwarzmalerei, und es ist ein Beispiel einer irrationalen Vorstellung. Und irrationale Vorstellungen führen zu beunruhigenden dysfunktionalen Emotionen. (7)

Kommentar. Offensichtlich soll der hier vorgestellte Dialog dazu dienen, den Patienten den Zusammenhang zwischen Denkweisen und Gefühlen herausarbeiten zu lassen.

Dazu wäre allerdings in (1) die Frage „Was befürchten Sie dann?" zielführender, um auf die dieser Furcht zugrunde liegende Hauptirrationalität zu kommen (z.B.: „Wenn Sie mich ablehnte, wäre ich eine schlechte Tochter und ablehnenswert.").

Bei (2) kann die Bestätigung erheischende Nachfrage die vorherige dogmatische Wissensvermittlung nicht aufheben.

(3): Das ist so nicht nachvollziehbar. Es gibt keinen direkten Zusammenhang zwischen einer Interpretation („Was hat das zu bedeuten und welche Konsequenzen hat das?") und einem Gefühl. Dieser wird ein-eindeutig erst durch die Bewertung („Wie finde/fände ich das?") festgelegt. (Näheres hierzu siehe: Stavemann, 1999, S.42). Nach der Bewertung fragt hier der Therapeut erst später.

Die Frage bei (4) ist in der Tat nicht eindeutig. Günstiger wäre: „Was befürchten Sie, wenn Ihre Mutter ...?"

Entsprechend könnte die Frage bei (5) dann heißen: „Und wie fänden Sie das?" Erst hier verändert der Therapeut seine ursprünglich auf die Interpretation zielende Frage („Was bedeutet das für Sie?") auf die Bewertung hin („Wie finden Sie das?"), siehe (3).

Ungünstig ist die Passivphrase bei (6), denn es geht doch gerade darum, der Patientin zu vermitteln, dass Sie *sich* über etwas freut, nicht aber „erfreut" *wird*.

Am Ende des Dialogs kommt der Therapeut von der Ausgangsthematik „Angst" ab: „Es ist entsetzlich oder schrecklich" führt nicht zur Emotion Angst, die er ursprünglich erklären will. Angst ist stets zukunftsbezogen und mit einer Befürchtung verbunden (z.B.: „Das wäre schrecklich, wenn meine Mutter mich ablehnte, denn dann wäre ich nicht liebenswert!"). Die zugrunde liegende Angst-Thematik hat der Therapeut jedoch nicht erfragt. Seine herausgearbeiteten Bewertungen zur Schwarzmalerei führen zu Ärger, Trauer oder Niedergeschlagenheit (vgl. Stavemann, 2001, S.46ff).

Das Modell von Rückert

Eine von den bisher beschriebenen Positionen völlig abweichende Sichtweise, vertritt Rückert (1983), wenn er den „Sokratischen Dialog" in erster Linie als eine *emotive* Strategie der Rational-emotiven Therapie beschreibt: Indem die Patienten auf ihre Aussagen festgelegt und am Ausweichen gehindert würden, werde eine „erhebliche emotionale Beteiligung" evoziert, die bis zum „emotionalen Überflutetwerden" führen könne. Die emotionale Beteiligung der Patienten im Sokratischen Dialog sei dabei oft wesentlich höher, als für die angestrebten Einstellungsänderungen zuträglich. Andererseits preist Rückert die sokratische Methode, weil sie, mit Hilfe der erreichten emotionalen Intensität, die RET im Vergleich zum „harmlosen Herumintellektualisieren" so wirkungs-voll sein lasse. (Diesen scheinbaren Widerspruch löst er nicht auf.)

Der Autor unterstreicht die Wichtigkeit einer guten Therapeut-Klient-Bezie-hung vor dem Einsatz dieser „mächtigen Strategie" und hält es aus „dem Blick-winkel phasenbezogener Interaktionen" nicht für sinnvoll, zu schnell mit So-kratischen Dialogen zu beginnen. Im Gegensatz zu Ellis, der sehr schnell mit Sokratischen Dialogen beginne, um dadurch auf die irrationalen Kerngedan-ken vorzustoßen, möchte Rückert diese zunächst mit der „weicheren" Form der → ABC-Analyse und der → Rationalen Selbstanalyse herausarbeiten, um sie erst dann mit Hilfe des „Sokratischen Dialogs" zu disputieren. Dessen Struktur beschreibt er (a.a.O., S. 48) identisch mit der bei Ellis & Hoellen (1997) darge-stellten mit demselben Beispiel. (Da Rückerts Beitrag vorher erschienen ist, bleibt unklar, woher Struktur und Beispiel ursprünglich stammen.)

Beim Punkt 4, dem Herausfordern („Ist das wahr?", „Und wenn Sie wertlos wären?") betont Rückert, dass hier die Prüfung des Realitätsbezugs von Aus-sagen entschieden weniger bedeutsam sei, als das Vorantreiben in die Katastro-phenphantasien. In jedem Fall gelte es zu vermeiden, dass lediglich Definitionen verändert würden. (Die Begründung bleibt der Autor in beiden Fällen schuldig.)

Therapieausschnitt. Exemplarisch wird ein „Sokratischer Dialog" vorgestellt, mit dessen Hilfe eine Patientin erkennen soll, dass es ohne Akzeptanz ihrer Symptomatik keine Veränderung gäbe. Diese neue Einsicht soll dabei *so* ver-mittelt werden, dass die Patientin sie auch *glauben* könne (a.a.O., S.50f; T = Therapeut, P = Patientin, Anmerkungen d.d.V.).

BEISPIEL

Der Sokratische Dialog bei Rückert

T: Wieso akzeptieren Sie nicht, daß das eben Ihre Art ist, Ihren   (1)
   Freund zu bestrafen: Durch Rummaulen und Schweigen?

P: Weil ich das schrecklich finde. Meine Mutter hat das auch immer
   gemacht, wenn es Streit oder Konflikte gab, und ich habe selbst
   immer darunter gelitten...nee, so will ich nicht sein und deswegen
   kann ich das nicht akzeptieren.   (2)

T: Und wenn Sie mal akzeptieren, daß Sie das *jetzt* so machen, heißt
   das, daß Sie es *immer* akzeptieren müssen und *nie* ändern können, daß Sie *zwangsläufig* so werden wie Ihre Mutter?

P: Na gut, wenn wir so darüber reden, dann kann ich schon.. äh.. Distanz gewissermaßen kriegen und sehen, daß ich nicht gelassen
   sein muß, sondern mich auch aufregen kann und schmollen oder
   so, ohne mich dafür fertig zu machen. Aber das ist eben nur hier
   so, wenn wir so darüber reden...sonst fühl' ich das nicht, daß das
   wirklich auch sein darf und glaub' das dann doch wieder nicht.

T: Sie können das hier nachvollziehen, aber nicht dauerhaft glauben, ja? (Kl: Genau.) Gut, dann vollziehen Sie es eben erst mal nur hier nach.

P: Aber das bringt's doch nicht...ich mein', was nützt mir das, wenn ich hier in meinen lichten Momenten was einsehe, was ich dann doch wieder nicht glaube, wenn's drauf ankommt?

T: Ja, was nützt Ihnen das?

P: Na, höchstens, dass ich hier wenigstens mal sehe, daß es nicht zwangsläufig richtig ist, daß ich mich fertig mache fürs Schmollen.

T: Das können Sie *hier* so sehen. Nehmen wir an, Sie sind *dort* und machen sich gerade fertig fürs Schmollen und erinnern sich jetzt an diese Einsicht von *hier*. Was soll Ihnen das schon nützen?

P: Ich könnte aufhören damit, mich zu beschimpfen.

T: Nehmen wir an, das klappt einmal. Was soll Ihnen das nützen?

P: Einmal wär' sicher ein bißchen wenig. Aber wenn ich das öfter fertig kriegen würde...

T: Ja, was soll Ihnen das nützen, wenn Sie das öfter fertig bringen, einfach zu registrieren: Aha, ich schmolle, ohne daß Sie sich das übel nehmen?

P: Dann würd' ich...also das wäre dann irgendwann eine Gewohnheit...

T: Und könnten Sie dann glauben, daß das sein darf: Schmollen ohne Reue?

P: Wenn ich es oft genug gemacht hätte, schon.

T: Und machen Sie es oft genug, um es glauben zu können, oder so selten, daß Sie es im Moment nur nachvollziehen können.

Kommentar. Unabhängig von Rückerts einzigartiger Einordnung des Sokratischen Dialogs als emotionale (Flooding-)Methode: In seinem Dialogausschnitt ist die von ihm selbst aufgestellte Struktur nicht wiederzufinden. Weder klärt der Therapeut den Hintergrund des aufgestellten Satzes: „Ich sollte meinen Freund nicht durch Schmollen und Schweigen strafen!", indem er fragt: „Weshalb sollten Sie nicht?", noch legt er einen neuen fest, z.B.: „Wenn Sie sich also auf eine Art verhalten, die Sie nicht mögen, dann finden Sie sich ...?" Bei der Herausforderung prüft er allenfalls den Realitätsbezug, treibt die Patientin aber nicht – wie zuvor von Rückert selbst als besonders wichtig erachtet – in ihre „Katastrophengedanken": „Stellen Sie sich vor, Sie wären genau wie Ihre Mutter. Was hätte das für Sie zu bedeuten?"

Das Vorgehen bei (1), die Akzeptanz des Ist-Zustands zu erreichen, ist zwar bei übergeordneten Problemen üblich (zu „übergeordneten" Problemen siehe: Stavemann 1995, S. 219ff), eine vorliegende Problemhierarchie wird jedoch nicht beschrieben. Es wird auch nicht deutlich, wieso „Rummaulen und Schweigen" als Symptome verstanden werden und nicht lediglich als Verhaltensweisen. Die dieser „Symptomatik" zugrunde liegende Problematik wird nicht herausgestellt. Damit wird auch die oben aufgestellte Forderung Rückerts, mit dem Sokratischen Dialog nicht „zu früh", sondern ausschließlich an den irrationalen Kerngedanken anzusetzen, nicht erfüllt.

(2): Die Patientin ist offensichtlich auf eine Verhaltensänderung aus. Entweder kennt sie schon eine Alternative, oder sie muss sich noch eine erarbeiten. Dies ist jedoch nicht das emotionale Problem! Dies liegt in der Selbstwertbestimmung der Patientin. Um ihr deutlich zu machen, dass eine Verhaltensänderung nicht ihr Selbstwertproblem löste, könnte der Therapeut fragen: „Wie halten Sie es denn künftig für angemessen zu reagieren?", um abzuklopfen, ob die Patientin bereits ein Zielverhalten erarbeitet hat. Nennt sie es, kann er fragen: „Was hält Sie denn bisher davon ab, sich so zu verhalten?" Die Antwort wird in irgendeiner Form das eigentliche Problem zu Tage fördern: Die Selbstabwertung der Patientin für „Fehler", für „Nicht-perfekt-sein" oder dafür, den eigenen Ansprüchen nicht immer und jederzeit hundertprozentig zu genügen. Diese Form der Selbstwertbestimmung könnte dann in einem normativen Sokratischen Dialog untersucht werden.

Das Modell von Lotz & Diekstra

Lotz & Diekstra (1996) beschreiben den psychotherapeutischen Sokratischen Dialog (und grenzen ihn, ohne die Kriterien zu benennen, von einer „Disputation im engeren Sinne" ab) als Gesprächstechnik, mit der Patienten zu ihren Aussagen oder Behauptungen befragt werden, um dann aus den Antworten nächste schlussfolgernde Schritte zu formulieren, Schlüsse nach den Regeln der formalen Logik zu ziehen und diese dann an der Realität zu prüfen. „Durch schrittweises Voranbringen des Gespräches werden auf → induktive Weise vom konkreten Erlebnisinhalt Aussagen höherer Ordnung, Abstraktionen, Bewertungen, Hypothesen gebildet oder auf → deduktivem Weg Aussagen über konkrete Ereignisse abgeleitet und Schlußfolgerungen gezogen. Die Prüfung der Resultate erfolgt jeweils an der Übereinstimmung mit der Realität" (a.a.O., S.39f). Gelänge das nicht so recht, könne man aber auch dem Patienten neue Alternativen vorschlagen. Mit der Formulierung der → „rationalen Alternative" ende dann die Disputation und der „Sokratische Dialog".

Die Autoren erklären nicht, weshalb sie von der → regressiven Abstraktion zur → Induktion und → Deduktion übergehen. Ebenso fehlt eine exemplarische Darstellung der Methode und ihres Ablaufs. Gänzlich unverständlich erscheint der Vorschlag, auf sophistische Mittel auszuweichen und dem Patienten alternative Möglichkeiten vorzugeben, wenn der Therapeut auf sokratische Weise nicht so recht vorankommt. Damit hätte das eigentlich Sokratische im Vorgehen endgültig sein Ende gefunden.

Das Modell von Hautzinger

In seiner „Behandlung der Depression im Alter" erachtet es Hautzinger (2000b) für bedeutsam, dass Patienten nicht durch Argumente überzeugt werden, sondern ihre neuen Einsichten mit Hilfe des „Sokratischen Dialogs" erarbeiten. Über Definition, Darstellung und Indikation der Methode lässt er sich jedoch an dieser Stelle nicht weiter aus. Er verweist auch nicht auf andere Textstellen, wie z.B. auf seine Beschreibung der Methode in seiner Darlegung zur „Kognitiven Verhaltenstherapie bei Depressionen" (Hautzinger, 2000a), wo er fordert, dass Therapeuten sich bei ihrer Gesprächsführung an den Leitlinien des „Sokratischen Dialogs" orientieren sollten. Kernstück der kognitiven Vorgehensweise sei es, die Patienten mit der sokratischen Methode des gelenkten Fragens zu eigenen Einsichten und Erkenntnissen kommen zu lassen, die individuelle Art ihres Denkens aufzudecken und selbst nachzuvollziehen, bisher Unentdecktes zu isolieren und einer Realitätsprüfung zugänglich zu machen. Dadurch würden die Patienten erkennen, dass die eigene Art zu denken, nur eine von vielen Möglichkeiten sei, und dass es andere gäbe, die ebenso berechtigt oder gar realitätsgerechter sind.

Hautzinger beschreibt (a.a.O., S.137) „neun spezifische Ziele und Möglichkeiten" für therapeutisch wirksame Fragestellungen. Dabei geht es u.a. um das Sammeln von Lösungsalternativen und deren gegeneinander Abwägen, um das Einschätzen der jeweiligen Vor- und Nachteile von Verhaltensweisen, um das Ergründen inadäquater Kognitionen und „automatischer Gedanken", um die Prüfung der Bedeutungen, die Patienten bestimmten Ereignissen beimessen, um deren Einschätzung auf Angemessenheit und um das Aufdecken von Problembereichen, die bisher ausgeschlossen wurden.

Diese exemplarischen Fragestellungen beschreiben jedoch kein sokratisches Vorgehen gemäß des philosophischen Modells, sondern liefern mögliche Bausteine, Themen und Einsatzbereiche.

Den Ausgangspunkt für Sokratische Dialoge sieht der Autor in „automatischen Gedanken", Erlebnissen und ihrer subjektiven Bedeutung sowie in Einstellungen. Der Therapeut formuliere davon ausgehend seine Fragen und Hypothesen derart, dass sie die Bedeutungen oder Schlussfolgerungen dieser Aussagen so offen legten, dass den Patienten die Irrationalität oder Unangemessenheit ihres Denkens „von selbst" deutlich werde.

Eine genaue Definition, Beschreibung, Struktur oder ein Ablaufmodell für die sokratische Methode liefert Hautzinger nicht. Er formuliert jedoch sechs Aspekte, die bei „Sokratischen Dialogen" zu beachten seien (a.a.O., S.139):

(1) Es handelt sich nicht um eine sophistische Methode. Es geht also nicht darum, den Patienten bei einem Widerspruch zu ertappen. Dies bedeutet, der Therapeut muss sehr vorsichtig auf bestimmte Widersprüche hinweisen und den Eindruck vermeiden, er wolle dem Patienten eine Falle stellen.

(2) Der Therapeut sollte sehr kurze, konkrete und möglichst einfache Fragen formulieren, die an unmittelbare Äußerungen des Patienten anknüpfen, und weitere Informationen erfragen.

(3) Der Therapeut sollte offen für die Antworten des Patienten sein und nicht von eigenen vorgefassten Ansichten über die [...] Struktur des Patienten ausgehen.

(4) Durch die Fragetechnik soll vor allem der Patient zu neuen Erkenntnissen und zu einer neuen Problemwahrnehmung und Problembewertung gelangen.

(5) Der Therapeut muss auf jeden Fall vermeiden, mit dem Patienten zu debattieren (oder gar zu streiten), bzw. ihn von seinen eigenen Ansichten, Lebensphilosophien etc. zu überzeugen versuchen.

(6) Der Patient muss den Fragen (Gedankengängen) des Therapeuten jederzeit folgen können.

Punkt (5) bleibt dabei insofern erklärungsbedürftig, als „debattieren" nicht genauer definiert wird. Sollte der typisch sokratisch argumentative Disput darunter fallen?

Therapieausschnitte. Der Autor führt dann (a.a.O., S.138f) ein Fallbeispiel zum Sokratischen Dialog an, das er in einer früheren Ausgabe als Liveinterview von Beck kennzeichnet (T = Therapeut, P = Patient, Anmerkungen d.d.V.).

BEISPIEL

Der Sokratische Dialog bei Hautzinger (I)

T: Was heißt das, Sie brauchen Ihn?

P: Ich kann mir nicht vorstellen, ohne ihn zu sein.

T: Sie sagen, Sie können sich nicht vorstellen, ohne ihn zu sein? (1)

P: (lange Pause)

T: Versuchen Sie einmal, sich vorzustellen, wie die Situation wäre, (2) wenn er nicht da wäre. Sie sagten, dass Sie sich nicht vorstellen können, ohne ihn zu sein.

P: Deshalb bekomme ich das Gefühl, dass das Leben nicht lebens- (3) wert ist.

T: Warum? (4)

P: Weil ich David nicht hätte.

T: Weil Sie David nicht hätten? Jetzt klingt es so, als ob David einfach (5) für das Leben selbst nötig wäre.

P: Ich weiß nicht.

T: Wie lange kennen Sie David? (6)

P: Also, wir sind 3 Jahre verheiratet, und ich kenne ihn, glaube ich, seit 10 Jahren.

T: Sie kennen ihn seit 10 Jahren? Und wie alt sind Sie jetzt? (6)

P: 32.

T: Also haben Sie David kennen gelernt, als Sie 22 waren. Also haben (6)
Sie seit dem Alter von 22 Jahren Ihr Leben um David herum ein-
gerichtet. Stimmt das?

P: (Seufzer) Ja.

T: Verstehe ich Sie richtig, dass Sie sagen, Sie könnten einfach nicht (7)
ohne David existieren? Stimmt es, dass Sie eher sterben würden,
als ein Leben ohne David auszuhalten?

P: Also, wenn Sie das so sagen, klingt das dumm.

T: Ich wollte das nicht ins Lächerliche ziehen, ich versuche nur zu se- (8)
hen, ob es da einen Fehler in Ihrem Denken gibt – wenn Sie sich
ein Problem schaffen, das größer ist, als das existierende. Ohne
Frage ist da ein Problem: Er kommt nicht rechtzeitig nach Hause (6)
– aber mir scheint, wenn das Problem zu Ende gedacht wird, dann
glauben Sie schließlich, dass Sie besser tot wären. (Pause) Kannten Sie David, als Sie 21 waren?

P: Nein.

T: Hatten Sie damals das Gefühl, dass das Leben nicht lebenswert sei? (9)

P: Oh nein! Damals hatte ich das Gefühl, dass das Leben einfach und
gut war.

T: Zu einem Zeitpunkt, als Sie ohne David waren, fanden Sie das Le- (10)
ben wirklich lebenswert. Und jetzt, wo Sie mit David leben, wenn
auch nur teilweise, finden Sie, das Leben sei nicht lebenswert.
Können Sie diesen Widerspruch erklären?

P: (Seufzer) Ich kann es nicht erklären.

T: Sehen Sie, es scheint mir, dass Sie in einem sehr starken Glauben (8)
leben: „Ich kann nicht glücklich sein, wenn ich David nicht habe".
Ich kann nicht funktionieren ohne David. Ich kann nicht einmal
existieren, wenn ich David nicht habe." Und doch haben Sie zu einer Zeit, bevor Sie David kannten, existiert. Sie funktionierten
und waren glücklich.

P: Hm. Ich habe an die Zeit vor meiner Heirat lange überhaupt nicht (11)
gedacht.

Kommentar. Die Nummern rechts bedeuten im Einzelnen folgendes:

(1) Festlegung der Ausgangsthese: Ich kann nicht ohne David sein.

(2) Das ist eine paradoxe Aufforderung, nachdem die Patientin im Satz zuvor
angab, eben dies sich nicht vorstellen zu können.

(3) Entsprechend bekommt der Therapeut nun auch keine Resonanz auf
seine Aufforderung.

(4) Die „Warum"-Frage ist nicht präzise. Bezieht sie sich auf den ersten oder
zweiten Teil des Patientensatzes? (Zur Problematik von „Warum"-Fragen
siehe auch Walen et al., 1980.)

(5) Umformulierung der Ausgangsthese: David ist zum Leben nötig.

(6) Explorationsfragen zur Informationsgewinnung.

(7) Wiederholung der Fragestellung.

(8) Der Therapeut gibt Statements und eigene bewertende Einschätzungen ab.

(9) Therapeut Beck verwechselt hier erneut „Gefühl" mit „Denken". Besser: „Dachten Sie damals auch schon, dass...?" (Zur Problematik der sprachlichen Präzision beim Therapeuten: siehe Anmerkung (3) im o.a. Beispiel von Beck et al.).

(10) Beginn des Disputs.

(11) Es ist zwar nicht deutlich, ob die Patientin sich schon im „Zustand der inneren Verwirrung" befindet, sie hat sich aber auf mäeutische Weise an das erinnert, was sie ohnehin schon wusste, aber nicht mehr bewusst erinnerte.

Hautzinger führt (a.a.O. S. 158f) noch ein weiteres Fallbeispiel zum Sokratischen Dialog an, in dem ein Patient erkennen soll, dass es für „Misserfolg" verschiedene Erklärungsmöglichkeiten gibt (P = Patient, T = Therapeut, Anmerkungen d.d.V.).

BEISPIEL

Der Sokratische Dialog bei Hautzinger (II)

P: ... und wenn der dann am Telefon anfängt, über Medizin zu reden, und diese lateinischen Ausdrücke gebraucht, da fühle ich mich ganz klein und mickrig.

T: Können Sie mir dies etwas genauer schildern? Dieser Bekannte studiert Medizin und erzählt häufig von seinem Fach. Dabei gebraucht er viele lateinische Wörter...

P: Ja, der redet und redet dann. Dabei geht mir dann durch den Kopf: „Jetzt verstehst du schon wieder nichts, obgleich der das schon zigmal erklärt hat. Das müsstest du aber langsam wissen. Da siehst du mal wieder, du bist halt dumm und unintelligent.

T: Lassen Sie uns Ihre Schlussfolgerung einmal genauer betrachten. (1) Allein aufgrund dessen, dass Sie dieses Latein und diese Fachausdrücke nicht verstehen, kommen Sie zu dem Schluss: „Ich bin dumm. Ich bin nicht intelligent".

P: Ja, eigentlich müsste ich das verstehen. Jeder normale Mensch versteht das doch.

T: Jeder Mensch? Ist der Unterschied zwischen Ihrem Bekannten (2) und Ihnen allein der, dass er dieses Latein versteht? Sonst keiner?

P: Na ja, der studiert Medizin schon seit über 4 Jahren.

T: Das heißt, er hat Abitur gemacht. Haben Sie Abitur? (2)

P: Nee.

T: Haben Sie sich jemals mit Latein oder Medizin beschäftigt? (2)

P: Nein. Ich lerne Englisch in der Volkshochschule.

T: Ich kann mir vorstellen, dass Ihr Bekannter bereits in der Schule   (3)
Latein gehabt hat.

P: Ja, ja! Der hat das große Latinum, und außerdem ist sein Vater
auch Arzt.

T: Wenn Sie diese Dinge nun betrachten, wie sehen Sie dann Ihr Ur-   (4)
teil: „Ich bin dumm, ich bin unintelligent"?

P: Eigentlich kann ich das gar nicht so schnell kapieren, und das   (5)
scheint mir ziemlich unverschämt von dem, mich mit seinen Fach-
ausrücken voll zu quatschen.

Kommentar. Der Therapeut erarbeitet an dieser Stelle nicht die hier zugrunde
liegende Problematik: Die dysfunktionalen Kriterien der Selbstwertschöpfung, die sein Patient verwendet. So kommt es nur zu einem vordergründigen
Ergebnis.

(1) Festlegung der Ausgangsfragestellung: Wer das nicht versteht, ist dumm.

(2) Explorationsfragen zur Informationsgewinnung.

(3) Der Therapeut stellt eigene Hypothesen auf.

(4) Der Therapeut konfrontiert seinen Patienten zu früh. Diese Frage ist so
lange unbeantwortbar, wie nicht in einem explikativen Diskurs geklärt wird,
wann wer nach welchen Patienten-Maßstäben „dumm" ist. Die Betrachtung
der zuvor gesammelten Fakten hilft da nicht weiter. Der Patient könnte immer noch glauben, dumm zu sein. Jetzt hat er vielleicht sogar noch weitere
Argumente dafür: Er kann kein Latein, hat kein Abitur, hat nicht studiert... .
Die vom Therapeuten gesammelten Informationen erklären nur, *weshalb* er
kein Latein kann, nicht, dass dies nichts mit seinem Selbstwert zu tun hat.

(5) Der Patient springt nun von der Selbstabwertung zur Fremdabwertung
(Ärger auf den Bekannten). Dies lässt den Schluss zu, dass er in der Tat
noch keine funktionale Sichtweise erarbeitet und noch nicht verstanden
hat, dass Latein können oder Wissen besitzen keine Kriterien zur Selbstwertschöpfung sein müssen – es sei denn, er will es so.

Ob die beiden Beispieldialoge den Leitlinien entsprechen, die der Autor für Sokratische Dialoge fordert, kann nicht beantwortet werden, da unklar bleibt,
welche er damit meint, denn neben den o.a. „Aspekten" führt er keine „Leitlinien" an und verweist diesbezüglich auch nicht auf andere Textstellen.

> **!** Die hier angeführten Modelle und Beschreibungen „Sokratischer Dia-
> loge" decken sicherlich nicht annähernd alle Entwicklungen und Darle-
> gungen ab, reichen jedoch aus, um festzustellen, dass das Verständnis darü-
> ber zu diffus, unterschiedlich, unklar und unstrukturiert ist, um von *einem*
> psychotherapeutischen Modell sokratischer Gesprächsführung sprechen zu
> können.

Einig sind sich die Autoren offenbar in der Auffassung, dass es sich dabei um einen Dialogstil handelt, in dem Fragen eine besondere Wichtigkeit besitzen. Aber schon bei der Beschreibung einer Fragetechnik sind sie wieder uneins oder machen gar keine Aussagen dazu.

Unterschiedliche Frageformen. Betrachtet man die exemplarischen „Sokratischen Dialoge", stößt man auf sehr unterschiedliche Typen von Fragenformen, wie:

- einfaches in Frage stellen
- konfrontative Fragen (z.B. bei widersprüchlichen Aussagen)
- Fragen zur empirisch-logischen Prüfung
- Fragen zur hedonistischen Prüfung
- suggestive Fragen
- rhetorische Fragen
- ironische Fragen
- analytische Fragen
- synthetische Fragen
- bewertende Fragen
- Kontrollfragen
- Explorationsfragen
- Fragen zum Ausdruck der eigenen Verwirrung mit der Bitte um Erklärung
- spiegelnde Fragen
- induktive Fragen mit dem Ziel einer logisch abgeleiteten Schlussfolgerung
- deduktive Fragen mit dem Ziel einer logisch abgeleiteten Verallgemeinerung

Dazu sollen Fragen auch noch bestimmten, in der Regel nicht weiter explizierten Kriterien genügen. Sie sollen z.B. „sokratische Fragen" bzw. „Fragen nach sokratischem Vorbild" sein, die „wohlgeformt", „wohlformuliert", „zeitlich gut abgestimmt", „koordiniert", „informationsvermittelnd", „gelenkt" oder „aktiv" gestellt sind.

Das Hauptmanko der dargestellten Modelle ist, dass die sokratische Methode selbst nirgends konkret beschrieben wird. Häufig berufen sich die Autoren auf etwas Prozesshaftes, ohne diesen Prozess aber selbst darzustellen. So bleibt vieles davon offen und ungeklärt, und übrig bleiben Fragen über Fragen:

- Was genau ist denn nun eigentlich ein psychotherapeutischer „Sokratischer Dialog"?
- Was bestimmt sein „Wesen"?
- Welchen Kriterien muss er genügen?
- Gibt es dafür eine bestimmte Struktur oder ein Ablaufmodell?
- Was unterscheidet einen „Sokratischen Dialog" von „Disputieren" oder einfach nur „Fragen stellen"?
- Wo bleiben die historischen und philosophischen Inhalte, z.B. die Methode der → regressiven Abstraktion?

- Wann genau und wofür setzt man die sokratische Methode in der Psychotherapie ein?
- Gibt es Kontraindikationen?

Getreu der Einsicht, dass man nur das wiederzuerkennen vermag, wovon man sich zuvor ein Bild gemacht hat, werden wir nun daran gehen zu definieren und zu beschreiben, was künftig unter „Sokratischem Dialog" oder „sokratischer Gesprächsführung" zu verstehen sein soll, bevor wir im zweiten Teil psychotherapeutische Sokratische Dialoge zu speziellen Themen und Fragestellungen betrachten.

4 Sokratische Gesprächsführung in Psychotherapie und Beratung — Definition und Leitfaden

Nachfolgend soll dargestellt werden, wie die sokratische Gesprächsführung im Rahmen psychotherapeutischer oder beraterischer Arbeit zielführend eingesetzt werden kann.

Dies umfasst nicht nur das Wesen, die Methoden und die Kriterien, denen sie genügen soll, sondern auch ein Phasenmodell bei explikativen oder normativen Diskursen. Anschließend wird der „Sokratische Dialog" zur „Disputation" abgegrenzt.

4.1 Modifikationen für die therapeutische Anwendung

Die in Kapitel 3.2 aufgeführten Unterschiede bei den Zielsetzungen, in den Rahmenbedingungen und in der Beziehungsgestaltung zwischen den philosophischen Gesprächsrunden à la Horster und dem psychotherapeutischen Setting erfordern einige Änderungen bei den Anforderungen und dem Vorgehen.

Ablaufmodell. Das Ablaufmodell des historischen Sokratischen Dialogs (aus Kapitel 1.3, S. 20) kann ohne wichtige inhaltliche Veränderung für den explikativen Diskurstyp adaptiert werden, für den normativen Typus wird er neu formuliert (siehe Kapitel 4.4.2).

Sechs Gebote Heckmanns. Die sechs Gebote Heckmanns (aus Kapitel 2.3, S. 47) können nur bedingt für den psychotherapeutischen Einsatz übernommen werden: Wir haben ja bereits festgestellt, dass Therapeuten das erste Gebot, das der Zurückhaltung, schon aufgrund ihrer lenkenden Funktion und ihrer Rolle als (in der Regel einzigem) Gesprächspartner nicht einhalten können oder wollen.

Das fünfte Gebot („Arbeite auf einen Konsens hin!") kann allenfalls in Gruppentherapien und nur dann sinnvoll eingesetzt werden, wenn das Ziel in der Verbesserung der gemeinsamen Kommunikationsgrundlage besteht. In allen anderen Fällen sollen die Patienten ja dazu angeleitet werden, selbstverantwortlich die eigenen Sichtweisen in Übereinstimmung mit ihren jeweiligen Sozialisationshintergründen, ihren ethisch-moralischen Normensystemen und ihren persönlichen (Lebens-)Zielen zu bestimmen. Ein Konsens wird nicht angestrebt. (Auch nicht mit der für den Therapeuten selbst maßgeblichen Lösung!)

Die restlichen vier Gebote Heckmanns können wir auch für die psychotherapeutische Arbeit übernehmen.

Die Methode der regressiven Abstraktion. Der Forderung Horsters (1986, 1994), ein Sokratischer Dialog beinhalte stets und notwendigerweise den Gebrauch der → regressiven Abstraktion, vermag ich, derart strikt formuliert, nicht zu folgen. Ich schließe mich hier Heckmanns Auffassung (1981) an, der den Einsatz der regressiven Abstraktion von der jeweiligen Thematik und Zielsetzung abhängig machen will.

Nicht nur im Hinblick auf die historischen Sokratischen Dialoge erscheint Horsters Prämisse ungerechtfertigt, denn in vielen, als „sokratisch" empfundenen Dialogen Platons ist die regressive Methode nicht wiedererkennbar. Auch die üblicherweise im Therapie-Setting fehlende Notwendigkeit, auf einen Konsens hinzuarbeiten, und die ausschließliche Entscheidungsgrundlage in Form der individuellen Ziele, Werte, Normen und sozialen Hintergründe, lassen diese Prämisse unnötig erscheinen. Dennoch bleibt die Methode der regressiven Abstraktion ein wichtiges Mittel für die sokratische Gesprächsführung (siehe Kapitel 4.3 und 4.4).

Regeln für Teilnehmer und Leiter. Aus den oben genannten Gründen (unterschiedliche Rahmenbedingungen, anderes Setting, abweichende Zielsetzungen) sind die Regeln für Teilnehmer und Leiter an philosophischen sokratischen Gesprächsrunden, die Horster (1994) explizit formuliert, nicht auf den psychotherapeutischen Bereich übertragbar. Hierfür werden weiter unten eigene Forderungen und Regeln entwickelt (siehe Kapitel 5.1 und 5.4).

Vernunft, Erkenntnis und Wahrheit. Auch Psychotherapeuten sollten sich mit der Bedeutung dieser Begriffe auseinander gesetzt haben. Für die therapeutische und beraterische Tätigkeit können wir Horsters Definitionen dieser Begriffe ohne Veränderung übernehmen.

4.2 Vernunft, Erkenntnis und Wahrheit in der Psychotherapie

Chessick (1971), Mahoney & Gabriel (1987), Mahoney (1991) u.a. betonen, dass auch Psychotherapeuten sich mit der Wahrheitsdefinition auseinander setzen sollten.

Wir sagen häufig, dass eine Aussage dann wahr ist, wenn sie mit den beobachteten Fakten übereinstimmt. Aber sind unsere Beobachtungen verlässlich oder „wahr"? Da wir aus den oben beschriebenen Gründen keine „wahren" Beobachtungen machen können, ist auch unsere Verifikationsmöglichkeit von Aussagen beschränkt. Wir können lediglich sagen, dass Aussagen mehr oder weniger wahrscheinlich wahr sind. Je nachdem, um welche der drei von Chessick (1971) unterschiedenen Aussagearten es sich handelt: um mystische, philosophische oder empirische. Wenn man unter dem Wahrheitsgehalt einer Aussage das Ausmaß versteht, in der sie mit Hilfe derselben Methode durch andere verifiziert werden kann, dann haben wissenschaftliche Aussagen den größten Wahrheitsgehalt, philosophische einen mittleren und mystische den geringsten (in Höhe der Rate- oder Zufallswahrscheinlichkeit). Da die Untersuchungsmöglichkeiten von Aussagen aber unprüfbare Grundannahmen enthalten, gibt es keine absolute Wahrheit oder Sicherheit, nur Meinungen, die mehr oder weniger (lebens-)wahr sind.

Für Chessick (1971) bietet der philosophische Ansatz zwei Möglichkeiten, die Wahrscheinlichkeit, falsch zu liegen, signifikant zu reduzieren:

(1) Die Anwendung der Logik
(2) Die (lern-)geschichtliche Erfahrung bezüglich unserer Grundannahmen: Die Philosophie fordert, dass unsere Grundannahmen miteinander logisch konsistent sind und in klarer, präziser und logischer Weise dargelegt und mit einem Minimum an undefinierten Begriffen ausgedrückt werden, und die Philosophie kann zur Überprüfung der „gesammelten Menschheitserfahrung" herangezogen werden, wenn man unterstellt, dass diese existiert und vermittelbar ist.

Diese Sichtweise entspricht im Großen und Ganzen den in Kapitel 3.1 zusammengefassten Ableitungen Horsters (1994) zum Vernunft-, Erkenntnis- und Wahrheitsbegriff. Sie sind auch unverändert für den psychotherapeutischen Bereich anwendbar.

DEFINITION

Vernunft wird dem Individuum intersubjektiv, durch soziale Interaktionsprozesse vermittelt und ist empirisch-sprachlich fassbar.
Demzufolge gibt es keine Möglichkeit für objektive **Erkenntnis**, denn die ist ja aus den intersubjektiv vermittelten Vernunftgrundsätzen abgeleitet.
Aus diesem Grunde ist objektive **Wahrheit** nicht formulierbar, denn „Wahrheit" hat demnach eine ethisch-moralische und keine objektive Grundlage.

Was bedeutet ein subjektiver Wahrheitsbegriff für den psychotherapeutischen Bereich?

Wenn Vernunft durch soziale Interaktionsprozesse vermittelt wird, gilt es, eine Aussage oder Position des Patienten auf Realitätsbezogenheit, Widerspruchsfreiheit und Zielgerichtetheit innerhalb *seines* Systems zu prüfen. Erfüllt sie diese Bedingungen, gilt sie als „vernünftig". (Auch wenn sie nicht der des Therapeuten entspricht!) Verletzt sie eine Bedingung, hat der Therapeut die Möglichkeit, nun seinerseits durch Interaktion mit dem Patienten dessen Position (z.B. mit Hilfe der sokratischen Gesprächsführung) so zu verändern, dass sie in Abhängigkeit von dessen Sozialisationshintergrund und ethisch-moralischen Normensystem „vernünftig" wird.

Der Patient kommt dabei möglicherweise zu anderen „vernünftigen" Lösungen, als der Therapeut es *für sich selbst* (vor seinem eigenen Sozialisationshintergrund, seinen eigenen ethisch-moralischen Normen und seinen eigenen Lebenszielen) abgeleitet hätte.

> **!** Was im Rahmen einer psychotherapeutischen Behandlung als „vernünftig" und „wahr" gilt, hat sich stets am Sozialisationshintergrund, an den ethisch-moralischen Normen und an den (Lebens-)Zielen des Patienten zu orientieren, denn *der* soll schließlich künftig mit den „gefundenen" Erkenntnissen innerhalb seines sozialen und ethisch-moralischen Bezugsrahmens widerspruchsfrei und zielgerichtet leben.

Mahoney (1991) betont dabei die mächtige synergetische Beziehung zwischen der Qualität unserer Lebenserfahrung und den Strukturen und Prozessen unserer privaten Theorien über uns selbst, unsere Welt und ihre möglichen Interaktionen: Unsere Annahmen und eingefleischten Glaubenssätze begründen die ständig präsenten Vorannahmen und Befangenheiten, die mitbestimmen, was wir und wie wir etwas erfahren. Andererseits seien diese Annahmen und Glaubenssätze wiederum durch die Summe unserer (gefärbten) Vorerfahrungen geprägt.

4.3   Wesen und Zielsetzung Sokratischer Dialoge

Kennzeichen. Auch im psychotherapeutischen Sokratischen Dialog versucht der Therapeut in typisch sokratisch-mäeutischer Weise, seine Patienten durch eine, von konkreten Fragen geleitete, gezielte Betrachtung und Reflexion ihrer Annahmen dazu zu bewegen, von ihren Alltagserlebnissen ausgehend, neue Einsichten zu erarbeiten, ohne ihnen dabei neues Wissen oder neue „Wahrheiten" zu vermitteln. Wie im philosophischen Modell geht es darum, Begriffe, Maßstäbe und Zielsetzungen zu klären und in Übereinstimmung mit den persönlichen Zielen, Werten, Normen und Moralvorstellungen zu definieren *und danach leben zu lernen*. Auf diese Weise sollen die Patienten dazu befähigt werden, ein widerspruchsfreies, selbstbestimmtes, eigenverantwortliches Leben zu führen.

Wir können Heckmanns Aussage, ein Gespräch sei immer dann ein sokratisches, wenn die Gesprächspartner versuchen, der Wahrheit zu einer Frage durch gemeinsames Abwägen von Gründen näher zu kommen, für den therapeutischen Einsatz umformulieren: Beim Sokratischen Dialog im psychotherapeutischen Setting werden durch gemeinsames Abwägen von Gründen, unter Berücksichtigung der jeweiligen persönlichen Sozialisationshintergründe, der ethisch-moralischen Normensysteme und (Lebens-)Zielsetzungen die optimalen, „wahren" Lösungen für die Fragestellungen der Patienten gesucht.

Elemente. Die wesentlichen Instrumentarien des psychotherapeutischen Dialogs sind die, nach Kapitel 4.4 prozesshaft strukturierten, in Kapitel 4.5 beschriebenen Frage- und Disputationstechniken sowie die Methode der → regressiven Abstraktion bei explikativen und normativen Diskursen (siehe Kapitel 4.4).

Als „Sokratischer Dialog" oder „sokratische Gesprächsführung" soll künftig nur noch die Form von Unterredung bezeichnet werden, die – nach dem unter 4.4 aufgeführten Modell – der Struktur gerecht, beim explikativen Diskurstyp mindestens bis zur Phase 5 betrieben wird und zum „Zustand der inneren Verwirrung" führt, oder die, beim normativen Typus, nach dem Prozess des Abwägens eine Entscheidung herbeiführt.

Therapeutenvariablen. Die Haltung des Therapeuten ist gekennzeichnet durch eine offene, geduldige, um Verständnis des Patienten bemühte, akzeptierende Haltung. Er versucht, dessen Gedanken und Schlussfolgerungen zum gewählten Thema nachzuvollziehen und dessen Modelle zu verstehen. Hat er dabei Schwierigkeiten, probiert er diese durch gezieltes Nachfragen zu klären. Stößt er dabei auf Widersprüche oder unlogische Ableitungen, wird er dies nicht durch offene Kritik, sondern durch den Ausdruck eigener Verwirrung kund tun, wie z.B.: „Das habe ich eben nicht verstanden. Sie sagten vorhin, dass ..., und nun höre ich, dass .... Ich kriege das noch nicht zusammen. Bitte helfen Sie mir, das zu verstehen."

Der Therapeut enthält sich jeglicher Form sophistischer Belehrung, vermeidet Statements, bewertende Äußerungen und die Darlegung eigener Normen und Sichtweisen. Sein Augenmerk ist ausschließlich darauf gerichtet, dass der Patient eine andere Definition für seine ehemals dysfunktionale Behauptung oder Norm findet, die widerspruchsfrei, inhaltlich logisch abgeleitet und auf die persönlichen (Lebens-)Ziele ausgerichtet ist, und die dessen übergeordneten Normen und Moralvorstellungen entspricht.

Ziel der sokratischen Gesprächsführung. Das Hauptziel sokratischer Gesprächsführung liegt, wie schon von Nelson (1929) und Heckmann (1981) ähnlich formuliert, darin, den Patienten durch geleitetes, strukturiertes Fragen tiefere Einsichten und Erkenntnisse zu ermöglichen, um ihnen damit – in Abhängigkeit von ihren jeweiligen Sozialisationshintergründen, ihren Werte- und Normensystemen – zu eigenverantwortlichen Lösungen für ihre individuellen Probleme und zu einem selbstbestimmten, widerspruchfreien Leben zu verhelfen.

Bei explikativen Diskursen. Auch im psychotherapeutischen Sokratischen Dialog bleibt das ursprüngliche Wesen als begriffsbestimmende Methode erhalten. Dabei geht es bei explikativen Diskursen um das Ziel, den Patienten bestimmte Wertbegriffe definieren zu lassen oder darum, Begriffsdefinitionen für abgegrenzte Gruppen mit einheitlichem Sozialisationshintergrund zu erarbeiten.

Beispiele für derartige Einsatzmöglichkeiten: Im Einzelgespräch zur Klärung und Bearbeitung von Selbstwertproblemen, dem wohl mit Abstand häufigsten aller psychischen Schwierigkeiten, eignet sich das sokratische Vorgehen in besonderem Maße. Hier werden Fragen geklärt, wie:

▸ Was ist ein sinnvolles, was ein verpfuschtes Leben?
▸ Was ist ein wertvoller Mensch, was ein Taugenichts?
▸ Was sind gute Eltern, was Rabeneltern?
▸ Was ist ein erfolgreicher Mensch, was ein Versager?

In einer Gruppen-, Familien- oder Paartherapie definieren die Mitglieder oder Partner z.B., was sie künftig unter „Ehrlichkeit", „Loyalität", „Gerechtigkeit" oder „Treue" verstehen wollen.

Auch „negative" Definitionsergebnisse, bei denen der Patient zu der Einsicht gelangt, dass es die gesuchte Eigenschaft oder Sache nicht geben kann, können vom Therapeuten intendiert sein. So zum Beispiel bei den Forderungen nach „Perfektionismus", „Sicherheit" oder „Beständigkeit". In diesen Fällen endet der explikative Sokratische Dialog mit der ergebnislosen Suche nach einer neuen Definition.

Bei normativen Diskursen. Bei den normativen Diskursen, in denen die hedonistischen Aspekte im Fordergrund stehen, geht es um die Prüfung, ob eine Entscheidung oder Handlung des Patienten vor dem Hintergrund seines individuellen Werte- und Normensystems und seiner (Lebens-)Zielsetzungen zielführend ist oder nicht. Hier werden Fragen geklärt, wie:

▸ Darf ich lügen, wenn es mir nützt?
▸ Sollte ich den Wehrdienst ableisten?
▸ Muss ich (verabredungsgemäß) auch dann ehrlich sein, wenn es dem Partner schadete?
▸ Darf man Erotik oder Sex in Konkurrenzsituationen einsetzen?

In besonderen Fällen kann die sokratische Gesprächsführung auch ausschließlich dazu benutzt werden, um festgefahrene Überzeugungen des Patienten aufzulösen. Dieser Prozess endet dann mit dem Erreichen des „Zustands der inneren Verwirrung" in Phase 5. Daran anschließend kann der Therapeut dann leichter neue Denkweisen und Lösungswege auf sophistischem Wege vermitteln, da der Patient nun wieder offen für andere Modelle ist.

Der Einsatz der sokratischen Methode auf diese Weise ist nur dann angezeigt, wenn aufgrund der zeitlichen Rahmenbedingungen für die Phasen 6 und 7 nicht genügend Raum bliebe.

4.4 Struktur sokratischer Gesprächsführung

Entsprechend der Horster'schen Einteilung unterscheide ich zwei Varianten sokratischer Gesprächsführung: die explikativen und die normativen Diskurse.

4.4.1 Explikative Diskurse zur Klärung von Begriffen

Betrachten wir das unter Kapitel 1.3 auf S. 19f beschriebene Phasenmodell des historischen Sokratischen Dialogs und prüfen, ob nach den aufgezeigten Paradigmenwechseln Anpassungen oder Veränderungen notwendig sind, so spricht nichts gegen eine direkte Übernahme der dargestellten Schritte für den explikativen Diskurstyp.

Die für die Psychotherapie adaptierte Version kann dann für die einzelnen Phasen genau beschrieben werden.

Phasen der psychotherapeutischen explikativen sokratischen Gesprächsführung: 🖐

(1) Auswahl des Themas oder eines dysfunktionalen Denkmusters
Patient oder Therapeut schlagen ein Thema oder eine Fragestellung vor, die in der Exploration, der Problemanalyse oder im Dialog als dysfunktionaler Gedanke erarbeitet wurde.
Beispiel: „Ich bin eine schlechte Mutter!"

(2) „Was ist das?" Erster Definitionsversuch des Patienten
Der Therapeut formuliert seine „Was ist das?"-Frage. Der Patient soll versuchen, darauf zu antworten und seine Maßstäbe z.B. zur Selbst- und Fremdbewertung offen legen, eigene Normen und die persönliche Lebensphilosophie erklären.
Beispiel: „Was ist das, eine 'schlechte' Mutter?" Die Patientin antwortet mit Beispielen und Eigenschaftsaufzählungen.

(3) Konkretisierung der Fragestellung und Herstellung des Alltagsbezuges
Der Therapeut bittet den Patienten zu den unter (2) aufgestellten Behauptungen um Beispiele aus seinem Alltag und lässt sich daran den Zusammenhang zum Thema oder zur untersuchten Behauptung erklären.
Beispiel: „Wie kommen Sie darauf, dass Sie eine schlechte Mutter sind?" Wenn die Patientin z.B. als Begründung angibt, eine schlechte Mutter zu sein, weil ihr Kind im Kaufhaus beim Stehlen von Süßigkeiten erwischt wurde, hinterfragt der Therapeut deren Schlussfolgerung: „Sie meinen,

---

Sie sind eine durch und durch schlechte Mutter, weil Ihr Kind gestern im Kaufhaus Süßigkeiten geklaut hat?"

(4) **Ggf. weitere Konkretisierung oder Umformulierung des Themas oder des betrachteten dysfunktionalen Denkmusters**
Falls sich die bisherige Fragestellung als zu wenig konkret, zu pauschal oder zu klärungsbedürftig erweist, erfolgt eine weitere Konkretisierung: Entweder, indem das alte Thema in Subthemen aufgeteilt und dann eines davon zum neuen Untersuchungsgegenstand wird, oder das alte Thema wird erneut zu definieren versucht. In jedem Fall aber: zurück zu (2).
Beispiel: Eine mögliche Konkretisierung des Themas wäre: „Mütter von stehlenden Kindern sind schlechte Mütter."

(5) **Widerlegung: Funktionale und inhaltlich-logische Disputation der aufgestellten Behauptung oder des dysfunktionalen Denkmusters**
Der Therapeut ist bemüht, aus der Position eines naiv Fragenden, Unwissenden, das Modell des Patienten zu verstehen. Durch die Art seiner Fragen zielt er auf eine Widerlegung der Patientenbehauptungen durch Aufzeigen von Widersprüchen in dessen Modell oder mit der Realität. Wenn der Patient die Irrationalitäten und Widersprüche selbst erkennt, wird sein altes Modell unglaubwürdig und er gerät in den „Zustand der inneren Verwirrung". Dadurch wird seine Bereitschaft zur Neuorientierung gestärkt.
Beispiel: Wenn die Patientin behauptet, sie sei schuld daran, dass ihr Kind stehle, wird der Therapeut das verwendete Konzept von Schuld und Verantwortung hinterfragen: „Sie meinen, Ihr Kind konnte gar nicht anders? Es musste einfach klauen, weil *Sie* so sind, wie Sie sind?" Und, falls die Antwort „Ja" lautet: „Wer ist schuld daran, dass *Sie* so sind, wie Sie sind?"

(6) **Hinführung: Gemeinsame Suche nach alternativen, zielführenden Denkmustern und einem adäquaten, widerspruchsfreien Modell**
Nun erfolgt anhand konkreter Beispiele die gemeinsame Suche nach einer neuen Definition der Fragestellung und nach der individuellen „Wahrheit" über den Untersuchungsgegenstand. Dies geschieht mit Hilfe der unter Kapitel 4.5 aufgeführten Disputations- und Fragetechniken oder mit der Methode der explikativen regressiven Abstraktion, dessen Vorgehen Horster in fünf Schritten beschreibt: (1) Sammeln von Eigenschaften, (2) Zusammenfassen der gesammelten Eigenschaften, (3) Frage nach weiteren Eigenschaften, (4) Trennen von notwendigen und hinreichenden Eigenschaften, (5) Erarbeitung von wesentlichen Kriterien (siehe Kapitel 3.1, S. 54).

Beispiel: Der Therapeut hat hier verschiedene Ansatzmöglichkeiten für seinen explikativen Diskurs. Zum einen könnte er seine Patientin herausfinden lassen, dass es objektiv „gute" oder „schlechte" Mütter nicht gibt, und dass ein derart pauschales Urteil unsinnig ist. Zum anderen kann er die generelle Verantwortungszuschreibung seiner Patientin angreifen: „Was heißt: ʻschuldig sein'? – Sie sind sowohl schuld daran, wie sich ihr Kind verhält, als auch, wie Sie sich selbst verhalten, und nicht *Ihre* Mutter?" Die Patientin wird erkennen, dass es unsinnig ist, mit zwei Maßstäben zu leben (einem harten für sich, und einem gnädigeren für den Rest der Menschheit) und dass sie nur dafür verantwortlich sein kann, was in ihrer eigenen Macht steht.

(7) **Ergebnis des Dialogs**
Der Patient formuliert die „selbst" gefundene persönliche Wahrheit oder Einsicht im Einklang mit seinen individuellen moralischen (Lebens-) Zielen, Normen und Vorstellungen. Diese neue Sichtweise vermeidet unangemessene emotionale Turbulenzen.
Beispiel: „Jeder kann nur für das verantwortlich sein, was in seiner eigenen Macht steht. Was mein Kind entscheidet zu tun, steht nicht in meiner Macht. Aber ich kann entscheiden, wie *ich* nun mit dieser Situation umgehen will: Ob und ggf. wie ich es bestrafe. Auf jeden Fall werde ich zunächst mal mit ihm darüber reden. Auf jeden Fall hat eine Entscheidung meines Kindes nichts damit zu tun, wie ich mein eigenes Verhalten und meine Leistungen als Mutter beurteile. Selbst wenn ich denke, ich habe etwas versäumt, wäre eine pauschale Verurteilung als ʻschlechte Mutter' unsinnig."

Die regressive Abstraktion in explikativen Diskursen. Explikative Diskurse zur Klärung von Begriffen sind im psychotherapeutischen Bereich hauptsächlich in Paar-, Familien- oder Gruppentherapien zur Verbesserung der gemeinsamen Kommunikationsgrundlage bedeutsam. In Einzeltherapien sind Begriffsklärungen eher selten indiziert, es sei denn als „negativer" Definitionsversuch in dem Sinne, dass der Patient dadurch erkennt, dass er keine sinnvolle, allgemein gültige Erklärung für den verwendeten Begriff findet und demnach seine Definition – wenn er denn eine solche suchen möchte – künftig als beliebige, individuelle Sichtweise versteht.

Wenn beispielsweise ein Paar den Begriff „Treue", eine Familie das „Füreinander-da-sein" oder eine Gruppe „Solidarität" zu klären versucht, dann geschieht dies in der Regel mit dem Ziel, eine gemeinsame Verständnisgrundlage hierfür zu erarbeiten. Dazu können wir auf das Horster'sche Modell der regressiven Abstraktion bei explikativen Diskursen zurückgreifen (siehe Kapitel 3.1, S. 54).

4.4.2 Normative Diskurse bei Moral- und Zielkonflikten

Normative Diskurse sind sowohl für Einzel-, als auch für Paar-, Familien- und Gruppentherapien von besonderer Bedeutung. Hier werden ethisch-moralische Fragestellungen (wie: „Darf man sich von einem kranken Partner scheiden lassen?" oder: „Soll ich den Wehrdienst verweigern?") und funktionale oder hedonistische Fragen unter Berücksichtigung der individuellen Lebensziele aufgeworfen (wie: „Soll ich das Kind abtreiben lassen oder nicht?") und deren Entscheidbarkeit mit Hilfe der sokratischen Gesprächsführung erleichtert.

Für die normative sokratische Gesprächsführung ist die Struktur des historischen, auf Begriffsklärungen ausgelegten Ablaufmodells in mehreren Punkten zu verändern.

> **Phasen der psychotherapeutischen normativen sokratischen Gesprächsführung:**
>
> (1) **Auswahl des Themas, der Entscheidung oder Handlung**
> Eine getroffene oder anstehende Entscheidung oder Handlung, auf die der Patient seinen emotionalen Turbulenzen zurückführt, wird benannt.
> **Beispiel:** „Darf man sich von seiner schwer erkrankten Partnerin scheiden lassen?"
>
> (2) **Ggf. Konkretisierung der Fragestellung und Herstellung des Alltagsbezuges**
> Der Therapeut bittet den Patienten, für das unter (1) aufgeführte Thema um ein konkretes Beispiel aus seinem Alltag und lässt sich daran den Zusammenhang zum Thema oder zur untersuchten Problematik erklären.
> **Beispiel:** Der Therapeut konkretisiert die Fragestellung: „Wie kommen Sie darauf?" Der Patient denkt z.B. darüber nach, ob er sich von seiner kürzlich querschnittsgelähmten Partnerin trennen darf.
>
> (3) **Sammeln der Gründe oder der positiven und negativen Aspekte einer Entscheidung oder Handlung**
> Es werden die Gründe oder die positiven und negativen Aspekte der zu treffenden oder getroffenen Entscheidung oder Handlung gesammelt.
> **Beispiel:** „Welche konkreten Konsequenzen brächte eine Scheidung mit sich, welche ein weiteres Zusammenleben?"
>
> (4) **Zusammenfassen der positiven und negativen Aspekte**
> Die gesammelten Gründe oder Aspekte werden zusammengefasst. Gründe für oder wider das Zusammenfassen werden gegenübergestellt und nach den elementaren Regeln der Argumentation abgewogen.

(5) **Suche nach eventuellen weiteren Gründen oder Aspekten**
Werden weitere Gründe oder Aspekte gefunden, wird erneut Schritt 4 durchlaufen.

(6) **Suche nach den moralisch-ethischen Werten, Normen oder (Lebens-)Zielen, die durch diese Entscheidung oder Handlung tangiert werden**
Die individuellen moralisch-ethischen Werte, Normen oder (Lebens-) Ziele des Patienten, die durch die anstehende oder gefällte Entscheidung oder Handlung tangiert sind, werden gesammelt.
Beispiel: „Welche Ihrer Normen, Moralvorstellungen und Lebensziele sprechen für oder gegen eine Scheidung?"

(7) **Zusammenfassen und Gewichten der tangierten moralisch-ethischen Werte, Normen oder (Lebens-)Ziele**
Die gesammelten tangierten moralisch-ethischen Werte, Normen und (Lebens-)Ziele werden zusammengefasst. Gründe für oder wider das Zusammenfassen werden gegenübergestellt und nach den elementaren Regeln der Argumentation abgewogen. Die Gewichtung der zusammengefassten Werte, Normen oder Ziele kann nach der → Methode des Paarvergleichs erfolgen.

(8) **Abwägen der zusammengefassten Gründe oder positiven und negativen Aspekte**
Vor dem Hintergrund der individuellen moralisch-ethischen Grundeinstellung, Normen und (Lebens-)Ziele werden nun die gefundenen, zusammengefassten Gründe oder die positiven und negativen Aspekte gegeneinander abgewogen.
Beispiel: „Welcher Gesichtspunkt ist Ihnen wichtiger: ... oder ... ?" (Auch hier empfiehlt sich ein Vorgehen nach der → Methode des Paarvergleichs.)

(9) **Entscheidung**
Das Ergebnis des Abwägens ergibt die Entscheidung, ob eine geplante oder gefällte Entscheidung oder Handlung nach den individuellen Kriterien moralisch oder zielführend ist oder war.
Beispiel: Der Patient entscheidet sich nach durchgeführter Gewichtung für das weitere Zusammenleben und lernt, auf die Vorteile der abgewählten Alternative(n) zu verzichten, z.B. indem er sich wiederholt deutlich macht, *weshalb* er sich so entschieden hat, welche anderen Vorteile er dadurch gewonnen, welche Nachteile er dadurch vermieden hat.

Die regressive Abstraktion in normativen Diskursen. In das normative Phasenmodell sind die Schritte eingeflossen, die Horster für die regressive Abstraktion bei seinen beiden normativen Diskurstypen beschreibt (siehe Kapitel 3.1, S. 55). In obigem Modell fasse ich allerdings sein Vorgehen bei der ethisch-moralischen „Bewertung von Entscheidungsgründen" und jenes bei der „Entscheidung durch Abwägen von Aspekten" zusammen.

4.5 Sokratischer Dialog versus Disputation – Definitionen und Abgrenzung

Wir stellten bereits fest, dass Therapeuten sich im psychotherapeutischen „Sokratischen Dialog" bestimmter Techniken bedienen. Dies können neben der oben beschriebenen Methode der regressiven Abstraktion auch verschiedene Disputationstechniken sein, wie sie z.B. bei Ellis & Hoellen (1997), Wilken (1998) oder Hautzinger (2000a) beschrieben werden. Hierzu zählen:

Empirisches Disputieren. Die Behauptungen des Patienten werden auf ihren empirischen Wahrheitsgehalt und Realitätsbezug untersucht, z.B.: „Wie hoch ist Ihrer Meinung nach die Wahrscheinlichkeit, gebissen zu werden?" „Wie oft sind Sie schon auf dem Podium ohnmächtig geworden?" „Wie viele der in den letzten Monaten befragten Internisten und Notärzte kamen zu der Diagnose, dass Sie herzkrank sind?"

Logisches Disputieren. Die Schlussfolgerungen und Ableitungen des Patienten aus seinen Alltagsbeobachtungen werden auf Logik geprüft und/oder die Widersprüche innerhalb seiner Denkmuster aufgedeckt, z.B.: „Sie sagten vorhin ... und jetzt ... . Ich verstehe den Zusammenhang noch nicht. Können Sie ihn mir bitte erklären?" „Wieso heißt es, dass Sie dumm sind, sobald jemand über Sie lacht?" „Wieso sollte er nach *Ihren* Maßstäben leben, statt nach seinen eigenen?"

Hedonistisches oder funktionales Disputieren. Eine Entscheidung oder Handlung des Patienten wird daraufhin geprüft, ob sie seinen langfristigen (Lebens-) Zielen dient oder nicht und/oder ob Widersprüche zwischen seinen kurzfristigen und langfristigen Zielen bestehen, z.B.: „Wenn Sie nun abends mehr fernsehen, hilft Ihnen das dabei, einen neuen Partner zu finden?" „Was würde Ihren Zielen mehr dienen?" „Wobei hilft Ihnen dieser Gedanke/dieses Verhalten?" „Sie haben also gestern abend wieder getrunken und damit erfolgreich Ihre Angst bekämpft. Und wie beurteilen Sie heute diesen Erfolg?"

Normatives Disputieren. Hier wird untersucht, ob eine Entscheidung oder Handlung des Patienten seinen ethisch-moralischen Grundsätzen entspricht, oder nicht, z.B.: „Wie geht es Ihnen bei dem Gedanken, sich so zu verhalten?"

„Wie fänden Sie es, wenn Ihnen jemand so etwas sagte/machte/zufügte?" „Dürfen 'Freunde' sich so verhalten?" „Welche Ihrer Normen sprechen für/gegen so ein Verhalten?"

Für mich besteht das typische an der sokratischen Gesprächsführung nicht nur in dem immer wieder betonten speziellen Gesprächsstil, der durch eine nicht-wissende, naiv fragende, um Verständnis bemühte, zugewandte, akzeptierende Haltung des Therapeuten geprägt ist, sondern auch in der Dialogstrategie. Das heißt in der Art und Weise, wie das behauptete Wissen hinterfragt wird, so dass der Patient in den, für neue Erkenntnisse wichtigen (Ausgangs-) „Zustand der inneren Verwirrung" gerät, und wie der Therapeut (mit oder ohne Einsatz der regressiven Methode) in typisch ® mäeutischer Weise mit seinen Patienten zu anderen, funktionalen Erkenntnissen gelangt, ohne selbst neue, eigene Ansichten oder Wissen zu vermitteln.

Zur Reflexion und Widerlegung des Behaupteten und zum Aufbau alternativer funktionaler Sichtweisen bedienen sich Therapeuten verschiedener Frage- und Disputationstechniken, sie arbeiten mit Alltagsbeispielen, Analogien, Metaphern, Reframing-Methoden, Humor, Ironie, Überzeichnungen, Rollentausch, Modellen und Verhaltensübungen. Diese Methoden und Techniken sind zwar sehr effektiv im Sokratischen Dialog einsetzbar und somit wichtige Bestandteile desselben, sie bilden aber nicht die Methode selbst und sind auch nicht damit vergleichbar, denn die sokratische Gesprächsführung ist mehr als eine Aneinanderreihung verschiedener Fragestile und -techniken. Sie verläuft *strukturiert* und *prozessmäßig*.

DEFINITION

Der **psychotherapeutische Sokratische Dialog** bezeichnet einen philosophisch orientierten, durch eine nicht-wissende, naiv fragende, um Verständnis bemühte, zugewandte, akzeptierende Therapeutenhaltung geprägten Gesprächsstil, der chronologisch verschiedene Phasen durchläuft.
Er dient einzig der Zielsetzung, dass der Patient durch die geleiteten „naiven" Fragen des Therapeuten seine alte Sichtweise reflektiert, Widersprüche und Mängel erkennt, selbständig funktionale Einsichten und Erkenntnisse erarbeitet und seine alte, dysfunktionale Ansicht zu Gunsten der selbst- und eigenverantwortlich erstellten aufgibt. Hierzu bedienen Therapeuten sich verschiedener Frage- und Disputationstechniken und/oder der Methode der regressiven Abstraktion.

Der **explikative Sokratische Dialog** ist gekennzeichnet durch die gemeinsame Suche nach oder Klärung von Begriffen. Er beginnt mit einer konkreten Fragestellung aus dem Alltag des Patienten und endet mit der Formulierung einer funktionalen Definition, die in der Regel mit Hilfe der

---

$\rightarrow$ regressiven Abstraktion erarbeitet wird. Explikative Diskurse mit dem Ziel einer „negativen" Begriffsklärung enden mit dem Erreichen des „Zustands der inneren Verwirrung".

Der **normative Sokratische Dialog** dient der Prüfung, ob bestimmte Einstellungen oder Handlungen des Patienten gemäß seines Sozialisationshintergrundes, seiner ethisch-moralischen Grundeinstellung und seiner (Lebens-) Ziele moralisch oder zielführend sind. Er beginnt mit der Formulierung der Fragestellung, von einem konkreten Alltagsbeispiel ausgehend, und endet mit der Entscheidung des Patienten.

In Abgrenzung dazu soll unter **Diskussion** oder **Disputation** eine Dialogform verstanden werden, die eingesetzt wird, um einzelne Behauptungen, Vermutungen oder Schlussfolgerungen des Patienten auf empirische oder inhaltliche Logik, auf Zielgerichtetheit oder Normenverträglichkeit zu untersuchen und ggf. zu widerlegen.

Teil II

Praktische Beispiele für die sokratische Gesprächsführung

5 Sokratische Gesprächsführung in der Praxis

Nachfolgend wird die Anwendung der sokratischen Gesprächsführung durch Dialogbeispiele dargestellt und in ihren verschiedenen Varianten nachvollziehbar beschrieben.

Der Leser wird ermutigt, unter Zuhilfenahme der praktischen Leitfäden aus Teil I sowie der Hinweise und Kommentare zu den Beispieldialogen, die dargestellte Technik zu trainieren und im eigenen Arbeitsfeld als Therapeut, Berater oder Seelsorger einzusetzen. Denn gerade für änderungsresistente kognitive Umstrukturierungen hat sich der Sokratische Dialog als besonders geeignetes therapeutisches Instrumentarium erwiesen, mit dessen Hilfe dysfunktionale kognitive Schemata, Weltbilder und moralische Dogmen der Klienten herausgearbeitet, hinterfragt und – wenn notwendig – dauerhaft modifiziert werden können.

5.1 Einsatz in Psychotherapie, Beratung und Seelsorge

Vertreter diverser Therapieschulen nutzen diese Methode ebenso wie Berater und Seelsorger, um ihrer Klientel wichtige Grundlagen für eine psychisch gesunde Lebensweise zu vermitteln: Die Übernahme von Eigenverantwortung, den Mut zur Selbstbestimmung und das Festlegen eigener Lebensinhalte, Lebensziele und moralischer Normen.

Sokratische Dialoge werden in verschiedenen, besonders aber in humanistischen Therapieformen verwendet. So sieht z.B. Ellis (1973) in Adler einen Vertreter stoischen Gedankengutes und einen der Hauptmentoren für die Begründung der Rational-emotiven Therapie. Hierzu führt er (1973, S.112f) einige Textstellen Adlers als Beleg an.

Grundsätzlich scheint mir die sokratische Gesprächsführung sowohl in den verschiedenen psychoanalytischen, tiefen- und individualpsychologischen Schulen als auch bei den Gesprächs- und den Kognitiven (Verhaltens-)Therapeuten im Sinne des jeweiligen therapeutischen Konzepts sinnvoll integrier- und anwendbar.

Bedingt durch meinen eigenen Ausbildungshintergrund, werde ich mich im Kapitel 6 besonders mit der Beschreibung der sokratischen Methode im Rahmen der Kognitiven (Verhaltens-)Therapie befassen und gezielt Hinweise für deren Einsatz in den unterschiedlichen Phasen des Kognitiven (Verhaltens-)Therapie-Prozesses geben sowie dazu jeweils für die einzelnen Phasen spezielle Themenbereiche anführen.

Für die praktische Umsetzung in anderen Verfahren verweise ich auf Autoren dieser Therapierichtungen, für den psychoanalytischen Bereich z.B. auf Chessick (1971, 1977, 1982, 1992).

Die Fallbeispiele in den Kapiteln 7 und 8 sind – bis auf 7.1 – nicht spezifisch für eine bestimmte therapeutische Ausrichtung. Die behandelten Themen können in dieser Form Therapieschulen übergreifend eingesetzt werden und besitzen auch für Berater und Seelsorger eine hohe praktische Relevanz.

5.2 Indikation und Kontraindikation

Indikation für sokratische Gesprächsführung

Indiziert ist die sokratische Gesprächsführung in ihrer unter Kapitel 4.4 beschriebenen Form vor allem dort, wo es um Begriffsklärungen geht oder darum, das Denken eines Patienten auf Moral oder Zieladäquatheit zu untersuchen.

Mit Hilfe der explikativen oder normativen Dispute werden die Patienten zu einer vertieften Auseinandersetzung, klareren Beschreibung, präziseren Prüfung auf Zielgerichtetheit und letztendlich zu einem besseren Verständnis der verwendeten Begriffe geführt, die für ihre emotionalen Probleme (mit-)verantwortlich sind.

Einzeltherapie. In der Einzeltherapie – der wohl überwiegenden Form des Therapie-Settings – werden mit Hilfe der sokratischen Gesprächsführung bestimmte Normen, Einstellungen oder Zielsetzungen von Patienten auf Realitätsbezug, Logik und Zielgerichtetheit geprüft. Bei unzureichender Definition oder Erklärbarkeit wird der Patient durch die naiv fragende Haltung des Therapeuten zur Einsicht in sein Nicht-Wissen um das Behauptete geführt, um ihn dann, auf dem Zustand dieser „inneren Verwirrung" aufbauend, zu motivieren, eine *für ihn persönlich* gültige Definition zu finden, die seinen ethisch-moralischen Normen und den eigenen (Lebens-)Zielsetzungen entspricht.

Gruppentherapie. Durch den erarbeiteten Konsens in der Gruppe, der Familie oder der Paarbeziehung wird die gemeinsame Kommunikationsgrundlage verbessert und die Möglichkeit gefördert, gemeinsame widerspruchsfreie (Lebens-)Ziele zu formulieren.

Sowohl im Einzel- als auch im Gruppen-Setting wird die Methode häufig auch in klassisch sokratischer Weise zum Zwecke einer „negativen" Definition verwandt: Der Therapeut möchte seine Patienten dadurch nicht nur zu der Erkenntnis führen, dass das behauptete Wissen um einen verwendeten Begriff so nicht ausreicht, sondern dass eine objektive, allgemein gültige Begriffsdefinition überhaupt unmöglich ist.

Wie wir es auch immer definieren wollen: Die „absolute Sicherheit", den objektiven „menschlichen Wert" oder den „wahren" Sinn des Lebens gibt es nicht.

Hier sind die Patienten gefordert, jeder einzeln für sich festzulegen, was sie darunter verstehen möchten, und dann auch selbst für ihre Sichtweisen und daraus resultierende Handlungen die Verantwortung zu übernehmen.

In bestimmten Fällen wird die Methode auch eingesetzt, um zunächst die Erkenntnis des Nicht-Wissens und den Zustand der „inneren Verwirrung" herbeizuführen, um danach – nun ohne den zuvor zu erwartenden Widerstand – neue Sichtweisen zu erarbeiten und zu verankern, die für die weitere therapeutische Arbeit elementar sind.

Indikation für Disputationstechniken

Indikationen für Disputationstechniken finden sich im Rahmen einer Kognitiven (Verhaltens-)Therapie beispielsweise während der → ABC-Besprechung oder der → Selbstanalyse von Emotionen, wenn der Therapeut einzelne irrationale oder übertriebene Behauptungen des Patienten („Dann wäre alles aus!") angreift („Garantiert *alles*?") und widerlegen lässt („Na ja, vielleicht nicht alles, aber...").

Diese Vorgehensweise bietet sich immer dann an, wenn die emotionalen Probleme in erster Linie durch einzelne übertriebene oder unrealistische Erwartungen oder unlogische Schlussfolgerungen entstanden sind.

Ein derartiges Vorgehen in Form einer „empirischen Disputation" (Wilken, 1998) bezeichnet Ellis (u.a. in: Ellis & Hoellen, 1997) als „uneleganten Weg" zur Widerlegung irrationaler Denkmuster. Seine Alternative, der „elegante Weg", entspricht weitgehend dem oben beschriebenen Vorgehen des psychotherapeutischen Sokratischen Dialogs. Hier wird die zugrunde liegende Problematik des Patienten (z.B. die inadäquate Form der Selbstwertbestimmung) zum Thema gemacht und explikativ untersucht, wie z.B.: „Angenommen, wirklich niemand würde Sie noch lieben: Was würde das für Sie bedeuten?" „Ich wäre dann ein Niemand!"

Kontraindikation für sokratische Gesprächsführung

Wie für den Einsatz der meisten psychotherapeutischen Verfahren ohnehin, gilt auch für die Indikation der sokratischen Gesprächsführung die Minimalanforderung, dass die Patienten zumindest in der Lage sein müssen, ihr eigenes Denken zu erfassen, zu beschreiben und zu reflektieren.

Ist dies nicht der Fall, ist die Methode kontraindiziert. (Mahoney, 1974, führt hierzu ein Beispiel mit einem psychotischen Patienten in einer akuten Phase an.) Ungeeignet ist die Methode auch:

▶ solange der Therapeut sich noch nicht über die der Störung zugrunde liegenden Problematik(en) im Klaren ist
▶ wenn noch keine tragfähige Therapeut-Klient-Beziehung besteht (siehe u.a. Rückert, 1983; Ellis & Hoellen, 1997)
▶ wenn nicht genügend Zeit ist oder nicht genügend Sitzungen zur Verfügung stehen, um den Dialog zu einem Ende zu bringen

- wenn der Patient nicht zur Mitarbeit bereit ist
- wenn der Patient seine Denkweisen, Normen und Ziele nicht offenbaren will oder keine Veränderung wünscht
- wenn der Therapeut bestimmte Anforderungen nicht erfüllt (siehe Kapitel 5.4)

5.3   Vor- und Nachteile der Methode

Vorteile

Der Erfolg einer kognitiven Umstrukturierung hängt ganz entscheidend davon ab, wie sehr der Patient von neuen Einsichten überzeugt ist. Es wäre wenig damit gedient, ihm lediglich weitere, neue Einsichten zu vermitteln, die er dann zwar hören und verstehen kann, wenn er aber weiterhin seine alte Überzeugung bevorzugt und glaubt. Zunächst muss daher der Glaube an seine alte Norm oder Sichtweise erschüttert werden. Dies geschieht am einfachsten, wenn er selbst deren Unstimmigkeiten oder Fehler entdeckt, denn damit wird sie auch für ihn – im wahrsten Sinne des Wortes – unglaubwürdig.

Sozialpsychologische Untersuchungen haben gezeigt (siehe u.a. Linden & Hautzinger, 1993; Lückert & Lückert, 1994; Hoffmann, 1979; Rosen & Wyer, 1972; Janis & Feshbach, 1953, 1954), dass mit Hilfe der sokratischen Methode besonders deutliche und nachhaltige Meinungsänderungen erzielt werden können, da sie wegen der oben angeführten Gründe zu besonders resistenten kognitiven Umstrukturierungen führen.

Die Haltung des Therapeuten in der sokratischen Methode senkt die Wahrscheinlichkeit immens, dass der Patient den Therapeuten für sein nun „zerstörtes" Modell verantwortlich macht und darauf entsprechend mit Gegenwehr, Widerstand oder gar mit weiterer Verstärkung seines Selbstwertproblems reagiert.

Zudem wird der Klient seine „selbst erarbeiteten" Ansichten künftig vehementer verteidigen als fremde – wie z.B. die, die er durch sophistische Belehrung vom Therapeuten übernommen hätte. Sieht er die neuen Erkenntnisse als „eigene Leistung" an, wirkt dies positiv auf sein Selbstvertrauen und seine Selbsteinschätzung, hat doch „er selbst" die Lösung für sein Problem gefunden.

Die größten Vorteile der sokratischen Methode liegen aber sicherlich in der schon von Nelson (1929) betonten Stärkung der Eigenverantwortlichkeit, in der Förderung selbständigen Denkens und in der geringeren Manipulierbarkeit durch Außenstehende.

Nachteile

Der Vorteil der Methode (besonders effektive und stabile Einstellungsänderungen zu bewirken) kann (nach Mahoney, 1974) jedoch auch schnell zum Nachteil werden, wenn deren Einsatz nachlässig gehandhabt wird und so zu falschen Ergebnissen führt. Da der menschliche Organismus eher ein bestätigender als ein widerlegender ist, neigen wir eher dazu, Belege für einmal gefasste Meinungen zu suchen. Wenn sich daher die im Sokratischen Dialog erarbeiteten Ergebnisse im nachhinein als „falsch" oder „zielinadäquat" erweisen und der Therapeut erneut in Frage stellen muss, was er gerade mit dem Patienten erarbeitet hat, führt das oft zu erheblichen Problemen, da die neu erarbeitete Sichtweise nun ziemlich veränderungsresistent ist.

Problematisch ist die Anwendung der Methode auch dann, wenn der Therapeut zeitlich, inhaltlich oder von der Befähigung her nicht in der Lage ist, den Dialog auch zu Ende zu führen. Es könnte sich für den Patienten (und dessen Selbstvertrauen) als nachteilig erweisen, wenn der Therapeut zwar auf sokratische Weise dessen altes Modell unglaubwürdig erscheinen lässt und seinen Patienten so in den Zustand der „inneren Verwirrung" führt, ihn dann aber dort alleine lässt, ohne gemeinsam mit ihm eine andere, funktionale Sichtweise zu erarbeiten.

Besonders nachteilig erscheint die sokratische Methode in der Anwendung von Therapeuten, die „erstrebenswerte Therapieziele" für ihre Patienten selbst nach den eigenen Maßstäben festlegen, die keine Einsicht, Bereitschaft oder Fähigkeit besitzen, andere Lebensphilosophien, Moralvorstellungen oder (Lebens-)Zielsetzungen als gleichrangig zu akzeptieren und die „Therapie" in Form missionarischen Eifers betreiben, um ihren Patienten eigene Ideale und Ziele zu oktroyieren.

5.4 Anforderungen an Therapeuten

Zunächst einmal muss der Therapeut natürlich mit dem Wesen dieser Dialogform und mit ihrer Methode der regressiven Abstraktion vertraut sein.

Aus der Definition des Vernunft-, Erkenntnis- und Wahrheitsbegriffs folgt, dass der Therapeut in der Lage und Willens sein muss, die Gleichwertigkeit verschiedener „Erkenntnisse" und „Wahrheiten" zu akzeptieren und zu tolerieren. Dies verlangt seine Einsicht, Bereitschaft und Fähigkeit, andere Lebensphilosophien, Moralvorstellungen und Wertmaßstäbe neben den eigenen, selbst bevorzugten, als gleichwertig zu akzeptieren und jede Form missionarischen Wirkens zu unterlassen.

Der Therapeut muss bereit, fähig und hinreichend geduldig sein, um offen und vorbehaltsfrei die Positionen, die Sozialisationshintergründe und die ethisch-moralische Grundhaltungen seiner Patienten durch Erfragen und Beobachten zu erfassen, zu begreifen und zur alleinigen Entscheidungsgrundlage dafür zu machen, ob Lösungen oder Sichtweisen „vernünftig" und „richtig" sind oder eben nicht. Seine eigene Lebensphilosophie, seine „Vernunft" und seine „Wahrheiten" haben dabei außen vor zu bleiben und sollten weder implizit noch explizit mit „bekehrendem Eifer" auf die Patienten übertragen werden.

Dies bedeutet auch, dass der Therapeut eine Lebensphilosophie vertritt *und* *lebt*, in der es kein objektives „wahr" oder „falsch", „moralisch" oder „unmoralisch", „erstrebenswert" oder „unwichtig" gibt, und dass er andere Normen, Denkweisen, Moralvorstellungen und (Lebens-)Ziele akzeptieren kann, ohne sie als Angriff auf eigene Werte oder „Wahrheiten" zu erleben.

Der Therapeut muss selbstbewusst genug sein, als „naiver" Frager zu erscheinen, auf den Nimbus des allwissenden Fachmanns zu verzichten und dem Patienten den Erfolg seiner therapeutischen Arbeit zu überlassen.

6 Sokratischer Dialog und Kognitive (Verhaltens-)Therapie

Kognitive (Verhaltens-)Therapeuten berufen sich in besonderem Maße auf die geistigen Väter der sokratischen Gesprächsführung, und ihre Grundaussagen sind eng verwandt mit den Lehren der → Stoa. Eine exzellente Darstellung des stoischen Gedankenguts im Vergleich zu dem der kognitiven Ansätze liefert Montgomery (1993). Zum besseren Verständnis dieser Therapiemethode blicken wir zunächst kurz auf deren Entstehung, auf die Unterschiede zur orthodoxen Verhaltenstherapie und betrachten dann diverse Einsatzmöglichkeiten für Sokratische Dialoge im Therapieprozess der Kognitiven (Verhaltens-) Therapie.

6.1   Entstehung der Kognitiven (Verhaltens-)Therapie

Behaviorismus

Skinner. Die Entwicklung der Verhaltenstherapie ist eng verknüpft mit der Erforschung der → Lerngesetze, der Formulierung der Lern- und → Verstärkerprinzipien und der Bewegung des → „Behaviorismus" nach Watson in der ersten Hälfte des 20. Jahrhunderts. Die verhaltenstherapeutische Bewegung beginnt mit dem 1953 von Skinner eingeführten Terminus „behavior therapy". Mit seiner „Verhaltenstherapie" verfolgt Skinner das Ziel, neurotische und psychotische Symptome durch Um- und Verlernen abzubauen. Lernen wird dabei im Sinne der behavioristischen Theorie als → Reiz-Reaktions-Zusammenhang gesehen.

Die Formulierung des Skinner'schen Konzepts trifft zeitlich zusammen mit dem Beginn einer bildungspolitischen Bestrebung an den Universitäten, die Psychologie aus dem Fachbereich Philosophie herauszulösen und als eigenständige Naturwissenschaft zu etablieren. Dazu bedarf es natürlich auch der Übernahme empirisch-naturwissenschaftlicher Forschungskriterien wie der Forderung nach Objektivität, Reliabilität und Validität. Und genau diesem Anspruch sieht sich die zu dieser Zeit in den USA boomende verhaltenstherapeutische Schule um Skinner mit ihrem radikal behavioristischen Ansatz verpflichtet: Nur objektiv beobachtbare, messbare Größen werden akzeptiert, andere wichtige, aber nicht objektiv erfassbare Faktoren wie Emotionen, Kognitionen oder Motivation werden bei der Erklärung psychischen Erlebens ausgeschlossen (Skinner, 1974). Dem entsprechend erkennen Mahoney & Gabriel

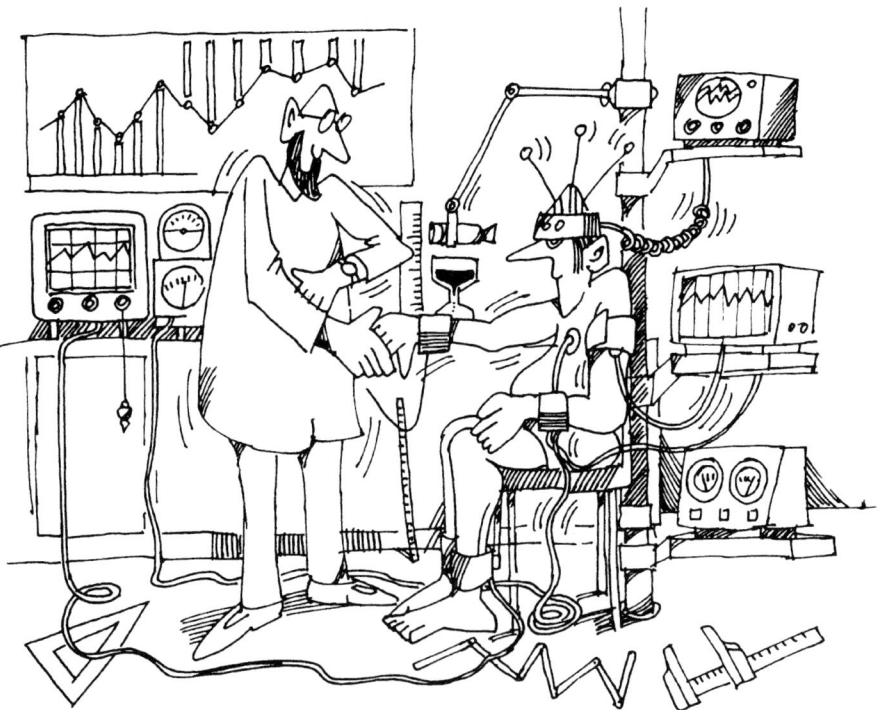

Verhaltenstherapeut beim Datensammeln

(1987) in behavioristischen Theorien hauptsächlich funktionalistisches Gedankengut. Funktionalistische Theorien unterstreichen die Reaktivität der menschlichen Natur, so z.B. Watson, Skinner, Wolpe und andere Behavioristen, die axiomatisch unterstellen, dass Verhalten eine Funktion der Umweltbedingungen darstellt.

Eindimensionale Kausalitätsmodelle. Während der 60er Jahre des 20. Jahrhunderts gibt es hauptsächlich zwei divergierende psychotherapeutische Richtungen: Die, die auf interne und die, die auf externe Determinanten zur Erklärung menschlichen Verhaltens fokussieren. Beide Schulen vertreten dabei ein lineares, eindimensionales Kausalitätsmodell mit dichotomen Ansichten hinsichtlich möglicher Veränderungsansätze (Mahoney & Gabriel, 1987). Während die frühen kognitiven Ansätze von Kelly, Rotter, Ellis, Beck und Bandura die Notwendigkeit zentraler kognitiver und symbolischer Mechanismen als notwendige Voraussetzung für Veränderungen beschwören, lehnen die meisten Behavioristen den Einbezug als reine Blasphemie ab (Mahoney, 1974).

Auch heute noch ist der Untersuchungsgegenstand orthodoxer Verhaltenstherapeuten in der Nachfolge Skinners in erster Linie objektiv beobachtbares, empirisch messbares *Verhalten*. Eine dauerhafte Lösung psychischer Probleme versprechen sie sich durch die gezielte und geplante Veränderung dieser Verhaltensweisen. Durch Neu- oder Umlernen soll das Individuum neue Erfahrungen sammeln und so seine Symptome bewältigen.

Dieses Vorgehen ist also strikt verhaltens- und symptomorientiert. Kognitive Ansätze werden weiterhin als unwissenschaftlich und damit unqualifiziert angesehen (Mahoney & Gabriel, 1987; Davison & Neale, 1998).

Kognitive Ansätze

„Kognitive" Therapeuten und Therapieforscher bezweifeln die von Behavioristen unterstellte extreme Umweltabhängigkeit menschlichen Verhaltens und lehnen deren lineares Kausalitätsmodell ab. Sie behaupten, dass Menschen ausschließlich auf ihr eigenes dynamisches Repräsentationsmodell der Welt reagierten und nicht auf „wahre" Realität.

Auch Ellis und Beck haben sich mit der Restriktion durch naturwissenschaftliche Prinzipien und dem → epistemologischen und → metaphysischen Puritanismus Skinnerscher Prägung nicht zufrieden geben wollen.

Ellis. Ellis sieht (1962) Gefühle in typisch stoischer Tradition als eine Art von Bewertungen oder Denkweisen, die stark durch vorherige Wahrnehmung oder Erfahrungen bestimmt oder beeinflusst werden. Er meint, dass emotionale oder psychische Erkrankungen größtenteils das Resultat unlogischer, irrationaler Denkmuster sind, und dass man diese überwinden könne, wenn man lernt, die rationalen Sichtweisen zu maximieren und die irrationalen zu minimieren. Damit unterstreicht er nicht nur die Eigenverantwortlichkeit für emotionales Erleben und für das Verhalten, sondern er zeigt damit auch die Möglichkeit, *wie* darauf selbstverantwortlich Einfluss zu nehmen ist.

Beck. Beck, ursprünglich ein psychoanalytischer Therapeut wie auch Ellis, kritisiert (1976) an den seinerzeit dominierenden psychotherapeutischen Schulen (der traditionellen Neuropsychiatrie, der Psychoanalyse und der Verhaltenstherapie) deren grundlegende Annahme, dass emotional gestörte Menschen hilflose Opfer verborgener oder unbewusster Kräfte seien, über die sie keinen Einfluss haben. Im Gegensatz zum Behaviorismus, zur neuropsychiatrischen Sichtweise und zur abstrakten klassischen psychoanalytischen Position beinhaltet Becks *kognitiver* Ansatz sowohl bewusste und unbewusste Einstellungen als auch beobachtbares Geschehen. Seine Erklärungsgrößen sind die durch Selbstbeobachtung zugänglichen *Interpretationen* und *Bewertungen* von Ereignissen, nicht die Ereignisse selbst. Auch er unterstützt damit, wie schon zuvor Ellis, die These von der weitgehenden Eigenverantwortlichkeit für seelische Zustände.

Interaktionistische Kausalitätsmodelle. Kognitiven Therapeuten und Therapieforschern geht es in erster Linie darum, wie Menschen Umgebungsreize or-

Kognitiver Verhaltenstherapeut beim Bearbeiten von Normen

ganisieren, wie sie externe oder interne Wahrnehmung aktiv interpretieren und bewerten, und wie die derart individuell verarbeiteten Reize emotionales Erleben und Verhalten beeinflussen. Die damit verbundene Verletzung naturwissenschaftlicher Forschungskriterien nehmen sie dabei bewusst in Kauf, um nicht auf so wichtige, nicht objektiv erfassbare Größen wie Emotionen, Einstellungen, Bewertungen, Präferenzen, Motivation, Ziele und andere kognitive Faktoren bei der Erklärung psychischen Erlebens verzichten zu müssen.

Skinner lehnt diesen Ansatz (1977) mit der Begründung ab, dass Kognitive Therapeuten damit interne Surrogate für eigentliches Verhalten schafften, die sie dann zum Gegenstand ihrer Untersuchungen machten. Er sieht im kognitiven Ansatz den Rückschritt auf ein früheres → phänomenologisches System, das dem der verschiedenen psychoanalytischen Theorien und anderen nicht-empirischen (und damit unwissenschaftlichen) Erklärungsmodellen für menschliches Verhalten gleiche.

Kognitive Therapeuten bestreiten nicht, dass sie mit ihrem Modell wichtige empirische, naturwissenschaftliche Qualitätsstandards und Forderungen verletzen, halten dies aber für wenig bedeutsam, da sie sich in erster Linie der Geisteswissenschaft und nicht der Naturwissenschaft verpflichtet sehen, so z.B. Ellis, der in genuiner philosophischen Tradition mit seiner „eleganten" Form der Disputation bevorzugt die irrationalen Lebensphilosophien seiner Patienten angreift. Auch für Beck (1985) ist Kognitive Therapie zu allererst interaktionistisch und nicht empirisch, denn emotionale Befindlichkeit sieht er als Ergebnis der Interaktion von Verstand und Wahrnehmung.

Philosophische Fragestellungen. Diesen Ansichten folgend, beginnt in den 60er und 70er Jahren die „kognitive Wende" bei einem Teil der Verhaltenstherapeuten. „Kognitive" Psychotherapeuten wie Ellis (1973), Beck (1976), Maultsby (1975), Meichenbaum (1977), Mahoney & Freeman (1985) verlassen mit ihren Modellen den Boden der empirischen Naturwissenschaften und wenden sich verstärkt philosophischen Fragestellungen zu. Im Mittelpunkt ihres Interesses steht dabei, wie Menschen interne und externe Stimuli wahrnehmen, speichern und verarbeiten, welche Restriktionen, Verzerrungen und Probleme dabei auftreten können und welche emotionalen Konsequenzen ihnen dann daraus erwachsen. Zu diesem Zweck bedienen sie sich verschiedener therapeutischer „Werkzeuge" wie der → „ABC-Methode" (Ellis, 1977), der → „Rational-Self-Analysis"/RSA (Maultsby, 1975) oder der → „Selbstanalyse von Emotionen"/SAE (Stavemann, 1982, 1995, 2001), mit deren Hilfe sie ihren Patienten zu Erkenntnissen über bewusste und unbewusste Kognitionen und die damit zusammenhängenden emotionalen Reaktionen verhelfen.

Der anschließende Prozess, in dem die herausgearbeiteten Bewertungssysteme auf Realitätsbezug, Logik und Funktionalität/Zielgerichtetheit geprüft und aufgedeckte dysfunktionale Kognitionen verändert werden, wird als „kognitive Umstrukturierung" bezeichnet und kennzeichnet alle Formen kognitiver Therapiemodelle. Ihr Veränderungsansatz ist klar kognitiv und problemorientiert, d. h., er zielt nicht auf die Symptomebene, wie bei der orthodoxen Verhaltenstherapie, sondern auf die ihr zugrunde liegende Problematik: auf die generalisierten dysfunktionalen Sichtweisen, Denkmuster und Normen.

Die Fähigkeiten und Fertigkeiten, die eine erfolgreiche kognitive Umstrukturierungen fördern, sind interaktionistisch, und der Weg dorthin führt häufig über philosophische Betrachtungen.

Aktuelle Entwicklungen. Die in den letzten Jahrzehnten betriebene Weiterentwicklung der Kognitiven (Verhaltens-)Therapien zu multimodalen, mehrdimensionalen Erklärungsmodellen beschreiben u.a. Mahoney (1977, 1991) und Scholz (2000). Für Letzteren stellt die Kognitive Verhaltenstherapie mit ihren verschiedenen Paradigmen und Richtungen mehr dar als lediglich einen Anhang oder Anteil der klassischen Verhaltenstherapie, wenn er resümiert, dass es überwiegend der Kognitiven Verhaltenstherapie zu verdanken sei, wenn die Verhaltenstherapie heute als erfolgreiches Therapiekonzept gelte. Denn unter versorgungsepidemiologischen Gesichtspunkten gäbe es heute praktisch keine klassische Verhaltenstherapie mehr, sondern nur noch eine kognitive. Letztere habe sich darüber hinaus auch im Hinblick auf die Wirksamkeitsforschung als führend etabliert. Andererseits sei aber auch die Kognitive Verhaltenstherapie mit ihren neuen narrativ-entwicklungskonstruktivistischen Tendenzen dabei, sich wieder der klassischen Verhaltenstherapie anzunähern.

6.2   Phasen der kognitiven Umstrukturierung

Wie oben beschrieben, ist das Kennzeichnende aller Formen Kognitiver (Verhaltens-)Therapien der Prozess der kognitiven Umstrukturierung. Diesen werden wir nun genauer betrachten:

Davison & Neale verstehen (1998) die kognitive Umstrukturierung als Modifikation der Denkmuster, die man als verantwortlich für eine emotionale Störung oder gestörtes Verhalten ansieht. Sie unterscheiden dabei unterschiedliches Vorgehen bei den verschiedenen Schulen. So erkennen sie z.B. als Unterschied zwischen dem Vorgehen von Beck und Ellis, dass Beck in einem gemeinsamen induktiven Prozess darum bemüht sei, zusammen mit seinen Patienten deren dysfunktionale Grundannahmen aufzuspüren, während Ellis die irrationalen Schemata seiner Patienten auf deduktive Vorgehensweise zu ermitteln suche. Ein regressives Vorgehen können die Autoren offensichtlich bei beiden nicht erkennen.

Verschiedene Schwerpunkte. Auch Wilken (1998) sieht Therapieschulen spezifische Unterschiede bei der Durchführung kognitiver Umstrukturierungen. Die Autorin stellt die Ansätze von Ellis, Beck und Meichenbaum gegenüber und beschreibt deren unterschiedliche Schwerpunkte im Vorgehen: Während Ellis primär den Einfluss irrationaler Grundmuster und Lebensphilosophien und Beck die Bedeutung von Denkfehlern bei der Realitätswahrnehmung und -interpretation betone, fokussiere Meichenbaum auf die Selbstverbalisation und Selbstinstruktion in konkreten Situationen. Entsprechend sieht Försterling (1980a) die Unterschiede zwischen diesen Ansätzen als Betonung des philosophischen Vorgehens bei Ellis, des empirischen bei Beck und des technischen bei Meichenbaum.

Aktuelle Annäherungen. Wilken (1998) erkennt jedoch ein Aufeinander-zu-Bewegen dieser drei Richtungen. So betont Beck (Beck & Freeman, 1993) neuerdings die therapeutische Bedeutung, nicht unmittelbar bewusste Grundannahmen zu identifizieren und zu bearbeiten, wie dies bereits Ellis für seine irrationalen Grundannahmen fordert. Ellis seinerseits räumt ein, dass sein „eleganter" Disputationsweg nicht immer ausreicht, um die irrationalen Prämissen der Patienten direkt, unmittelbar und dauerhaft zu verändern, da häufig auch die daraus abgeleiteten dysfunktionalen Realitätswahrnehmungen und -interpretationen verändert werden müssten. Ellis wie Beck betonen zudem nun auch die Wichtigkeit zielführender Kognitionen und Skripte sensu

Meichenbaum für einen Therapieerfolg. Andererseits nähert sich auch Meichenbaum der Sichtweise von Ellis und Beck, wenn er (1991) betont, dass es nicht ausreiche, die Patienten lediglich zieladäquate (Bewältigungs-)Kognitionen üben zu lassen. Hierzu bedürfe es eines tatsächlichen Verständnisses und einer Einsicht in dieselben, um sie wirksam werden zu lassen. Hierbei helfe ein philosophischer oder empirischer Disput, wie ihn Ellis oder Beck praktizieren.

Kognitive Umstrukturierung. Der Prozess der kognitiven Umstrukturierung im Rahmen einer Kognitiven (Verhaltens-)Therapie lässt sich in 5 Phasen unterteilen und beschreiben (Stavemann, 1982, 1995, 2001; Wilken, 1998):

(1) Die Modellvermittlung:
Was sind/wie entstehen Gefühle? Was kann man tun, um unangemessene oder unangemessen starke Emotionen zu verändern? Vermittlung des → ABC- und/oder → SAE-Modells.

(2) Identifikation dysfunktionaler Kognitionen:
Mit Hilfe von → ABC- Modellen oder → SAE werden die irrationalen oder dysfunktionalen Kognitionen herausgearbeitet.

(3) Diskussion oder Disputation identifizierter dysfunktionaler Kognitionen:
Überprüfung der Realitätsbezogenheit und Zielgerichtetheit, Wahrscheinlichkeitsprüfung und Prüfung auf logische Konsistenz, Betrachtung alternativer Möglichkeiten, Wissensvermittlung, Erklärungen, Einsatz von Disputationsmethoden und Sokratischen Dialogen.

(4) Erstellen der neuen, zielführenden Denkweisen:
Das Ergebnis der Disputation unter (3) führt zur Formulierung einer neuen rationalen oder funktionalen Denkweise (B^{neu}).

(5) Training des B^{neu} auf drei Ebenen:
(1) Training auf der inhaltlich-logischen Ebene mit Hilfe von → ABC- oder → SAE-Modellen.
(2) Training auf der Vorstellungsebene, z.B. Vorstellungsübungen, rational-emotive Imagination (REI) und Traumreisen.
(3) Training auf der Verhaltensebene, z.B. rationale Verhaltensübungen (RVÜ), systematische In-vivo-Übungen mit sukzessiv steigendem Schwierigkeitsgrad mit Hilfe von Übungsleitern, „shame-attacking exercises".

Wilken (1998) unterscheidet die Disputationsmethoden der Phase 3 in verschiedene Untertypen: 1. Kognitive Disputation (dazu zählt sie den Sokratischen Dialog, „Bibliotherapie" und ABC-Aufgaben), 2. Emotive Methoden der Disputation (z.B. bei der rational-emotiven Imagination), 3. Verhaltensorientierte Disputation (z.B. während rationaler Verhaltensübungen).

Eine derartige Differenzierung scheint mir unzweckmäßig, da sich dabei weder die Disputations*methoden* noch die -*techniken* unterscheiden. Es ändert sich lediglich die Ebene ihres Einsatzes, so dass man diese angemessener unter (5) beschreiben kann (Stavemann, 1995) als:

(1) Disputationen auf der logisch-rationalen Ebene
(z.B. während der Erstellung und Besprechung von ABC- oder SAE-Modellen),

(2) Disputationen auf der Vorstellungsebene
(z.B. innerhalb von Vorstellungsübungen, REI, Traumreisen),

(3) Disputationen auf der Verhaltensebene
(z.B. bei der Durchführung von Verhaltensübungen, RVÜ, In-vivo-Trainings).

Nachdem wir nun die einzelnen Phasen im Prozess der kognitiven Umstrukturierung betrachtet haben, schauen wir jetzt, wo genau sie im Rahmen eines spezifischen Therapieplans eingesetzt werden können.

6.3   Struktur der Kognitiven (Verhaltens-)Therapie

Betrachtet man die verschiedenen Kognitiven (Verhaltens-)Therapiemodelle, so lassen sich daraus folgende Phasen ableiten und beschreiben:

(1) Erstkontakt:
Herausarbeiten des emotionalen Problems, erste diagnostische Einordnung, Therapiemotivation und Krankheitseinsicht prüfen, organisatorische Fragen klären.

(2) Explorations- und Diagnosephase:
Exploration, diagnostische Verfahren, Verhaltens- und Problemanalyse, Diagnose, Behandlungsziel festlegen, Behandlungsplan erstellen.

(3) Lebenszielanalyse und Lebenszielplanung: (falls problemrelevant)
Herausarbeiten vorhandener Lebensziele und Prüfung auf Funktionalität und logische Konsistenz, ggf. Neuerstellung bzw. Aufbau von Lebenszielen.

(4) Wissensvermittlung und Krankheitseinsicht: (falls problemrelevant)
Vermittlung krankheitsbezogener Informationen, z.B. bei psychosomatischen Erkrankungen: Wie funktioniert der Kreislauf? Zusammenhang zwischen seelischen Stress-/hohen Erregungsniveaus und organischen Reaktionen aufzeigen, Zusammenhänge zwischen selbst initiiertem Erregungsanstieg (z.B. durch internen Alarm) und physiologischen Reaktionen (z.B. Herzrasen, Erröten) erklären, Reattribution der dysfunktionalen Erklärungen.

(5) Vermittlung des Kognitiven (Verhaltens-)Therapie-Modells:
Modelleinführung, Vermittlung des Kognitiven (Verhaltens-)Therapie-Instrumentariums, z.B. des ABC- und/oder SAE-Modells, Erklärung des Behandlungsplans.

(6) Behandlungsphase 1: Erarbeiten der dysfunktionalen Kognitionen
Üben des → ABC-/SAE-Modells und Aufspüren der dysfunktionalen Kognitionen, Training auf der inhaltlich-logischen Ebene.

(7) Behandlungsphase 2: Disputation der dysfunktionalen Kognitionen
Diskussion der Zielsetzungen und der im ABC-/SAE-Modell erarbeiteten dysfunktionalen Denkmuster, Aufbau alternativer, funktionaler Kognitionen (B^{neu}).

(8) Behandlungsphase 3: Training der funktionalen Denkmuster
Üben der B^{neu} auf der Vorstellungsebene (z.B. mit rational-emotiver Imagination/REI) und auf der Verhaltensebene (z.B. mit rationalen Verhaltensübungen/RVÜ).

Es ergeben sich verschiedene Einsatzmöglichkeiten des Sokratischen Dialogs im Rahmen der Kognitiven (Verhaltens-)Therapie. Diese betrachten wir nun.

6.4 Themen Sokratischer Dialoge in der Kognitiven (Verhaltens-)Therapie

Die Anwendung des Sokratischen Dialogs setzt das Vorliegen eines Themas, einer dysfunktionalen Grundüberzeugung, Lebensphilosophie oder Moralvorstellung voraus. Er wird in der Regel nicht eingesetzt, wenn die emotionalen Probleme in erster Linie durch einzelne übertriebene oder unrealistische Erwartungen oder unlogische Schlussfolgerungen entstanden sind, denn dann reicht oftmals eine einfache Disputation zur Widerlegung aus.

Besonders bei Selbstwertproblemen ist der Sokratische Dialog jedoch das Mittel der Wahl, um die Kriterien der Selbstwertschöpfung zu verändern. Bei depressiven Patienten ist damit die meist unbeantwortete Frage nach dem *Sinn des Lebens* und den persönlichen *Lebenszielen* zu bearbeiten, und bei Patienten mit Ärger- oder Wutproblemen (dazu gehören auch eine Vielzahl der Patienten mit psychosomatischen Beschwerden) können damit deren rigide Normen und Moralvorstellungen aufgeweicht, *richtig* und *falsch*, *gut* und *schlecht* relativiert werden.

Weitere Indizien für den sinnvollen Einsatz sokratischer Dialogführung liegen vor, wenn Patienten Schlüsselbegriffe verwenden oder Forderungen aufstellen wie: *Sicherheit*, *Gerechtigkeit*, *Perfektionismus* oder *Irrtumsfreiheit*, *unbedingte Anerkennung* oder *Liebe*, *Ewigkeit* oder *Beständigkeit*.

Betrachten wir nun die Einsatzmöglichkeiten für Sokratische Dialoge (im oben beschriebenen Verständnis) innerhalb der kognitiven Umstrukturierung im Rahmen eines Kognitiven (Verhaltens-)Therapie-Ablauf-Modells (siehe Kapitel 6.3), so bieten sich hierzu besonders die Phasen 3, 4, 5 und 7 an. Nachfolgend sind hierzu jeweils einige Beispielthemen angeführt.

Themen Sokratischer Dialoge in einzelnen Behandlungsplan-Phasen bei Kognitiver (Verhaltens-)Therapie:

Phase: Thematische Schwerpunkte:

(1) Erstkontakt:
Herausarbeiten des emotionalen Problems, erste diagnostische Einordnung, Therapiemotivation und Krankheitseinsicht prüfen, organisatorische Fragen klären.

(2) Explorations- und Diagnosephase:
Exploration, diagnostische Verfahren, Verhaltens- und Problemanalyse, Diagnose, Behandlungsziel festlegen, Behandlungsplan erstellen.

(3) **Lebenszielanalyse und Lebenszielplanung:** (falls problemrelevant)
Herausarbeiten vorhandener Lebensziele und Prüfung auf Funktionalität und logische Konsistenz, ggf. Neuerstellung bzw. Aufbau von Lebenszielen.
Themen: „Was ist ein erfülltes Leben?", „Was will ich in meinem Leben getan oder erreicht haben, um später sagen zu können: 'Das war gut so!'?"

(4) **Wissensvermittlung und Krankheitseinsicht:** (falls problemrelevant)
Vermittlung krankheitsbezogener Informationen, z.B. bei psychosomatischen Erkrankungen: Wie funktioniert der Kreislauf? Zusammenhang zwischen seelischen Stress- oder hohen Erregungsniveaus und organischen Reaktionen aufzeigen, Zusammenhänge zwischen selbst initiiertem Erregungsanstieg (z.B. durch „internen Alarm") und physiologischen Reaktionen (z.B. Herzrasen, Erröten) erklären, Reattribution der dysfunktionalen Erklärungen.
Themen: „Was bedeutet der Erregungsanstieg?", „Was ist daran gefährlich oder schlecht?", „Was ist 'Sicherheit'?"

(5) **Vermittlung des Kognitiven (Verhaltens-)Therapie-Modells:**
Modelleinführung, Vermittlung des Kognitiven (Verhaltens-)Therapie Instrumentariums, z.B. des → ABC- und/oder SAE-Modells, Erklärung des Behandlungsplans.
Themen: „Was sind Gefühle, und wie oder wodurch entstehen sie?"

(6) Behandlungsphase 1: Erarbeiten der dysfunktionalen Kognitionen
Üben des ABC-/SAE-Modells und Aufspüren der dysfunktionalen Kognitionen, Training auf der inhaltlich-logischen Ebene.

(7)   **Behandlungsphase 2: Disputation der dysfunktionalen Kognitionen**
Diskussion der Zielsetzungen und der im → ABC-/SAE-Modell erarbeiteten dysfunktionalen Denkmuster, Aufbau alternativer, funktionaler Kognitionen (B^{neu}).
**Themen: „Wie bestimmt man den Wert eines Menschen?", „Wie
bestimme ich meinen eigenen Wert?", „Was ist unerträglich, katastrophal?", „Was ist 'wichtig'?", „Was ist 'Sicherheit'? Wozu
braucht man sie?", „Was ist 'gerecht'?" „Was ist 'richtig' oder
'falsch'? Woran kann man das erkennen?", „Wieso *muss* der/die/
das so sein?"**

(8)   Behandlungsphase 3: Training der funktionalen Denkmuster
Üben der B^{neu} auf der Vorstellungsebene (z.B. mit rational-emotiver
Imagination/REI) und auf der Verhaltensebene (z.B. mit rationalen
Verhaltensübungen/RVÜ).

Mit diesen Einsatzmöglichkeiten werden wir uns nun näher befassen und exemplarisch einige Sokratische Dialoge zu diesen Themenbereichen betrachten.

7 Die *explikative* sokratische Gesprächsführung zur Klärung von Begriffen

Wir betrachten nun zunächst einige Beispiele für die explikative sokratische Gesprächsführung, wo es um Begriffsbestimmungen im weiteren Sinne geht. In allen nachfolgenden Beispielen steht T für Therapeut und P für Patient.

7.1 Thema: „Wodurch entstehen Gefühle?" — Ein Dialog zur impliziten Einführung in das kognitive Modell

Zu den KVT-spezifischen Themen in Phase 5 des in Kapitel 6.4 beschriebenen KVT-Behandlungsplans gehört auch die Vermittlung des kognitiven Modells, insbesondere die Beantwortung der Fragen: Was sind Gefühle? Und: Wie oder wodurch entstehen Gefühle?

Normalerweise erhalten die Patienten diese beiden Fragestellungen als Hausaufgabe, d.h., sie sollen sich hierzu Gedanken machen und die Ergebnisse aufschreiben.

Der erste Teil der Aufgabe dient der Vorbereitung einer Definition, was im Rahmen der Therapie künftig unter „Gefühlen" oder „Emotionen" verstanden werden soll. Hier lernen die Patienten zwischen Emotionen, Kognitionen, physiologischen Begleitsymptomen von Emotionen, Körpergefühlen und Situationen zu differenzieren (siehe z.B.: Stavemann, 2001; S.15ff). In der Regel vermittelt der Therapeut hierzu seine eigene Sichtweise („...wenn ich künftig von Gefühlen spreche, dann meine ich damit ...."), nimmt eine Zuordnung der vom Patienten aufgeschriebenen „Gefühle" in die obigen Kategorien vor und begründet seine Einteilung. Fehlende Gefühlsdimensionen des → „Gefühlssterns" (Stavemann, 2001, S.14) werden zusammen mit dem Patienten ergänzt.

Da es sich bei dieser Fragestellung um eine klassische Begriffsklärung handelt, ließe sich diese natürlich auch hervorragend mit einem explikativen Sokratischen Dialog bearbeiten. Für die zeitlich begrenzte psychotherapeutische Arbeit empfiehlt sich hier jedoch eine eher dogmatische Vermittlung, da die gemeinsame Begriffsbestimmung für das weitere Vorgehen nicht bedeutsam genug ist, um die dafür notwendige Therapiezeit aufzuwenden. Der Widerstand von Seiten des Patienten ist so lange unwahrscheinlich, wie der Therapeut darauf achtet zu betonen, dass diese Einteilung seine eigene Sichtweise darstellt und nur eine von vielen möglichen ist, dass sie aber gut funktioniere – und wenn er dann den Patienten fragt, ob er sie auch einmal ausprobieren möchte.

(Das Ergebnis eines Sokratischen Dialogs zu diesem Thema in einer Ausbildungsgruppe von Psychotherapeuten lässt sich folgendermaßen zusammenfassen: Gefühlsbegriffe sind Konstrukte. Es gibt sie nicht als eigenständige Größen, sondern sie sind das Ergebnis aus dem Zusammenwirken von Erregungszuständen und Situationsbewertungen. Dabei bestimmen die Bewertungen die Gefühlsqualitäten und die Erregungszustände deren Intensitäten.)

Nachdem der Therapeut seine Definition vermittelt hat, geht es im zweiten Teil der Hausaufgabe um die Fragestellung, wie oder wodurch Gefühle entstehen, und damit um *die* zentrale Grundaussage der Kognitiven (Verhaltens-) Therapie. Der Therapeut will mit dem Patienten herausarbeiten, dass Emotionen Ergebnisse kognitiver Prozesse sind, dass sie durch eine Veränderung letzterer modifizierbar werden und – daraus folgend –, dass wir für unser emotionales Erleben selbst verantwortlich sind und maßgeblich zum Abbau emotionaler Turbulenzen beitragen können.

Diese Einsicht ist derart bedeutsam, dass sie dem Patienten nicht einfach mitgeteilt, sondern dass er grundlegend und einsichtsgeleitet davon überzeugt werden sollte. Dies geschieht am einfachsten und dauerhaftesten mit Hilfe der sokratischen Gesprächsführung:

▶ Zunächst bemüht sich der Therapeut zu verstehen, wie das bisherige Modell seines Patienten aussieht. In der Regel entspricht es nicht dem, was er vermitteln möchte. (Falls doch, wäre der Sokratische Dialog hinfällig.)

▶ Er sucht nun nach Inkonsistenzen, unlogischen Behauptungen oder Ableitungen und Widersprüchen im Modell des Patienten.

▶ Wird er fündig, formuliert er seinen Einwand nicht als Kritik oder Widerlegung, sondern zeigt lediglich sein Unvermögen, diesen Teil des Modells zu begreifen. Er stellt hierzu kurze, naive Fragen, die der Patient nicht logisch, sinnvoll modellkonform beantworten kann. Dies macht er so lange, bis der Patient erkennt, dass an seiner Sichtweise etwas nicht stimmt, dass sein altes Modell nicht dazu taugt, die aufgeworfene Frage sinnvoll und umfassend zu beantworten.

▶ Meist ist der Patient erst jetzt bereit, nach neuen, anderen Erklärungen zu suchen. Diesen Suchprozess beschreiten Patient und Therapeut gemeinsam, indem der Therapeut Beispiele erfragt oder vorgibt, um daran zu klären, wie oder wodurch darin die emotionalen Reaktionen entstehen oder gesteuert werden.

▶ Ziel des Dialogs ist, dass der Patient sich die Einsicht erarbeitet, dass es seine Bewertungen sind, die seine Gefühle bestimmen, und dass es an ihm liegt, diese durch eine Modifikation seiner Bewertungen zu verändern.

Dadurch, dass der Patient seine neue Sichtweise, sein neues Modell „selbst" erarbeitet und erstellt, soll der mögliche Widerstand gegen „oktroyierte" Erkenntnisse und Wahrheiten vermieden werden. Der Patient wird künftig eher für die „eigene" neue Erkenntnis kämpfen, als er dies für eine fremde getan hätte. Darüber hinaus dient es dem Aufbau seines Selbstvertrauens und der Steigerung seiner Eigenverantwortlichkeit, wenn er *sich* den Erfolg für dieses neue Modell zuschreiben kann.

Fallbeispiel
(1) Auswahl des Themas
T: „Okay, nachdem wir nun herausgearbeitet haben, was wir meinen,   (1)
wenn wir hier künftig Worte wie 'Gefühl' oder 'Emotion' benutzen,
lassen Sie uns nun zum zweiten Teil Ihrer Hausaufgabe kommen:
'Wie oder wodurch entstehen Gefühle?' Haben Sie dazu etwas aufgeschrieben?"

P: „Ja."

T: „Bitte lesen Sie's mir vor."

(2) Erster Definitionsversuch des P
P: „Gefühle sind seelische Stimmungen, die entstehen, wenn etwas ge-   (2)
schieht, etwas auf mich einwirkt."

T: „Hm. Können Sie mir das genauer beschreiben?"   (3)

P: „Nein."

(3) Konkretisierung der Fragestellung und Herstellung des Alltags-bezugs
T: „Es würde mir helfen, das zu verstehen, wenn Sie dafür ein konkre-   (4)
tes Beispiel aus Ihrem Alltag hätten."

P: „Hm." (Kurze Pause.) „Wenn meine Freundin und all meine Freunde mich auslachen und sich von mir abwendeten, würde ich mich
sehr einsam fühlen."

T: „Einsam? Ist das, nach dem, was wir eben besprochen haben, ein   (5)
Gefühl?"

P: (Denkt nach, schaut auf seine Aufzeichnungen.) „Nein, das ist entweder eine Einschätzung oder ein Zustand."

Kommentar
(1) Festlegung der Ausgangsfrage: „Wie oder wodurch entstehen Gefühle".
(2) Unvollständiger erster Definitionsversuch.
(3) Versuch einer Konkretisierung
(4) Konkretisierung und Herstellung des Alltagsbezugs.
(5) T greift die unvollständige Antwort des P auf, um das unter Teil 1 Erarbeitete („Was sind Gefühle?") zu wiederholen und zu festigen.

T: „Genau. Und wie würden *Sie* sich fühlen, wenn Ihre Freundin und (6)
all Ihre Freunde sich von Ihnen abwendeten?"
P: „Sehr traurig." (Schluckt.)

(4) Weitere Konkretisierung durch Aufteilung in Subthemen
T: „Ah ja. Und wodurch genau ist dann diese Traurigkeit entstanden?" (7)
P: „Durch das Verlassenwerden."
T: „Sie meinen, Trauer entsteht dadurch, dass jemand verlassen wird?" (8)
P: „Ja."

(5) Beginn der Widerlegung (Subthema „Trauer")
T: „Immer?"
P: „Ja."
T: „Immer gleich stark?" (9)
P: „Das hängt davon ab."
T: „Wovon?"
P: „Wie wichtig einer jemandem ist."
T: „Wie meinen Sie das?" (10)
P: „Wie wichtig ich jemanden für mich finde. Wie gern ich ihn habe."
T: „Ah ja. Und wenn Sie von jemandem verlassen werden, den Sie gar
nicht mögen und den Sie total unwichtig finden?"
P: (Lächelt.) „Dann wär' ich vielleicht ganz froh."
T: „Das kriege ich nun nicht mehr unter einen Hut mit Ihrer ersten
Aussage: 'Wenn jemand verlassen wird, entsteht Trauer'. Können
Sie mir das erklären?" (11)
P: „Das passt so nicht...." (12)
T: „Hm."

---

(6) T fragt hier bewusst direkt nach dem Gefühl auf die Situation hin, ohne
vorher die Bewertung des P anzugeben, da diese ja noch im Dialog erarbeitet werden soll.

(7) Unterteilung des alten Untersuchungsgegenstands in Subthemen: „Wodurch entsteht Trauer?"

(8) Spiegelung des ersten, unvollständigen Definitionsversuchs und Formulierung des Satzes, den es zu widerlegen gilt: „Trauer entsteht durch Verlassenwerden."

(9) T hätte auch schon die Generalisierung angreifen können, z.B. durch die
Frage: „Auch wenn Sie von Menschen verlassen werden, die Sie hassen?"

(10) Konkretisierung

(11) Erste Konfrontation mit widersprüchlichen Behauptungen

(6) Hinführung (Subthema „Trauer")

P: „Man wird dann traurig, wenn man von jemandem verlassen wird, (13) den man gern hat."

T: „Ah ja. Und wer entscheidet, wen Sie gern haben?" (14)

P: „Ich!"

T: „Hm. Wodurch entsteht nun genau Trauer?" (15)

P: „Trauer entsteht, wenn man von jemandem verlassen wird, den man (16) toll oder wichtig findet."

T: „Verstehe. Gibt es noch andere Gründe, traurig zu werden?" (17)

P: (Längere Pause.) „Ich war mal ziemlich lange traurig, als ich bei einer abgeblitzt bin, die ich unheimlich toll fand."

T: „Wo Sie nicht bekommen haben, was Sie gerne gehabt hätten?" (18)

P: „Genau!"

T: „Und wie fanden Sie das?" (19)

P: „Echt schade!"

T: „Wie könnte man das in Ihre Definition einarbeiten?"

(7) Ergebnis (Subthema „Trauer")

P: (Kurze Pause.) „Vielleicht so: 'Trauer entsteht, weil ich es schade (16) oder schlimm finde, wenn ich etwas verliere, was ich gerne behalten hätte oder nicht bekomme, was ich gerne bekommen hätte.'"

T: „Ja. Das kann ich nachvollziehen. Nun wissen wir also, wie Trauer entsteht. Aber wie ist das mit den anderen Gefühlen?" (20)

P: (Pause.) „Am einfachsten kann ich das auf Freude übertragen: Ich (21) freue mich, wenn ich bekomme, was ich gerne hätte oder nicht bekomme, was ich nicht haben mag."

T: „Hm, und wie fänden Sie das, wenn Sie bekommen, was Sie gern (19) haben und nicht bekommen, was Sie nicht mögen?"

---

(12) P ist im Zustand der „inneren Verwirrung".

(13) Neuer unvollständiger Definitionsversuch des Subthemas.

(14) Diese Frage dient zur späteren Klärung der Verantwortlichkeit für emotionale Reaktionen.

(15) T leitet zurück zum Subthema: „Wodurch entsteht Trauer?"

(16) Neuer unvollständiger Definitionsversuch des Subthemas.

(17) T versucht, eine allgemein gültige Definition zu erarbeiten.

(18) T spiegelt mit anderen, zum letzten Definitionsversuch passenden Worten.

(19) T erfragt die Bewertung (B3).

(20) T führt zurück zum Ausgangsthema und fragt nach einer generellen Aussage hierzu.

(21) P beantwortet ein neues Subthema: „Wie entsteht Freude?"

P: „Na, toll! Super!"

T: „Okay. Das verstehe ich. Und, ganz allgemein, wie entstehen Gefühle?" (20)

P: „Hm." (Längere Pause.) „Ärgern tue ich mich, wenn sich jemand (22) unmöglich verhält."

(3) Konkretisierung und Herstellung des Alltagsbezugs (Subthema „Ärger")

T: „Haben Sie dafür ein konkretes Beispiel?" (23)

P: „Ja. Ein ganz frisches! Gestern Abend auf der Party bei unseren Freunden, da hat Anne, meine Freundin, vor allen gesagt, dass es die wenigsten Männer schaffen, eine Frau zum Orgasmus zu bringen. Das fand ich *unmöglich* von ihr! Bestimmt haben alle geglaubt, sie meint mich damit!"

(5) Beginn der Wiederlegung (Subthema „Ärger")

T: „Und als sie das sagte, wurden Sie *sofort* wütend?" (24)

P: „Äh, ...nein. Zuerst fand ich das unendlich peinlich."

Einschub: Subthema „Scham"

T: „Und welches Gefühl hatten Sie in dem Moment?" (25)

P: „Ja, peinlich eben. Scham. Ich hab' mich wohl irgendwie dafür geschämt."

T: „Weil Sie das peinlich fanden, dass die anderen nun garantiert den- (26) ken, dass Sie Ihre Freundin nicht zum Orgasmus bringen können?"

P: „Ja. Genau."

T: „Und der Ärger? Wollten Sie nicht ein konkretes Beispiel für die (27) Entstehung von Ärger geben?"

P: „Doch. Aber der kam erst danach."

T: „Und woher kam der?"

P: „Na ja, weil sie mich in so eine peinliche Situation gebracht hat!" (28)

---

(22) P eröffnet ein neues Subthema: „Wie entsteht Ärger?"

(23) T konkretisiert und stellt den Bezug zum Alltag des P her.

(24) T prüft den Zeitbezug und die Hypothese, dass die Wut des P zeitlich später als Reaktion auf eine Ursachenzuschreibung für eine zuvor erlebte Scham erfolgte.

(25) T stellt den → Bewertung (B3)-Gefühl (C1)-Bezug her (siehe z.B.: Stavemann, 1999).

(26) Wie 25.

(27) T leitet zurück zum Subthema: „Wie entsteht Ärger?"

(28) P macht eine Ursachenzuschreibung: Die Freundin ist schuld, dass er sich schämen muss.

T: „Fanden die anderen die Situation auch peinlich?" (29)

P: „Nee, die haben sich köstlich über meine roten Ohren amüsiert!"

T: „Ja, war es denn nun eine 'peinliche Situation', oder empfanden Sie das nur so?"

P: „Ich fand's total peinlich!"

T: „…und haben sich geschämt. So weit versteh' ich das. Aber wodurch (30) entstand Ihr Ärger?"

P: „Weil Anne mich in so eine Situation gebracht hat. Sie hätte das (31) wissen müssen! Ich finde das unmöglich von ihr!"

T: „Sie meinen, sie war schuld, dass Sie sich so geschämt haben und (32) fanden das unmöglich von ihr?"

P: „Genau!"

(5) Weiterführung der Widerlegung (Subthema „Ärger")

T: „Das versteh' ich noch nicht ganz. Wie kann sie durch ihr Verhalten (33) ein bestimmtes Gefühl bei Ihnen auslösen?"

P: „Weil sie mich in diese peinliche Situation gebracht hat!"

T: „Was ist das, eine 'peinliche Situation'?" (34)

P: „Na hören Sie! Erzählen Sie mir nicht, dass *Sie* sich noch *nie* geschämt haben!"

T: „Ich hab' mich in meinem Leben auch schon geschämt, weil *ich* et- (35) was peinlich fand. Aber: Was hat das mit der Situation zu tun? Was kann *die* dafür, wenn *ich* sie peinlich finde?"

P: „Also gut, ich fand' s peinlich."

T: „Und die anderen nicht."

P: „Ganz im Gegenteil."

T: „Und wer hat entschieden, das peinlich zu finden?" (36)

P: „Ich."

T: „Also, noch mal zurück zu meiner Frage: Wie kann Anne bei Ihnen (37) Ärger auslösen, ohne dass Sie dagegen etwas tun könnten?"

P: „Na ja, sie kennt mich doch. Sie weiß ganz genau, dass mir so was peinlich ist!"

---

(29) T greift die Bezeichnung „peinliche Situation" an.

(30) Wie 27.

(31) Wie 28.

(32) T lässt sich die irrationale Ursachenzuschreibung des P bestätigen.

(33) Angriff der Behauptung, Gefühle entstünden durch andere.

(34) T greift erneut die Bezeichnung „peinliche Situation" an.

(35) T stellt erneut den → Bewertung (B3)-Gefühl (C1)-Bezug her.

(36) Wie 14: Diese Frage dient zur späteren Klärung der Verantwortlichkeit für emotionale Reaktionen.

(37) Wie 33.

T: „Sie weiß, dass Sie das bisher immer peinlich fanden?" (38)

P: „Genau. Ich finde das unmöglich von ihr, dass sie mich da so vor-führt."

T: „Sind Sie ärgerlich auf sie, weil sie das gesagt hat, oder weil Sie das (39) unmöglich von ihr finden, so etwas zu sagen?"

P: „Beides."

T: „Das verstehe ich noch nicht. Wenn durch ihren Satz Ärger ausge- (40) löst wird, wieso sind dann die anderen nicht zwangsläufig auch är-gerlich?"

P: „Weil *die* das irre komisch fanden!"

T: „Und *Sie* nicht." (41)

P: „Na klasse. Hätt' ich das etwa komisch finden sollen?"

T: „Keine Ahnung. Hätten Sie es komisch finden *können*?" (42)

P: Vielleicht, wenn's die Frau von meinem Freund gesagt hätte und er 'ne Bombe bekommt." (P. grinst.)

(6) Hinführung (Subthema „Ärger")

T: „Wodurch ist dann Ihr Ärger entstanden? Weil Anne etwas gesagt (43) hat, oder weil Sie es unmöglich von ihr fanden, das sie es gesagt hat?"

P: „Weil ich's unmöglich finde."

(6) Hinführung und Versuch einer regressiven Abstraktion aus den Ergebnissen der Subthemen

T: „Ja. So kann ich das verstehen. Das erscheint mir schlüssig. Sie ha- (44) ben mir nun erklärt, wie Trauer, Freude, Scham und Ärger entste-hen. Doch kommen wir nun zurück zu unserer Ausgangsfrage: 'Wie oder wodurch entstehen Gefühle?', nicht jedes einzelne für sich, sondern ganz allgemein. Haben Sie dazu nun eine Idee?"

P: (Längere Pause.) „Das ist schwer."

---

(38) T konkretisiert und differenziert zwischen „peinlich sein" und „peinlich finden".

(39) T konkretisiert und differenziert zwischen der Handlung und deren Be-wertung.

(40) T greift die Behauptung an, Gefühle entstünden durch andere.

(41) T bereitet die Einsicht vor, dass unterschiedliche Bewertungen zu unter-schiedlichen Emotionen führen.

(42) Wie 41.

(43) T leitet zurück zum Subthema: „Wodurch entsteht Ärger?" T konkretisiert und differenziert zwischen der Handlung und deren Bewertung.

(44) T fasst das Ergebnis der Subthemen zusammen, leitet zurück zum Aus-gangsthema und fragt nach einer → regressiven Abstraktion.

T: „Ja. Vielleicht schauen wir uns einmal ein Beispiel an. Eine Situation, in der verschiedene Menschen mit unterschiedlichen Gefühlen reagieren. Stellen Sie sich folgende Szene vor: Sie wollen bei Ihrem Lieblingsitaliener essen gehen, öffnen die Restauranttür und sehen, dass im Fernsehen gerade die Übertragung des Fußballspiels Italien gegen Deutschland läuft. In dem Moment, als Sie eintreten, schießen die Italiener ein Tor. Der Wirt und die Bedienung johlen vor Freude, zwei deutsche Gäste sind sauer und schweigen verdrießlich, drei ältere Damen auf der rechten Seite lässt das alles unbeeindruckt und gleichgültig. Sie konzentrieren sich weiter auf ihr (45) Essen. Können Sie sich das vorstellen?“

P: „Klar.“

T: „Und? Ist das möglich, dass die Menschen emotional so unterschiedlich auf den Torschuss der Italiener reagieren?“

P: „Na klar.“

T: „Wieso“? (46)

P: „Na, weil die das ganz unterschiedlich sehen! Die einen finden das affengeil, die anderen ziemlich scheiße. Und die drei Omas interessiert das nicht.“

T: „Und wodurch entstehen dann die Gefühle?“ (47)

P: „Na, durch den Torschuss...., nee, das reicht nicht.... Dadurch, wie die das finden, dass die ein Tor geschossen haben.“

T: „Ah ja. Und wie müssen sie es finden, um sich zu freuen, sich zu är- (48) gern oder gleichgültig zu sein?“

P: „Na, super, natürlich. Oder scheiße. Oder eben egal.“

T: „Hm. Das klingt logisch. Gilt das auch für Ihre anderen Beispiele, (49) die wir vorher besprochen haben?“

P: „Ich glaub’ schon....“

T: „Schauen wir doch noch mal genau hin: Wie müssen Sie etwas fin- (50) den, um traurig zu sein, wenn Sie etwas verloren haben, was Sie gern behalten hätten oder nicht bekommen, was Sie gern hätten?“

---

(45) T bringt ein Beispiel für unterschiedliche emotionale Reaktionen in derselben Situation, um die Unabhängigkeit der Gefühlsreaktion von der Situation aufzuzeigen.

(46) T möchte, dass P die Erklärung selbst findet.

(47) T versucht erneut, eine → regressive Abstraktion zu erhalten.

(48) T versucht, die Definition von P weiter zu untermauern und durch Beispiele zu stärken.

(49) Wie 48.

(50) T stellt die → B3-C1-Logik, die eineindeutige Beziehung zwischen der Bewertung eines Ereignisses (B3) und dem Gefühl (C1) her.

P: „Schade. Oder sehr schade. Schlimm."
T: „Und dann sind Sie traurig?" (51)
P: „Ja."
T: „Okay. Und wie müssen Sie etwas finden, wenn Sie sich freuen, (52)
weil Sie bekommen, was Sie möchten oder nicht bekommen, was
Sie nicht mögen?"
P: „Na, toll!"
T: „Und dann freuen Sie sich?" (53)
P: „Ja!"
T: „Okay. Und wie müssen Sie etwas finden, um sich zu schämen?" (54)
P: „Peinlich!"
T: „Und um sich zu ärgern?" (55)
P: „Sauerei!" (P grinst.)
T: „Worüber lachen Sie?"
P: „Ich glaub', ich hab's geschnallt."
T: „Was?"
P: „Wie Gefühle entstehen. Home made."
T: „Was meinen Sie damit?"
P: „Selbst gemacht."
T: „Und wie genau?"

(7) Ergebnis

P: „Na, man fühlt sich entsprechend, wie man etwas findet. Findet
man es peinlich, schämt man sich, findet man es toll, freut man
sich, findet man es eine Sauerei, ärgert man sich, und findet man es
schade oder schlimm, ist man traurig."
T: „Ja, das klingt einleuchtend und logisch. Und wie ist das mit Angst, (56)
Niedergeschlagenheit und Gleichgültigkeit? Wie muss man etwas
finden, um diese Gefühle zu haben?
P: „Hm. Bei Angst, hm, ...da fände ich etwas schlimm, gefährlich oder
furchtbar. Gleichgültigkeit ist einfach: Da finde ich etwas total egal.
Niedergeschlagenheit, ...hm, ...vielleicht hoffnungslos?"

---

(51) T stellt erneut die → Bewertung (B3)-Gefühl (C1)-Logik her.
(52) Wie 51.
(53) Wie 51.
(54) Wie 51.
(55) Wie 51.
(56) T bestärkt die Definition von P und versucht, diese durch weitere Beispiele zu untermauern.

T: „Ich finde Ihre Erklärung, wie Gefühle entstehen, ziemlich über- (57)
zeugend. Aber wenn das stimmt, was Sie sagen, dass Gefühle durch
unsere Bewertungen entstehen, dadurch, wie wir etwas finden, was
könnte dann jemand tun, der unter einem bestimmten Gefühl leidet und dies künftig nicht mehr möchte?"

P: „Er müsste das, was auch immer, anders finden."

T: „Meinen Sie, das kann man lernen?"

P: „Warum nicht?" (P grinst.) „Ich hab' ja auch schon öfter die Fan-
klubs gewechselt."

T: „Das finde ich plausibel. Lassen Sie uns doch Ihre neue Theorie mal
an einigen praktischen Beispielen überprüfen. Ich schlage vor, dass
Sie mir zum nächsten Mal einige Situationen aus Ihrem Alltag auf- (58)
schreiben, wo sich jemand auf eine bestimmte Weise fühlt, weil er
eine Situation so oder so gefunden hat. Wenn Sie Beispiele finden,
wo Ihr Modell scheinbar nicht funktioniert, schreiben Sie die bitte
auch auf, damit wir die dann gemeinsam genauer untersuchen können. Einverstanden?"

P: „Ja."

T: „Gut. Dann machen wir damit das nächste Mal weiter."

7.2 Thema: „Wie bestimmt man den Wert eines Menschen?" – Ein Dialog zum Standardthema bei Selbstwertproblemen

Selbstwertprobleme sind wohl mit Abstand der häufigste Anlass dafür, psychotherapeutische Hilfe zu suchen, egal ob ausgeprägt, mit inzwischen depressi-
ver, ängstlicher oder sozialphobischer Symptomatik oder noch als vage Selbst-
unsicherheit.

In der Regel entstehen Selbstwertprobleme durch inadäquate, irrationale oder
dysfunktionale Selbstbeurteilungsmaßstäbe, die nicht auf bestimmte Fähigkeiten
oder Qualitäten ausgerichtet sind, sondern die gesamte Person betreffen. Derart
pauschale Selbsteinschätzung oder Selbstbewertung führt, wenn sie entsprechend
schlecht ausfällt, schnell zu einem negativen Selbstkonzept und Selbstbild, zu
mangelndem Selbstvertrauen und letztlich zu ausgeprägten Selbstwertproblemen.

Ein Ziel der therapeutischen Intervention liegt dann in der Prüfung des verwendeten Selbstbeurteilungsmaßstabs und in der zu erarbeitenden Erkenntnis,

---

(57) T bestärkt die gefundene Abstraktion und möchte nun mit P erarbeiten,
was man tun kann, um krank machende Emotionen zu verändern.

(58) Wie 57. Findet P Gegenbeispiele, wird T diese in der nächsten Sitzung zu
widerlegen versuchen und sie in das „neue" Modell von P integrieren.

dass pauschale Bewertungen inadäquat, irrational und unzweckmäßig sind, zu emotionalen Problemen führen und sinnvollerweise durch die Bewertung einzelner Eigenschaften, Fähigkeiten oder Einstellungen ersetzt werden.

Im nachfolgenden Beispiel geht es um einen sozialphobischen Patienten mit Selbstwertinsuffizienz. Der Therapeut greift hierin die in einem → ABCZ-Modell (siehe z.B. Stavemann, 2001, S.168ff) enthaltene pauschale Selbstbeurteilung des Patienten auf und versucht, sie mit Hilfe eines Sokratischen Dialogs zu verändern. Dazu erfragt er zunächst den Selbstbeurteilungsmaßstab, prüft dessen Angemessenheit und führt den Patienten durch gezielte Fragen in den Zustand der „inneren Verwirrung", um danach gemeinsam nach alternativen, angemessenen Bewertungsmethoden zu suchen.

Fallbeispiel

Ausgangspunkt für den Sokratischen Dialog ist nachstehendes → ABCZ-Beispiel, das der Patient als Hausaufgabe angefertigt hat.

A Augenblickliche Situation	Montag, 18:30 Uhr, ich sitze zu Hause am Schreibtisch, schaue auf die Unterlagen vor mir.
B 1 persönliche Sichtweise	Morgen soll ich dieses Referat halten. Ich hatte 4 Wochen Zeit. Die erwarten nun einen exzellenten Beitrag.
B 2 Interpretation und vermutete Konsequenzen	Hoffentlich stellt niemand Fragen, die ich nicht beantworten kann. Ich wäre sonst total blamiert, alle würden mich auslachen und ich wäre total unten durch.
B 3 Bewertung	Das wäre entsetzlich peinlich!
C 1 Gefühl	Angst
C 2 Verhalten	physiologische Begleitsymptome: Erregungsanstieg, Herzklopfen Ich stehe auf und gehe im Zimmer herum.
Z 1 Zielgefühl	Zufriedenheit (Freude 1)
Z 2 Zielverhalten	Ich lese meine Unterlagen durch.

Nachdem P das ABCZ vorgelesen und T die innere Struktur und die Zielsetzungen auf Angemessenheit geprüft hat (zum Vorgehen siehe z.B. Stavemann,
1999), geht T direkt auf die enthaltene Hauptirrationalität ein und macht sie
zum Thema eines Sokratischen Dialogs. (Wir befinden uns hier in Phase 7 des
in Kapitel 6.3 beschriebenen KVT-Behandlungsplans.)

Hinführung zur Ausgangsfragestellung

T: „Sie sagen, wenn Sie eine Frage nicht beantworten können, sind Sie   (1)
   total unten durch. Bei den anderen oder bei sich selbst?"

P: „Sowohl, als auch. Ich würde mir dann total blöd vorkommen."

T: „Unterstellt, das sei so: Alle Zuhörer würden sich wiehernd auf die   (2)
   Schenkel schlagen, sich an die Stirn tippen und grölend auf Sie zeigen.
   Mir ist noch nicht ganz klar, weshalb *Sie* das auch tun sollten, weshalb
   Sie sich auch auslachen, abwerten oder schämen sollten. Weshalb?"

P: „Weil ich mich dann als totalen Versager sehe."

T: „Weil Sie die eine Frage nicht beantworten konnten?"   (3)

P: „Ja."

T: „Wie finden Sie Versager?"   (4)

P: „Minderwertig."

T: „Und wenn Sie morgen einen Fehler machen, empfinden Sie sich   (5)
   als Versager und demnach minderwertig?"

P: „Ja."

T: „Und wie finden Sie das, als minderwertig dazustehen?"   (6)

P: „Total peinlich!"

T: „Und wie fühlen Sie sich dann?"   (7)

P: „Ich schäme mich zu Tode und bin total down."

Kommentar

(1) T klärt, ob P mit „Fehler machen" Selbst- oder Fremdabwertung oder bei-
    des verbindet.

(2) T zeichnet das „Worst-case-Szenario" für P und hinterfragt dessen Selbst-
    abwertungsstrategie. (Dieses Vorgehen entspricht dem „elegant disputing"
    sensu Ellis.)

(3) T konkretisiert und prüft die pauschalisierende Selbstbewertung von P:
    „Wenn ich einen Fehler mache, bin ich ein Versager."

(4) T erfragt eine im ABCZ noch fehlende, wichtige Grundeinstellung (ein B1)
    von P: Wie ist P's Sichtweise in Bezug auf Versager?

(5) T klärt eine im ABCZ noch fehlende, wichtige Schlussfolgerung: „Wenn
    ich einen Fehler mache, bin ich minderwertig."

(6) T erfragt die Bewertung (B3) zum Scham-ABC.

(7) T will den Zusammenhang zwischen der Selbstbeurteilung und dem an-
    schließenden Gefühl aufzeigen.

T: „Das kann ich gut verstehen, wenn ich Ihren verwendeten Selbst- (8)
beurteilungsmaßstab berücksichtige. Wer sich als Versager und damit als minderwertig ansieht und das dann peinlich findet, der
muss sich schämen. Wenn ich es recht verstehe, geht es bei Ihrem
Problem darum, dass Sie häufig Angst haben, sich als minderwertig
herauszustellen und sich dann schämen zu müssen, weil Sie es so
peinlich finden, nicht fehlerfrei zu sein?"

P: „Genau!"

T: „Es geht dabei also stets um Ihren Selbstwert? Wenn Sie perfekt (9)
waren, finden Sie sich toll, wenn Sie einen Fehler machen, minderwertig?"

P: „Ja, so kann man das sagen... ."

T: „Ich möchte gern besser verstehen, wie Sie zu Ihrem Selbstbeurtei- (10)
lungsmaßstab kommen, denn davon scheint es ja wohl abzuhängen,
wie Sie sich fühlen. Wollen wir uns das einmal näher ansehen?"

P: „Ja. Können wir machen."

(1) Festlegung des Themas

T: „Wenn es also um Selbstwert geht, wonach bestimmen Sie den Wert (11)
eines Menschen und speziell den von sich selbst?"

P: (Nach längerer Pause) „Das ist schwer... ."

T: „Was genau fällt Ihnen schwer?" (12)

P: „Das so generell zu beantworten."

T: „Möchten Sie darüber erst noch einmal in Ruhe nachdenken?" (13)

P: „Ja, das muss ich wohl... ."

T: „Ich schlage vor, dass wir hiermit dann in der nächsten Sitzung weiter machen, um jetzt nicht zu viel Therapiezeit für das Nachdenken
aufzuwenden und dafür noch Ihre anderen ABCZ anzuschauen.
Einverstanden?"

P: „Ja, ist gut."

---

(8) T stellt explizit den Zusammenhang zwischen Denken und Fühlen her
und wiederholt die in vorherigen Sitzungen erarbeitete → B3-C1-Logik.

(9) T konkretisiert das Problem von P.

(10) T stellt erneut den Zusammenhang zwischen dem gewählten Selbstbeur-
teilungsmaßstab und dem emotionalen Problem her und holt sich den
Arbeitsauftrag, den Maßstab zu disputieren. Zum Thema „Wert eines
Menschen" siehe auch Ellis (1979b) und Herrmann (1999).

(11) Festlegen der Ausgangsfragestellung.

(12) T versucht die Aussage von P zu konkretisieren.

(13) T versucht herauszufinden, ob P zur Beantwortung dieser Frage mehr
Zeit benötigt, als T dafür in dieser Therapiestunde aufwenden möchte.

Fortsetzung nächste Therapiestunde:

T: „Haben Sie über unsere Fragestellung vom letzten Mal nachge- (14) dacht, wonach Sie den Wert eines Menschen und speziell den von sich selbst bestimmen?"

(2) Erster Definitionsversuch des P

P: „Ja." (P schaut auf seinen Zettel.) „Also, am wichtigsten sind mir so die moralische Eigenschaften, dass jemand ehrlich, vertrauenswürdig, gerecht und zuverlässig ist. Dann noch von der Leistung her, dass die Person intelligent, fleißig, erfolgreich und zielstrebig ist. Und dann die psychischen Eigenschaften, dass jemand selbstsicher auftritt, einerseits ernsthaft aber grundsätzlich eher lebensfroh gestimmt ist und eine positive Lebenseinstellung vertritt. Als soziale Eigenschaften sollte die Person konsensfähig sein, zuhören können und sich nicht ständig in den Mittelpunkt spielen. Na, und dann noch die äußerlichen Merkmale: Ästhetik, geschmackvolle Kleidung, Aussehen und gewandtes, selbstsicheres Auftreten."

---

(14) Wiederholung der Ausgangsfrage.

(3) Konkretisierung und Herstellung des Alltagsbezugs

T: „Und wer diese Eigenschaften erfüllt, ist ein wertvoller Mensch?" (15)

P: „Ja."

T: „Und wenn eine dieser Eigenschaften fehlt, dann ist jemand ein (16) wertloses Subjekt?"

P: „....Na, das nun nicht gerade. ...Aber weniger Wert, das schon."

T: „Hm. Ich hätte da gern ein konkretes Beispiel, um das besser zu (17) verstehen. Kennen Sie einen wertvollen Menschen?"

P: „Na klar. Meine Freundin, meine Eltern, mein Sohn aus erster Ehe, meine Freunde... ."

(5) Beginn der Widerlegung (18)

T: „Ah ja. Und die erfüllen alle Ihre genannten Kriterien zu 100 Prozent?"

P: „Hm..., das nun weniger." (19)

T: „Ach? Und trotzdem sind es wertvolle Menschen?"

P: „Ja, schon."

T: „Das versteh' ich nicht. Wie passt das zu Ihrer Forderung, wie wertvolle Menschen zu sein haben?"

P: „Stimmt. Das passt irgendwie nicht. Vielleicht habe ich da zu strenge Normen angelegt. Jedenfalls sind das für mich wertvolle Menschen."

T: „Obwohl sie manch' Mal gegen Ihre aufgestellten Eigenschaften verstoßen?"

P: (Grinsend) „Leider nur zu oft!"

T: „Zu oft, wofür?" (20)

P: „Öfter, als es mir lieb ist."

T: „Ah ja. Aber dennoch bleiben sie Ihnen wertvoll?"

P: „Ja."

---

(15) T geht hier nicht auf die ungeklärten Begriffe wie Gerechtigkeit, Ehrlichkeit, Zuverlässigkeit etc. ein (die, jeder für sich, Grundlage eines explikativen Sokratischen Dialogs sein könnten) sondern akzeptiert diese zunächst, um die Definition des P auf eine weniger Zeit intensive Art anzugreifen, indem er die Verknüpfung der einzelnen Eigenschaften untersucht. Günstiger wäre, wenn T hier und bei 14 und 17 statt „ist" die Formulierung „dann halten Sie ihn für" benutzt hätte, um den Unterschied zwischen Fakt und Bewertung herauszustellen.

(16) T polarisiert die Aussage, um P auf Alles-oder-nichts-Denken zu prüfen.

(17) T versucht die Definition des P zu konkretisieren und einen Alltagsbezug herzustellen.

(18) Beginn der Widerlegung. T konfrontiert P mit seiner aufgestellten Definition.

(19) Wie 18.

(20) T klärt den verwendeten Komparativ.

T: „Hm..., wie bringen Sie das unter einen Hut mit den aufgestellten Eigenschaften für wertvolle Menschen?"

P: „Die muss ich wohl relativieren."

T: „Oder Ihre Freundin, Ihre Eltern, Ihren Sohn aus erster Ehe, Ihre Freunde als wertlos ansehen."

P: „Nein! Das auf keinen Fall. Ich muss das relativieren."

T: „Und wie?"

(2) Neuer Definitionsversuch des P

P: „Hm..., (längere Pause, schaut auf seine Notizen) vielleicht so: Wertvolle Menschen sind *überwiegend* ehrlich, vertrauenswürdig, gerecht und zuverlässig, intelligent, fleißig, erfolgreich und zielstrebig, selbstsicher, ernsthaft, lebensfroh mit positiver Lebenseinstellung, konsensfähig, zuhören könnend und sich nicht ständig in den Mittelpunkt spielend, ästhetisch, geschmackvoll gekleidet und im Aussehen, gewandt und selbstsicher."

T: „Hm. Was meinen Sie denn mit überwiegend? Über 50 Prozent des Erreichbaren?" (21)

P: „Sie lassen aber auch nicht locker! (Grinst) Das weiß ich auch nicht so genau. Aber okay, ich sag' mal: über 75 Prozent."

(3) Konkretisierung und Herstellung des Alltagsbezugs

T: „Also, wer diese Eigenschaften zu über 75 Prozent des Erreichbaren hat, den finden Sie wertvoll?"

P: „Das klingt irgendwie komisch. Aber doch. Ja."

T: „Was genau finden Sie daran komisch?" (22)

P: „Das klingt so starr, so unflexibel und mechanistisch."

T: „Und das finden Sie komisch?" (22)

P: „Komisch nicht, aber schräge."

T: „Was meinen Sie damit?"

P: „Unrealistisch und unangemessen." (23)

T: „Wollen Sie Ihre Definition eines wertvollen Menschen verändern?" (24)

P: „Muss ich wohl... ."

T: „Und wie?" (24)

P: „Meine Güte, Sie nageln einen aber fest! Ich weiß das wirklich nicht. Kann ich nicht sagen!"

---

(21) T versucht, den unbestimmten Begriff „überwiegend" zu operationalisieren.

(22) T prüft, ob P seine alte Sichtweise bereits unglaubwürdig findet.

(23) Da P seine eigene Definition unglaubwürdig findet, entfällt hier die **(5)** Widerlegung.

(24) T leitet zurück zur Ausgangsfragestellung.

T: „Wollen Sie noch einmal in Ruhe zu Hause darüber nachdenken?" (25)

P: „Muss ich wohl… ."

T: „Okay, dann machen wir hiermit in der nächsten Stunde weiter. Kommen wir jetzt zu unserem anderen Thema von letzter Woche… ."

Fortsetzung in der nächsten Therapiestunde:

T: „Kommen wir auf unser Thema der letzten Stunde zurück: Wonach bestimmen Sie den Wert eines Menschen und speziell den von sich selbst. Haben Sie darüber nachgedacht?"

(2) Neuer Definitionsversuch des P

P: „Stundenlang! Das ist ungeheuer schwer zu sagen! Ich glaube, dass jemand aus den genannten Eigenschaften eine gewisse Menge besitzen muss, damit ich ihn als wertvollen Menschen akzeptiere."

(3) Konkretisierung und Herstellung des Alltagsbezugs

T: „So wie beim Mehrkampf, wo es auch nicht auf die Einzelleistung ankommt, sondern auf die insgesamt erreichte Punktzahl?"

P: Lachend: „Meine Güte, Sie haben eine Art, das auszudrücken! Das klingt so brutal, aber ich glaube, so mach' ich das."

T: „Wie viele Punkte braucht denn jemand, damit Sie ihn als wertvollen Menschen akzeptieren?" (26)

P: „Ich wusste, dass Sie das fragen. Meine Güte, woher soll ich das wissen?"

T: „Legen Sie denn nicht selbst fest, wen Sie als wertvollen Menschen ansehen, und wen nicht?" (27)

P: „Doch, das schon… ."

T: „Und wonach?"

P: „Mensch, Sie können einen vielleicht in die Enge treiben! (Längere Pause) Ich weiß das nicht… ."

T: „Möglicherweise ist es ja leichter, diesen Maßstab zu konkretisieren, wenn wir uns das an einem konkreten Beispiel betrachten. Wollen wir das 'mal probieren?"

P: „Okay."

---

(25) T vertagt die weitere Definitionssuche, da er vermutet, dass P nach weiteren Fehldefinitionen mit Widerstand reagiert. Zudem wäre eine jetzt herbeigeführte Lösung vermutlich nicht sehr überdauernd, da P wahrscheinlich danach weiter versuchte, sein altes Modell durch eine neue Definition zu retten.

(26) T versucht „eine gewisse Menge" zu operationalisieren.

(27) T versucht, dem aufkommenden Widerstand des P auszuweichen.

T: „Sie sagten ja das letzte Mal, dass es einige Menschen gibt, die Sie als wertvoll betrachten: Ihre Freundin, Ihre Eltern, Ihren Sohn aus erster Ehe, Ihre Freunde. Wie viele Punkte oder Prozent haben die denn?"

(5) Widerlegung (durch P)

P: „Oh Mann! (stöhnt) Das kann man doch gar nicht vergleichen! Die hab' ich doch alle auf eine unterschiedliche Art gern... ."

T: „Das versteh' ich jetzt nicht. Ist 'gern haben' für Sie identisch mit „ein wertvoller Mensch" sein?" (28)

P: „Ja."

T: „Also, alle Menschen, die Sie gern haben sind wertvolle Menschen und erfüllen eine bestimmte Mindestnorm, die es noch zu klären gilt, und Menschen, die diese Mindestnorm nicht erfüllen, sind nicht wertvoll, und die haben Sie auch nicht gern?" (29)

P: (Längere Pause) „Nee, so stimmt das nicht. Es gibt Leute, die finde ich zwar wertvoll für die Gesellschaft und so, aber die hab' ich nicht unbedingt gern. Die kenn' ich ja auch gar nicht persönlich. Und mein Kind hatte ich schon gern, als es nichts anderes konnte, als in die Windeln zu scheißen. Nee, so passt das nicht... ."

T: „Wie dann?"

P: „Gern haben und wertvoll sein sind verschiedene Dinge. Das hat nichts miteinander zu tun."

(3) Erneute Konkretisierung und Herstellung des Alltagsbezugs

T: „Okay, dann gehen wir zurück zu meiner Frage: Sie sagten ja das letzte Mal, dass es einige Menschen gibt, die Sie als wertvoll betrachten: Ihre Freundin, Ihre Eltern, Ihren Sohn aus erster Ehe, Ihre Freunde. Wie viele Punkte oder Prozent haben die denn?"

Exkurs (Störung)

P: (Schweigt längere Zeit, wippt mit dem Fuß und schaut auf den Boden)

T: „Worüber denken Sie gerade nach?" (30)

P: „Ich komm' mir total beknackt vor!"

T: „Weshalb?"

---

(28) P führt eine neue Qualität ein und T klärt, ob P beide Begriffe synonym verwendet.

(29) T konkretisiert die Aussage von P.

(30) T vermutet, dass P in Gedankenkreisen verfangen ist und möchte diese unterbrechen. Zudem vermutet er, dass P aufgrund seines Selbstwertproblems gerade abwertet und sein emotionales Problem auslebt.

P: „Nun sitzen wir hier schon die dritte Woche an diesem Thema, und ich weiß immer noch nicht, wie ich diese blöde Frage beantworten soll."

T: „Hm. Das scheint mir so eine ähnliche Situation zu sein wie die, die wir aus Ihrem ABCZ zum Anlass für diese Diskussion genommen haben: Wenn Sie nicht eine bestimmte Leistung bringen, z.B. Fragen nicht beantworten können, werten Sie sich dafür als dumm und wertlos ab, (31) finden das beknackt von sich und schämen sich dafür. Ist es das?"

P: „Ja."

T: „Und das machen Sie jetzt gerade auch so?"

P: „Ja."

T: „Wir sind ja gerade dabei, uns zu überlegen, was nach Ihren Maßstäben ein wertvoller Mensch ist, wann Sie etwas taugen, und wann nicht. Deswegen möchte ich jetzt auf diese Denkweise, die Sie gerade wieder einmal pflegen, nicht weiter eingehen, denn es ist ja nur ein weiteres Beispiel für das, was wir ohnehin gerade besprechen. Ist das okay?"

P: „Ja, das ist genau so, wie damals!"

T: „Nun, diese Denkweise werden Sie wohl nicht einfach abschalten (32) können, ebenso wenig, wie das damit verbundene Gefühl. Wollen wir trotzdem jetzt an diesem Thema weiterarbeiten, um herauszufinden, wonach Sie Menschen allgemein und sich im Speziellen auf- oder abwerten?"

P: „Ja."

T: „Okay, dann zurück zu unserer Fragestellung. Wissen Sie noch, was ich gerade fragte, oder soll ich's noch 'mal wiederholen?"

P: „Bitte, wiederholen Sie sie noch 'mal."

(3) Erneute Konkretisierung und Herstellung des Alltagsbezugs

T: „Wir waren dabei, Ihren Maßstab an einem Beispiel zu konkretisieren. Sie sagten, dass Sie Ihre Freundin, Ihre Eltern, Ihren Sohn aus erster Ehe, Ihre Freunde als wertvoll betrachten. Wie viele Punkte oder Prozent haben die denn?"

P: „Das kann ich echt nicht sagen."

---

(31) T stellt den Zusammenhang zum Problem und zum gerade besprochenen Thema her. Da diese Reaktion des P ohnehin gerade Thema des Dialogs ist, will er nicht weiter darauf eingehen, sondern stattdessen zum Thema des Dialogs zurückkehren.

(32) T will sich vergewissern, dass die alte Übereinkunft, dieses Thema zu bearbeiten, noch gilt und dem P gleichzeitig deutlich machen, dass man sich auch mit oder trotz einer bestimmten negativen Emotion zielführend verhalten kann.

T: „Woran liegt das?"   (33)

P: „Die sind so unterschiedlich. Bei dem einen finde ich das wertvoll, beim anderen jenes. Ich weiß gar nicht, wie ich das vergleichen soll. Die einzelnen Eigenschaften sind mir ja auch nicht alle gleich wichtig."

(4) Weitere Konkretisierung

T: „Ah, ja. Tun wir doch einmal so, als könne man aus den einzelnen Eigenschaften einen Punktwert errechnen, indem Sie den Eigenschaften jeweils eine Gewichtung geben. Die Gewichtung kann eine Zahl zwischen 0 und 100 sein. Je höher, um so wichtiger ist Ihnen diese Eigenschaft. In etwa so: 75 Prozent ehrlich mal Gewichtung 95 plus 65,3 Prozent intelligent mal Gewichtung 87,33 plus 44,11 Prozent gutes Aussehen mal Gewichtung 69,05 plus... und so weiter, das ergibt dann vielleicht 1.089.677,58 Punkte. Wie wär' das?"   (34)

P: „Das klingt ja total schräge!"

T: „Wieso?"   (35)

(5) Widerlegung (durch P)

P: „Ich bin doch keine Rechenmaschine, kein Computer, der das alles ausrechnet. Das ist doch viel zu künstlich und abgehoben. Ich mach' das eher von einzelnen konkreten Sachen abhängig. Ich wüsste auch gar nicht zu sagen, ab wann dann genau jemand wertvoll sein soll. Und das wäre sonst ja wohl wieder Ihre nächste Frage."

(4) Konkretisierung

T: „Das stimmt, das müssten wir dann noch klären. Aber nur 'mal angenommen, Sie würden nach langem Nachdenken und Rechnen einen Wert finden, sagen wir: 766.834,69 Punkte. Alles was darüber liegt, wollen Sie dann als wertvoll betrachten. Wäre so etwas nicht möglich?"   (36)

P: „Möglich schon, aber ich fänd's total belämmert. Für mich würde das nicht gehen."

T: „Weshalb?"   (37)

---

(33) T versucht herauszufinden, ob P bereits Widersprüche oder unlogische Elemente in seinem Modell erkennt.

(34) T will möglichen späteren „ja, aber" zuvor kommen, indem er selbst mögliche Alternativen vorgibt, um diese dann durch P widerlegen zu lassen.

(35) T möchte, dass P selbst Gegenargumente liefert.

(36) Wie 32. T will zunächst die vorgeschlagene Variante durch P widerlegen lassen, bevor er die neue Bewertungsstrategie von P aufgreift, es von konkreten einzelnen Eigenschaften abhängig zu machen.

(37) Wie 33

(5) Widerlegung (durch P)

P: „Weil ich zum Beispiel mein Kind auch dann noch als wertvollen Menschen sehen würde, wenn es nur 500.000 Punkte bekäme. Das gleiche gilt auch für andere Menschen. Andere, die vielleicht einen hohen Wert bekämen, weil sie super intelligent, gut aussehend, ästhetisch, selbstsicher und so weiter sind, würde ich wegen einer einzelnen moralischen Eigenschaft auch dann noch als wertlos ansehen, obwohl sie womöglich über 1.000.000 Punkte bekommen haben."

T: „Ah, ja, das geht dann so also auch nicht?"

P: „Nein. Auf keinen Fall."

T: „Okay, legen wir diese Möglichkeit zu den Akten."

(2) Erneuter Definitionsversuch des P:

„Sie sagten eben, Sie würden Ihre Bewertung der Menschen eher von einzelnen konkreten Sachen abhängig machen."

(3) Konkretisierung und Herstellung des Alltagsbezugs

„Haben Sie dafür ein Beispiel?"

P: (Nach kurzer Pause) „Na ja, wenn ich zum Beispiel lese, dass da jemand einen neuen Impfstoff gefunden oder einen Nobelpreis oder Oscar, wofür auch immer, erhalten hat. Das ist ein wertvoller Mensch."

(5) Widerlegung

T: „Egal, wie dieser Mensch sonst ist? Was er sonst noch tut, denkt (38) oder darstellt, welche Eigenschaften er sonst noch hat?"

P: „Hm..., das stimmt..., darüber scheine ich in dem Moment überhaupt nicht nachzudenken."

T: „Sie meinen, Sie picken sich *eine* Eigenschaft heraus und beurteilen (39) *danach* den Wert eines Menschen?"

P: „Ja..., das tu' ich dann tatsächlich... .“

T: „Hm. Ich verstehe noch nicht so ganz, wie Sie dabei vorgehen, wo- (40) nach Sie dabei selektieren, wonach Sie bestimmen, welche Eigenschaft Sie bewerten wollen, und welche nicht. Vielleicht verstehe ich das besser an einem anderen Beispiel. Stellen Sie sich 'mal vor, Ihr Kind käme vorzeitig, weinend aus der Schule zurück, weil der Lehrer festgestellt hat, dass es nichts wert sei, da es die Hausaufgaben nicht richtig gemacht hat. Entspräche das so in etwa Ihrem Vor-

---

(38) T konfrontiert P mit seinen vorherigen Eigenschaftsanforderungen.

(39) Wie 38

(40) T zieht eine Parallele, von der er glaubt, dass P sie entrüstet ablehnen und widerlegen wird.

gehen, einen Menschen nach bestimmten Eigenschaften oder Fähigkeiten zu beurteilen?"

P: „Das wäre ja wohl das Letzte! Dem würde ich vielleicht den Marsch
blasen! Man kann doch nicht ein Kind nach so einer Einzelleistung
abqualifizieren!"

T: „Und Erwachsene?"

P: „Auch nicht. Das wär' doch wohl das Letzte!"

T: „Und wenn jemand keinen Impfstoff erfindet, keinen Nobelpreis
bekommt oder sonst etwas Herausragendes leistet?"

P: „Dann kann das immer noch ein super wertvoller Mensch sein!"

T: „Wie das?"

P: „Weil er vielleicht andere Eigenschaften hat, die ich wertvoll finde."

T: „Hm... . Auch wenn er eine leichte Frage in einer wichtigen Situa-   (41)
tion nicht beantworten kann?"

P: „Selbstverständlich!"

T: „Hm. Das verstehe ich nun nicht. Oder gilt das nicht auch für Sie   (42)
selbst?"

P: „Wieso?"

T: „Wenn ich Sie richtig verstanden habe, sehen Sie sich als totalen   (43)
Versager und schämen sich, wenn Sie mal eine Frage nicht beant-
worten können und finden sich dann nicht wegen Ihrer anderen
Eigenschaften immer noch ziemlich wertvoll, oder?"

P: (Nach längerem Schweigen) „Da haben Sie Recht."

T: „Womit?"

P: „Ich benutze zwei Maßstäbe."

T: „Wozu?"

(1) Subthema: Wonach bestimme ich meinen eigenen Wert?

P: (Schweigt. Dann:) „Keine Ahnung. Wahrscheinlich denke ich, ich
müsste mich strenger beurteilen, als andere... ."

T: „Weshalb das denn?"

P: „Hm..., vermutlich, um auf der sicheren Seite zu sein. Um garantiert gut zu sein."

T: „Und wann sind Sie danach ein wertvoller Mensch?"

---

(41) T kommt wieder auf die im ABCZ beschriebene Situation zurück.

(42) T möchte, dass P erkennt, dass er zwei verschiedene Maßstäbe für dieselbe Sache benutzt. Da P bisher nur einen Teil der Ausgangsfragestellung
beantwortet hat (wie oder wonach er andere Menschen beurteilt), muss T
nun auf den zweiten Teil der Fragestellung hinführen: Wie oder wonach
beurteile ich mich selbst?

(43) T konfrontiert P mit seinem alten Selbstbewertungsmaßstab.

(2) Erster Definitionsversuch des P

P: „ Wenn ich besser bin. Ich muss besser sein als andere, um etwas zu taugen."

(3) Konkretisierung und Herstellung des Alltagsbezugs

T: „Das klingt ja so, als wenn Sie sagen würden: All die, die 2 Meter hoch springen können, sind wertvoll. Ich aber muss mindestens 2,20 Meter schaffen, um garantiert etwas zu taugen. Hab' ich das richtig verstanden?"

P: „Ja. Das klingt zwar komisch, aber so mach' ich das wohl... ."

T: „Sie haben mir ja für Ihre Selbstbewertung schon ein konkretes (44) Beispiel in Ihrem ABCZ mitgebracht. Wenn ich Sie richtig verstehe, haben Sie da auch nur eine Eigenschaft betrachtet und sind dann zum Ergebnis gekommen: 'Ich bin ein Versager'. Andererseits gestehen Sie anderen zu, auch dann wertvolle Menschen sein zu können, obwohl sie Fragen nicht beantworten können. Das gilt jedoch nicht für Sie. Richtig?"

P: „Ja, das stimmt... ."

(5) Widerlegung

T: „Das klingt ja fast so, als wenn Sie etwas *ganz* Besonderes wären."

P: „Wieso?"

T: „Na ja, weil Sie sich als so etwas ganz Besonderes behandeln, wenn Sie einen eigenen Maßstab ganz für sich allein schaffen und einen für den Rest der Menschheit."

P: (Blickt etwas verdutzt, dann, nach kurzer Pause:) „Stimmt. Da haben Sie Recht. Das ist komisch."

T: „Komisch? Wie geht es Ihnen denn damit, wenn Sie sich derart streng bewerten?"

P: „Meistens schlecht. Nein, nicht komisch, sondern unsinnig."

(6) Hinführung

T: „Und? Wollen Sie das so lassen? Soll es Ihnen weiter damit unnötig schlecht gehen?"

P: „Natürlich nicht."

T: „Was könnten Sie dann tun? Sich einen anderen eigenen Maßstab schaffen und sich ab sofort nur noch ganz wertvoll finden, egal, wie Sie sind und was Sie tun?"

P: „Das wäre genauso schwachsinnig. Nee, entweder, oder..., ein Maßstab für alle."

---

(44) T fasst P's Aussagen zusammen und stellt sie gegenüber, in der Hoffnung, dass P dadurch deren Unlogik und Irrationalität erkennt.

T: „Sie wollen für sich den gleichen Maßstab verwenden wie für den Rest der Menschheit?"

P: „Ja."

Ende des Subthemas, zurück zur Beantwortung der Ausgangsfragestellung

T: „Okay, aber welcher soll's dann sein? Bisher haben wir doch noch keinen gefunden."

P: „Tja... (Längere Pause)

T: „Bisher haben wir ja schon verschiedene Varianten geprüft und ver- (45) worfen. Sie fanden es unsinnig, den Wert eines Menschen vom Vorhandensein bestimmter Eigenschaften abhängig zu machen, egal, ob zu 100 Prozent, 'überwiegend' oder als ungewichtete oder gewichtete Punktsumme. Sie fanden es auch unmöglich, den Wert an einer beliebig herausgepickten Eigenschaft oder Fähigkeit festzumachen, und Sie wollen sich künftig nach denselben Maßstäben beurteilen wie alle anderen Menschen. Richtig?"

P: „Ja. Genau so."

T: „Woran liegt es denn, dass es Ihnen so schwer fällt, einen angemes- (46) senen Maßstab zu finden?"

P: „... Na ja, das ist so vielschichtig. Menschen sind so verschieden und haben so unendlich viele Eigenschaften und Fähigkeiten, die auch noch miteinander in Verbindung stehen, sich wechselseitig beeinflussen. Und sie sind auch nicht immer gleich, sondern an einigen Tagen so, an anderen so... ."

T: „Hm, ja."

P: „Das ist alles viel zu kompliziert. Ich weiß echt nicht, wie ich da eine sinnvolle Bewertung beschreiben soll... ."

T: „Hm, das kann ich gut verstehen. Ich wüsste das auch nicht."

P: „Was? Und weshalb reden wir dann so lange darüber?"

T: „Um eine Lösung für Ihr Problem zu suchen, für Ihre Art, sich pauschal zu bewerten und für die dann daraus erwachsenden emotionalen Probleme."

P: „Ach so, ja."

T: „Wir können uns ja 'mal andere komplexe Dinge betrachten und sehen, ob wir dort eine angemessene Beurteilung finden. Was meinen Sie?"

---

(45) T fasst die bisherigen Ergebnisse des Dialogs zusammen.
(46) T möchte P nun zu der Erkenntnis führen, dass es unzweckmäßig ist, komplexe Dinge mit einem Durchschnittswert zu beurteilen.

P: „Ja, können wir machen."

T: „Wenn wir beispielsweise die Leistung einer Fußballmannschaft (47) beurteilen sollten, wie würden wir da sinnvollerweise vorgehen: Eine Quersumme oder einen Mittelwert bilden oder jeden Spieler einzeln beurteilen?"

P: „Hm..., wenn ich ehrlich bin, sage ich schon meistens: 'Mensch haben die schlecht gespielt!' und meine damit die gesamte Mannschaft. Aber damit werde ich denen, die wirklich gut waren, in der Tat nicht gerecht. Besser wäre, sie alle einzeln zu beurteilen, ihren Einsatz, ihre Fähigkeiten und ihre Mannschaftsdienlichkeit, das Zusammenspiel und so weiter."

T: „Okay. Und wie wäre das bei folgendem Beispiel: Wer ist mehr wert, die Chinesen oder die Italiener?"

P: „Oh Mann! Das ist ja noch pauschaler, als die Frage nach dem persönlichen Wert!"

T: „Ja. Und?"

P: „Das würde ich so nicht beantworten wollen!"

T: „Weshalb nicht?"

P: „Weil das total bescheuert wäre! Auf beiden Seiten gibt's bestimmt unendlich viele Varianten von Menschen, Persönlichkeiten, Charakteren. Wie soll ich die alle in einen Hut schmeißen?"

T: „Vielleicht so, wie zuvor die Vielzahl Ihrer eigenen Eigenschaften und Fähigkeiten?"

P: „Das war ja auch ziemlich blöd. Nee, so eine Frage beantworte ich nicht."

T: „Und weshalb dann die andere?"

P: „Welche?"

T: „Na, die nach dem Wert eines Menschen oder die, nach dem eigenen Wert?"

P: (Schweigt. Dann:) „Stimmt... ."

T: „Was stimmt?"

(7) Ergebnis

P: „Das sollte ich auch besser sein lassen... ."

T: „Und dann? Wie wollen Sie denn dann die Frage beantworten, ob jemand etwas, viel oder wenig wert ist?"

P: „Gar nicht!"

---

(47) T bringt alternative Beispiele für komplexe Situationen und hofft, dass P dann deren Lösung auf das eigene Problem überträgt.

Prüfung der Lösung

T: „Gar nicht? Und wenn jemand lügt, betrügt, faul ist oder einen (48) dicken Fehler macht?"

P: „Na ja, dazu werd' ich schon meine Meinung haben..., aber eben *dazu*. Ich will dann daraus kein Pauschalurteil mehr machen."

T: „Und wenn Sie mal in einem Vortrag eine Frage nicht beantworten können?"

P: (Grinst) „Ja, ja. Ich weiß schon. Da werd' ich mir das dann auch besser abgewöhnen, mich dafür total abzuwerten. Aber schade wär's schon, vielleicht sogar nachteilig."

T: „Hm. Das klingt mir schlüssig. Aber lassen Sie mich noch 'mal prü- (49) fen, ob ich Sie richtig verstanden habe. Sie sagen, es ist unsinnig, komplexe Dinge pauschal zu beurteilen. Besser ist es, wenn man die einzelnen Teile, Eigenschaften, Fähigkeiten oder Qualitäten bewertet, ohne daraus auf den Rest zu schließen und ohne Quersummen, Mittelwerte oder andere rechnerischen Produkte für den Gesamtwert zu erstellen. Stimmt das so?"

P: „Ja. Genau so."

T: „Ja, das wäre eine Lösung, dass Sie künftig darauf verzichten, sich (50) selbst oder andere pauschal zu bewerten, egal, ob gut oder schlecht, und dass Sie stattdessen einzelne Eigenschaften, Fähigkeiten oder Qualitäten nach Ihrem eigenen Geschmack bewerten. ... Doch, das wäre eine Möglichkeit, die mir sinnvoll scheint.

Aber lassen Sie uns vorher noch prüfen, welche Konsequenzen (51) diese Lösung hätte. Stellen Sie sich vor, Sie hätten sich in der Situation, die Sie in Ihrem ABCZ beschreiben, nicht pauschal bewertet, sondern Sie hätten – unabhängig voneinander – sowohl Ihre Fähigkeit bewertet, zu jeder Zeit irgendwelche Fragen zu beantworten, als auch die Vielzahl Ihrer anderen Eigenheiten, Kenntnisse, Fähigkeiten und Qualitäten. Wäre es Ihnen damit besser oder schlechter ergangen?"

P: „Besser! Echt besser! Ich bräuchte nicht so viel Schiss zu haben, da es ja nicht mehr um Alles oder Nichts geht."

---

(48) T übernimmt die Rolle des 'advocatus diaboli', um zu prüfen, ob P seine neue Sichtweise bereits verteidigen und begründen kann.

(49) T verstärkt P's Lösung und fasst die Ergebnisse der einzelnen Sequenzen zusammen und erfragt P's Zustimmung, um dies künftig als dessen eigene Erkenntnisse hinstellen zu können.

(50) T verstärkt P erneut in dessen Lösung.

(51) T prüft die emotionalen Konsequenzen der neuen Lösung.

T: „Hm..., das spricht für Ihre Lösung. Aber dient sie auch Ihren Zie- (52)
len? Hilft sie Ihnen, Ihre Ziele zu erreichen?"

P: „Na klar. Wenn ich mich weniger mit meinen unsinnigen Befürchtungen beschäftige und weniger Angst habe, kann ich besser arbeiten, kann mich besser konzentrieren, mich besser vorbereiten und
auch beim Referat selbst lockerer bleiben."

T: „Okay, das spricht auch für Ihre Lösung. Ich sehe auch keine unlogi- (53)
schen Ableitungen in Ihren Begründungen. Wie wir schon geprüft
haben, ist sie zielgerichtet und sie verhindert unnötige emotionale
Turbulenzen.
Was halten Sie davon, wollen wir Ihre Erkenntnisse zumindest so
lange als gültige Lösung nehmen, wenn es um die pauschale Bewertung komplexer Dinge geht, bis wir eine bessere finden?"

P: „Ja."

T: „Können Sie mir Ihre Lösung noch mal wiederholen? Wie wollen (54)
Sie künftig mit pauschaler Selbst- oder Fremdbeurteilung umgehen oder komplexe Dinge bewerten?"

P: (Nach kurzer Pause:) „Pauschalurteile über komplexe, vielschich-
tige Dinge sind unsinnig. Sinnvoller ist es, einzelne Teile, einzelne
Fähigkeiten, bestimmte Eigenheiten oder Wesenzüge zu bewerten,
ohne das auf die anderen abfärben zu lassen. Auf keinen Fall will
ich von einer einzelnen Qualität auf die ganze Sache oder Person
schließen, so, wie in meinem ABCZ. Das ist unsinnig, unlogisch,
führt zu Ängsten oder anderen Gefühlsproblemen und behindert
mich bei meinen Zielen."

T: „Ja. Die Lösung finde ich gut. Belassen wir's dabei?"

P: „Ja."

T: „Okay, dann können Sie ja nun, nach Ihrer neuen Lösung, auch die
neue Denkweise für Ihr ABCZ formulieren, die Sie zu Ihrem Zielgefühl Z1 führt. ...."

(Ende des Sokratischen Dialogs. T stellt nun zusammen mit P dessen neues, al-
ternatives Bewertungssystem auf, das zum Zielgefühl Z1 führt.)

Bei diesem Beispiel für die explikative sokratische Gesprächsführung geht es
nicht darum, mit dem Patienten eine neue Lösung für die Ausgangsfragestel-

---

(52) T prüft die Funktionalität der neuen Lösung.
(53) T verstärkt P in seiner neuen Lösung.
(54) T versichert sich, dass P auch tatsächlich die Ergebnisse des Disputs verarbeitet und behalten hat.

lung zu finden. Die zu erarbeitende Erkenntnis liegt vielmehr darin, dass der Patient feststellt, dass eine Beantwortung der aufgestellten Ausgangsfrage insgesamt unzweckmäßig, unrealistisch oder unlogisch ist. Dem entsprechend enthält dieser Dialog verschiedene Definitionsversuche, die, in der Regel durch den Patienten selbst, nacheinander widerlegt werden, bis schließlich die Hinführung zu einer Lösung erfolgt.

Da hier das Ergebnis darin besteht, die Ausgangsfrage nicht mehr beantworten zu wollen, entfällt die Notwendigkeit einer regressiven Abstraktion.

7.3 Thema: „Was ist Gerechtigkeit?" – Ein Dialog zur Behandlung rigider Denkmuster und ihrer emotionalen Folgen

Gerechtigkeitsapostel sind leicht erregbar und reagieren, mehr oder weniger heftig, auf Situationen, Handlungen oder Äußerungen anderer mit Ärger, Wut oder Aggression, wenn sie sie nicht „gerecht" finden. Verantwortlich für diese emotionalen Turbulenzen ist ein stark verinnerlichtes individuelles Konzept von Gerechtigkeit und Fairness, das Gerechtigkeitsapostel mit sich herumtragen und vehement propagieren (Stavemann, 2001).

Aus therapeutischer Sicht ist es für den Veränderungsprozess günstiger, die vom Patienten verwendeten Kriterien für Fairness und Gerechtigkeit aufzudecken und zum Thema der Betrachtung zu machen, als darüber zu debattieren, ob etwas gerecht und fair sei oder nicht. Und dies geschieht sinnvollerweise mit Hilfe eines explikativen Sokratischen Dialogs.

In nachfolgendem Fallbeispiel klärt der Therapeut mit dem Patienten zunächst das Konstrukt „Gerechtigkeit" mit dem Ziel, der Patient möge erkennen, dass Gerechtigkeit nicht tatsächlich existiert, sondern nur seine Vorstellung davon, was gerecht sei. Danach geht es darum, diese Sichtweise auf Funktionalität zu prüfen.

In der Regel endet der Disput zu diesem Thema mit der Phase 5, der Widerlegung der alten, dysfunktionalen Idee von Gerechtigkeit, denn nur selten entscheiden sich Patienten, nach der eigenen Definition auch wirklich gerecht sein zu wollen.

Der Sokratische Dialog schließt dann mit der Einsicht, dass es Gerechtigkeit nicht gibt, und dass das eigene Verhalten sinnvollerweise nicht von Gerechtigkeitsaspekten, sondern von den eigenen Zielsetzungen vor dem Hintergrund des persönlichen moralisch-ethischen Normensystems bestimmt sein sollte.

Fallbeispiel

Der Patient kommt ursprünglich wegen seiner psychosomatischen Beschwerden im Magen-Darm-Trakt in die Behandlung. In den vorausgegangenen Sitzungen – d.h. in den Phasen 4 und 5 des Kognitiven (Verhaltens-) Therapieplans – hat er gelernt, seine somatischen Beschwerden als Symptome eines emotionalen Problems zu verstehen, er wurde in das Kognitive Modell eingeführt (→ ABC- / → SAE-Modell) und hat damit in der Behandlungsphase 6 seine irrationalen oder dysfunktionalen Kognitionen herausgearbeitet.

Wir befinden uns nun in der Phase 7, in der die dysfunktionalen Konzepte disputiert werden.

Der Therapeut greift dazu auf ein vom Patienten erstelltes und zuvor gemeinsam korrigiertes → ABCZ-Modell zurück.

A Augenblickliche Situation	Donnerstag Nachmittag in meinem Arbeitsraum an der Uni, mein Kollege sagt: „Hast Du schon gehört? Die haben die Vera zur Professorin für den vakanten Lehrstuhl berufen!"
B 1 persönliche Sichtweise	Ich habe mich auch darum beworben und bin schon 4 Jahre länger habilitiert. Der Fachbereich hat sich entschieden, eine Frauenquote einzuführen, und ich bin ein Mann.
B 2 Interpretation und vermutete Konsequenzen	Das haben die nur wegen der Frauenquote getan. Aufgrund meiner Qualifikation und längeren Wartezeit hätten die mich nehmen müssen! Ich kann doch nichts dafür, dass ich männlich bin! Das ist verdammt ungerecht!
B 3 Bewertung	Sauerei!
C 1 Gefühl	Wut (Ärger 9) physiologische Begleitsymptome: starkes Herzklopfen, Erröten am Hals
C 2 Verhalten	Ich sage: „Heute muss man einfach nur Frau sein, um was zu werden. Qualifikation zählt da nicht mehr!"
Z 1 Zielgefühl	starke Enttäuschung (Trauer 3)
Z 2 Zielverhalten	Ich sage: „Ah ja? Schade. Ich wär's auch gern geworden."

(1) Auswahl des Themas

T: „Ich möchte nochmals auf Ihr ABCZ-Modell zurückkommen, das wir letztes Mal besprochen haben. Sie dachten in dem Moment, als Sie hörten, dass Ihre Kollegin zur Professorin berufen wurde, das sei ungerecht. Das stimmt sicherlich, aber ich würde gern (1) noch besser begreifen, was Sie darunter verstehen, denn empfundene Ungerechtigkeit haben Sie ja immer wieder als Begründung für Ihre Erregung und Ihren Ärger genannt, so dass der Begriff 'Gerechtigkeit' für Sie von einiger Wichtigkeit zu sein scheint. Was meinen Sie, wollen wir einmal betrachten, was Sie darunter ver- (2) stehen?"

P: „Ja, können wir ja mal machen."

T: „Gut, schauen wir uns also einmal genauer an, was Sie darunter verstehen. Was ist das: 'Gerechtigkeit'?"

(2) Erster Definitionsversuch des P

P: (Schaut zunächst ungläubig, dann unwillig zu T:) „Das find' ich jetzt aber albern, oder sagen wir lieber: unnötig! Sie wissen doch selber, was das ist. Wozu soll ich hier jetzt Allgemeinplätze erklären?"

Exkurs: Störung/Widerstand des P

T: „Nun, zum einen weiß ich in der Tat nicht, was gerecht *ist*, und (3) schon gar nicht, was *Sie* damit meinen. Zum anderen hatte ich Sie eben so verstanden, dass Sie auch finden, dass wir uns diesen Begriff genauer ansehen sollten, weil Sie so häufig deswegen in Turbulenzen geraten. Gilt das noch?"

P: „Ja,... schon. Aber ich weiß einfach nicht, wozu das gut sein soll, wenn ich hier jetzt Wortdefinitionen vornehme. Ich frage Sie ja auch nicht, was ein Stuhl ist."

Kommentar

(1) T kann hier zustimmen und damit unnötigen Widerstand des P vermeiden. Dass es Ungerechtigkeit gibt, wird von T ja nicht bestritten. Es geht ihm daher auch nicht um die Definition von Ungerechtigkeit, sondern – nach einer Überleitung – um die von Gerechtigkeit.

(2) T erklärt sein Vorhaben und holt P's Einverständnis für den nun folgenden Disput.

(3) T widerspricht der Behauptung, er wisse bereits, was Gerechtigkeit sei. Er versucht den aufkommenden Widerstand des P zu unterlaufen, indem er ihn auf dessen eigene Entscheidung zurückführt, diesen Begriff untersuchen zu wollen und erfragt erneut dessen Einverständnis.

T: „Dann sollten wir vielleicht erst mal über den Sinn dieses Vor- (4)
gehens nachdenken. Was glauben Sie, weshalb wäre es sinnvoller,
dass Sie mir erklären, was Sie für gerecht halten und nicht ich
Ihnen, was ich unter einem Stuhl verstehe?"

P: (Grinst) „Sagen Sie nicht, das sei so, weil ich häufiger Probleme mit
Ungerechtigkeiten habe, als Sie mit Stühlen!"

T (Lächelt) „Und was meinen Sie? Wozu macht es Sinn, dass Sie sich
überlegen, was das ist: Gerechtigkeit?"

P: „Weil ich Gerechtigkeit so wichtig finde?"

T: „Könnte das ein wichtiger Grund sein, darüber nachzudenken?"

P: „Vielleicht... ."

T: „Ja. Sehen Sie noch weitere Gründe?"

P: „Nee."

T: „Stellen Sie sich mal vor, ich fragte Sie um Rat, was ich gegen meine (5)
ständige Unpünktlichkeit machen könnte. Ich möchte ja pünktlich
sein, aber meistens gehe das nicht, weil ich kautelig bin. Was würden
Sie mir raten?"

P: „Erst mal müsste ich wissen, was kautelig ist."

T: „Wozu?"

P: „Weil ich sonst nicht weiß, worüber Sie reden."

T: „Verstehe. Und wenn *ich* noch nicht weiß, was *Sie* unter Gerechtigkeit verstehen, aber gleichzeitig beurteilen soll, ob Ihre Sichtweise
angemessen ist oder nicht?"

P: (Grinst) „Okay, okay, dann müssten Sie sie erst mal erfragen."

T: „Wollen wir das jetzt zusammen erarbeiten?"

P: „Meinetwegen."

Exkurs Ende

T: „Dann also noch mal: Was verstehen Sie unter 'Gerechtigkeit'?"

(2) Erster Definitionsversuch des P

P: „Gerecht ist etwas, das für alle gleich ist, ohne Ansehen der Person,
der Herkunft und der Beziehungen. Gerecht ist, wenn Gleiches
gleich und Ungleiches ungleich behandelt wird."

---

(4) T greift zunächst die Störung auf und versucht, die Frage des P zu klären.
Dazu fordert er zunächst von P eine Denkleistung, statt diesem eine Lösung zu präsentieren.

(5) T versucht mit Hilfe einer Analogie, P zur Aufgabe seines Widerstands zu
bewegen.

(3) Konkretisierung und Herstellung des Alltagsbezugs

T: „Hm. Haben Sie dafür ein konkretes Beispiel aus Ihrem Alltag? Irgend- (6)
ein Beispiel dafür, wo etwas, Ihrer Ansicht nach, gerecht zugeht?"

P: (Schweigt zunächst, dann:) „Also, wenn ich die Klausuren schreiben lasse, hab' ich das so geregelt, dass die Studenten ihre Namen
auf ein separates Blatt schreiben und der Arbeit hinten anheften.
Beim Korrigieren will ich gar nicht wissen, wer das geschrieben hat,
um mich dadurch nicht beeinflussen zu lassen. Das finde ich zum
Beispiel gerecht."

(5) Widerlegung

T: „Ah, ja? Was genau ist denn daran gerecht?"

P: „Na, dass sie alle gleich behandelt werden."

T: „Wobei werden sie alle gleich behandelt?"

P: „Bei der Beurteilung ihrer Leistung!"

T: „Sie werden alle gleich behandelt? Auch, wenn einige von ihnen ge- (7)
schummelt haben und dabei nicht erwischt wurden? Auch, wenn
einige sich zufällig genau auf diese spezielle Frage besonders gut
vorbereitet haben und sonst nichts gewusst hätten, während andere
ein gleich gutes Niveau über das gesamte Wissensgebiet erarbeitet
haben?"

P: „Ja. Das andere wäre dann Glück oder Pech für den Betreffenden."

T: „Ist es gerecht, Glück oder Pech zu haben?" (8)

P: „Kommt darauf an."

T: „Worauf?"

P: „Ob es insgesamt gerecht verteilt ist."

T: „Wer könnte das beurteilen?" (9)

P: (Pause) „Allenfalls Gott."

T: „Hm... . Das verstehe ich nicht: Wenn nur eine überirdische Macht (9)
beurteilen oder gar darauf achten könnte, ob oder dass es auf Erden
insgesamt gerecht zugeht, ...was ist dann Ihr Part dabei? Wenn ich

---

(6)   T konkretisiert die Fragestellung und stellt den Alltagsbezug her.

(7)   T erstellt ein Beispiel, wo Ungleiches gleich behandelt wird und wo es damit, nach der Definition des P, nicht gerecht zugeht.

(8)   T führt zurück zum Thema.

(9)   T verfolgt hier folgende Strategie: Wenn eine übergeordnete Macht darauf
achtet, dass es gerecht zugeht und damit auch, dass das Glück und Pech im
Leben gerecht verteilt ist, dann bedarf es keines Menschen, der versucht,
aus seiner unvollständigen Sicht, daran etwas zu verändern. Gibt es eine
solche Macht aber nicht, oder würde sie nicht darauf achten, dann ist noch
nicht geklärt, wonach P entscheiden will, wann etwas gerecht ist oder nicht.

Sie recht verstehe, glauben *Sie* doch immer wieder, Ungerechtigkeit zu entdecken oder sich gerecht verhalten zu können. Wie kann das gehen?"

P: (Nach längerem Schweigen:) „Wenn Sie mir damit sagen wollen, ich sei nicht Gott, haben Sie sicher Recht."

T: „Ich frage nach Ihrer Fähigkeit, generell, für alle Menschen oder Wesen und über deren gesamte Existenz betrachtet, entscheiden zu können, ob ein bestimmtes Ereignis gerecht oder ungerecht ist. Wenn ich Sie richtig verstanden habe, müsste man dazu doch das gesamte Leben berücksichtigen, um beurteilen zu können, ob das jeweilige Glück oder Unglück sich unter dem Strich wieder aus-   (9) gleicht und insgesamt für alle Wesen gleich verteilt ist."

P: „Das kann ich nicht."

T: „Und trotzdem versuchen Sie immer wieder, selber zu beurteilen,   (10) ob etwas gerecht ist?"

P: „Ja... ."

T: „Wozu?"

P: „Weil ich finde, dass es gerecht zugehen sollte."

T: „Können Sie das denn beurteilen?"   (11)

P: „So ganz generell nicht."

T: „Und für einen speziellen Fall, für eine konkrete Situation?"

P: „Da schon eher."

T: „Und wonach wollen Sie das dann beurteilen?"

(4) Konkretisierung oder Umformulierung des Themas

P: (Schweigt längere Zeit, dann:) „So geht das nicht. Ich bin da in eine falsche Ecke geraten. Das mit der generellen Gerechtigkeit kann und will ich gar nicht beurteilen. Ich möchte, dass es in allen einzelnen Situationen gerecht zugeht. Daran möchte ich arbeiten."

(5) Widerlegung

T: „Okay, und in einer konkreten einzelnen Situation Glück oder Pech   (12) zu haben, wäre dann ungerecht?"

---

(10) T konfrontiert P mit seiner widersprüchlichen Aussage und fragt nach der Zielsetzung.

(11) T konfrontiert P erneut mit dessen vorheriger Aussage, nur Gott könne das beurteilen.

(12) T versucht nun P zu der Erkenntnis zu leiten, dass er nur dann gerecht handeln kann, wenn er Glück, Pech und andere Zufälle ausschließen kann.

P: „Ja.“

T: „Wenn wir dies nun für die zuvor von Ihnen beschriebene Situation (13) betrachten: Bei der Beurteilung Ihrer Studenten wollen Sie sich gerecht verhalten, indem Sie deren Leistung, ohne Ansehen der Person, gleich bewerten, und ich fragte, ob das auch dann gehe, wenn einige von ihnen geschummelt haben und dabei nicht erwischt wurden, wenn einige sich zufällig genau auf diese spezielle Frage besonders gut vorbereitet haben und sonst nichts gewusst hätten, während andere ein gleich gutes Niveau über das gesamte Wissensgebiet erarbeitet haben?“

P: „Na ja, das kann ich ja nicht im Einzelnen wissen.“

T: „Und können Sie dann deren Leistung gerecht beurteilen?“

P: (Pause) „Nein. ...Aber das ist vielleicht auch kein besonders gutes Beispiel.“

(3) Erneute Konkretisierung und Herstellung des Alltagsbezugs

T: „Dann nehmen wir doch ein anderes. In welcher konkreten Situation (14) in Ihrem Leben können wir Gerechtigkeit beobachten?“

P: (Kurze Pause) „Letzten Sonntag. Da quengelte unsere Kleine, sie wolle ein Eis. Das hat sie dann auch bekommen. Unsere beiden anderen Kinder wollten keines. Die haben dann das Geld dafür bekommen. Das finde ich gerecht.“

T: „Ah, ja. Wie alt sind Ihre Kinder?“

P: „Vier und Acht die Mädchen, der Junge wird Zwölf.“

(5) Widerlegung

T: „Haben Sie denn in diesem Fall Gleiches gleich und Ungleiches ungleich behandelt?“ (15)

P: (Wirkt irritiert) „Wieso, sie sind doch alle gleich meine Kinder.“

T: „Ach so, und dann bekommen sie auch das gleiche Taschengeld?“

P: „Das natürlich nicht. Die haben doch schon ganz unterschiedliche Bedürfnisse.“

T: „Und das war in der Eis-Situation nicht so?“

P: „Äh, ...doch. Das war kein gutes Beispiel. Ich muss da noch einmal drüber nachdenken.“

---

(13) T konkretisiert und stellt den Alltagsbezug wieder her.

(14) Zurück zu **(3)**: Erneute Konkretisierung mit Herstellung des Alltagsbezugs

(15) T versucht P deutlich zu machen, dass er damit gegen die eigene, zuvor aufgestellte Definition von Gerechtigkeit verstößt, wonach Gleiches gleich und Ungleiches ungleich zu behandeln ist.

T: „Ja. Vielleicht sollten wir damit das nächste Mal weitermachen, so dass Sie Gelegenheit haben, in Ruhe nach einem Beispiel zu suchen. Wir können ja jetzt noch Ihre anderen Hausaufgaben besprechen. Einverstanden?"

P: „Ja."

Fortführung in der nächsten Therapiestunde:

(3) Erneute Konkretisierung und Herstellung des Alltagsbezugs

T: „Ich möchte nochmals unser Thema der letzten Stunde aufgreifen. Haben Sie ein konkretes Beispiel gefunden, in dem wir Gerechtigkeit beobachten können?"

P: „Ja. Ein Beispiel aus unserer Rechtsprechung: Ich finde es gerecht, wenn man bei einem bestimmten Vergehen nicht eine stets gleiche Summe an Strafe bezahlen muss, sondern dass das einkommensabhängig nach Tagessätzen bestimmt wird, so dass es jeden gleich stark belastet."

T: „Können Sie mir dazu bitte ein konkretes Beispiel aus Ihrem Alltag   (16)
   geben?"

P: „Ja. Ich bin neulich wegen eines Verkehrsdelikts zu 10 Tagessätzen
   verurteilt worden. Die Bestrafung fand ich zwar nicht besonders lustig, aber doch als gerecht, da andere, die das Gleiche falsch machen,
   in Relation gleich stark bestraft werden."

T: „Ah, ja. Ich hätte das gern noch etwas konkreter. Weshalb wurden   (16)
   Sie bestraft?"

P: „Ich bin zu schnell gefahren."

(5) Widerlegung

T: „Macht es für Sie einen Unterschied, warum jemand zu schnell ge-   (17)
   fahren ist?"

P: „Wie meinen Sie das?"

T: „Angenommen, jemand fährt zu schnell, weil er das Verkehrsschild   (17)
   übersehen hat, das die Geschwindigkeitsbegrenzung anzeigt, weil
   er dabei gerade einen Lastwagen überholte, der das Schild verdeckt
   hat, ein anderer fährt zu schnell, obwohl er von der Geschwindigkeitsbegrenzung weiß, aber er will noch rechtzeitig zum Schichtbe-
   ginn im Krankenhaus sein, wo er als Chirurg arbeitet, ein Dritter
   fährt zu schnell, weil er seinen Freunden damit imponieren will,
   dass ihn Verkehrsregeln nicht interessieren. Wäre es gerecht, wenn
   sie alle die gleiche Strafe bekommen?"

P: „Nein, das nicht."

T: „Weshalb nicht?"

P: „Besonders der Erste, der hätte Pech gehabt. Und das haben wir ja
   letztes Mal schon als ungerecht herausgearbeitet."

T: „Hm. Und wie wäre das: Da sind drei Autofahrer, die alle mit 30   (18)
   km/h über der zulässigen Geschwindigkeit geblitzt wurden. Alle
   sollen 5 Tagessätze ihres Einkommens als Strafe zahlen. Der Chirurg
   zahlt 1500 Euro, der Taxifahrer 500 und der Student, der das Auto
   von seiner Schwester geliehen hatte, nichts, weil er kein Einkom-
   men hat. Hielten Sie das für gerecht?"

---

(16) Dieses Beispiel ist noch ohne erkennbaren Alltagsbezug für P und noch
     zu unkonkret. Da konkrete Beispiele leichter überprüfbar sind, fragt T
     nach einer Alltagssituation von P.

(17) T zeigt unterschiedliche Motive und Ziele auf, die zu gleichem Verhalten
     führen und lässt P prüfen, ob dies dann noch seiner Definition von Ge-
     rechtigkeit (Gleiches wird gleich behandelt) entspricht.

(18) T gibt ein Beispiel für „relative" Bestrafung und lässt P prüfen, ob es sei-
     nen Kriterien für Gerechtigkeit entspricht.

P: „Nein, auch nicht. Ich merk' schon, das ist auch kein gutes Beispiel gewesen."

T: „Möchten Sie nochmals über ein anderes nachdenken?" (19)

P: „Das bringt nichts. Ich hab' schon die ganze Woche immer wieder darüber nachgedacht."

T: „Und Sie können kein Beispiel finden, in dem es gerecht zugeht?" (19)

P: „Es fällt mir echt schwer das zuzugeben, aber ich weiß keines."

T: „Aber Sie, Sie würden dennoch gern alles dafür tun, gerecht zu sein und Gerechtigkeit zu fördern?" (20)

P: „Unbedingt!"

T: „Dann schauen wir uns das doch noch einmal etwas genauer an. (21) Unabhängig davon, dass wir erkannt haben, dass es uns nicht gelingt, ein Beispiel für Gerechtigkeit zu finden: Sie möchten, dass es im Leben gerecht zugeht, und zwar genau so, wie Sie Gerechtigkeit definiert haben?"

P: „Ja!"

T: „Weshalb sollte das so sein?" (22)

P: „Das wäre gut für alle."

T: „Wer findet das?" (22)

P: „Ich denke, alle würden das begrüßen, wenn es auf der Welt gerecht zuginge."

T: „Auch die, denen es bisher viel besser ging als anderen, für die Gerechtigkeit ein Verlust bedeuten würde?"

P: „Na gut, die wohl kaum."

T: „Angenommen, Sie könnten Ihre Idee von Gerechtigkeit auch gegen den Willen Andersdenkender durchsetzen. Hielten Sie das für gerecht, dass Sie dann offensichtlich mehr Macht hätten, als die anderen?" (22)

P: „Nee, das wäre es dann wohl nicht."

---

(19) T prüft, ob P noch an seine alte Definition glaubt. Erst wenn P diese selbst unglaubwürdig findet, wird T das Ergebnis des Dialogs herausarbeiten lassen. Solange P die alte Idee nicht vollständig verworfen hat, wird T nach neuen Beispielen fragen und dann zu widerlegen versuchen.

(20) T übernimmt die Rolle des 'advocatus diaboli'.

(21) T konfrontiert P mit der Tatsache, dass dieser etwas als Ziel verfolgt, das er noch nicht einmal beobachtet hat. Zudem stellt er in Frage, warum die Realität anders sein sollte, als es ist.

(22) T möchte bei P die Einsicht wecken, dass es nach dessen eigenen Kriterien ungerecht wäre, dass die Realität so ist, wie P es wünscht, und alle anderen sich dann danach zu richten hätten.

T: „Aber angenommen, Sie könnten alle Wesen davon überzeugen, (23)
dass ab sofort Gerechtigkeit auf Erden herrschen solle, alle sind damit einverstanden. Sind Sie sicher, dass Sie selbst unbedingte Gerechtigkeit anstreben?"

P: „Aber klar will ich das!"

T: „Heißt das, dass Sie fordern, dass Sie, Ihre Frau und Ihre Kinder den (24)
gerechten Anteil an unheilbaren Krankheiten, an Hunger und Elend
bekommen sollten?"

P: (Schweigt zunächst, dann:) „Das war gemein."

T: „Was?"

P: „Dass Sie meine Kinder dabei ins Spiel bringen."

T: „Weshalb?"

P: „Weil ich denen alles wünsche, nur nichts Schlechtes."

T: „Wenn Sie damit Erfolg hätten, wäre das gerecht?" (25)

P: „Nein."

T: „Heißt das, dass Sie selbst auch nicht immer Gerechtigkeit wün- (25)
schen?"

P: „In solchen Fällen nicht."

T: „Und wer soll denn nun bestimmen, wann es für wen auf der Welt (26)
gerecht zugehen soll?"

P: „Ja, ...ich seh' schon, egal was ich jetzt sage, es wäre ungerecht."

T: „Hm, ...vielleicht sollten wir das einmal zusammenfassen, was wir
bisher als Ergebnis unserer Betrachtungen zum Begriff 'Gerechtigkeit' herausgefunden haben?"

(7) Ergebnis des Dialogs

P: „Ja. ...Ich versteh' jetzt, was Sie meinten, als Sie anfänglich behaupteten, Sie wüssten nicht, was Gerechtigkeit sei. ...Ich hab' das zuerst
als Masche empfunden und hab' gedacht, Sie wollten mich damit
provozieren. Jetzt muss ich wohl zugeben, dass ich es auch nicht ge-

---

(23) Nachdem T herausgearbeitet hat, dass P nicht in der Lage ist, Beispiele für
Gerechtigkeit zu liefern, geht er einen Schritt weiter und hinterfragt nun
die Bereitschaft P's zu unbedingter Gerechtigkeit.

(24) T versucht P zu der Erkenntnis zu leiten, dass er gar keine unbedingte Gerechtigkeit anstrebt, wenn es ihn selbst in wichtigen anderen Lebenszielen
beeinträchtigen würde.

(25) T konfrontiert P mit seiner Definition von Gerechtigkeit, damit P erkennt, dass seine Ziele danach nicht gerecht wären.

(26) T greift die Relativierung des P auf und fragt nach dessen Lösungsvor-
stellung, die nach P's eigener Definition nicht gerecht sein kann.

nau weiß und dass ich noch nicht einmal ein einziges Beispiel dafür habe. …Selbst wenn ich von meiner alten Definition ausgehe – von der ich nun weiß, dass sie nicht das beschreibt, was ich meine – habe ich keine Beispiele für Gerechtigkeit gefunden, sondern nur für Ungerechtigkeiten. Was für mich am Schlimmsten daran ist, ist zu erkennen, dass ich selbst auch nicht immer Gerechtigkeit möchte, und zwar immer dann, wenn es meine wichtigsten eigenen Interessen und Ziele betrifft."

T: „Ja. Und was bedeutet das nun für Ihren Alltag? Zum Beispiel für die Klausurbenotung?" (27)

P: „Ich werde weiterhin versuchen, die Leistungen gleich zu beurteilen, aber ich kann nicht beurteilen, ob das gerecht ist, oder nicht. Vermutlich wird das in der Regel ungerecht sein, da ich vieles dabei unberücksichtigt lasse, was für eine, wie auch immer geartete, gerechte Beurteilung notwendig wäre."

T: „Und für die Situation in Ihrem ABC, als Sie erfahren, dass Ihre Kollegin berufen wird?" (28)

P: „Tja, da weiß ich genauso wenig, ob es gerecht ist oder nicht."

T: „Und wenn es ungerecht wäre?"

P: „Glück für sie, Pech für mich."

T: „Darf das so sein?"

P: „Ja."

T: „Weshalb, das ist doch ungerecht!" (29)

P: „Ja, das schon, aber ich hätte mich auch gefreut und angenommen, wenn man mich gewählt hätte."

T: „Auch, wenn das nicht gerecht gewesen wäre?"

P: „Ja."

T: „Und wo gibt es nun Gerechtigkeit?"

P: (Grinst) „Keine Ahnung. Ich vermute nirgends, da es nichts wirklich Gleiches gibt und weil wir Menschen nicht in der Lage sind, das Ungleiche objektiv zu vergleichen. Deshalb können wir nicht wirklich gerecht sein, selbst wenn wir es denn wollten."

---

(27) T versucht, die noch allgemeine Zusammenfassung des P zu konkretisieren und den Alltagsbezug herzustellen.

(28) T führt zurück zum ABC, das den Ausgangspunkt dieses Dialogs darstellt, und konkretisiert damit erneut die Erkenntnisse des P.

(29) T übernimmt erneut die Rolle des 'advocatus diaboli', um zu testen, inwieweit P seine neuen Ansichten schon vertreten kann.

Prüfung der neuen Sichtweise auf Funktionalität

T: „Hm, ...wenn Sie das künftig so sehen, wenn das Ihre neue Ansicht   (30)
zum Thema Gerechtigkeit sein soll, wie wird es Ihnen denn dann
damit künftig gehen? Betrachten wir das doch einmal an dem Beispiel aus Ihrem → ABCZ: Wenn Sie nun so denken, wie eben beschrieben, welches Gefühl hätten Sie dann in der Situation A?“

P: „Ich wär' dann schon ziemlich enttäuscht. Oder eher traurig.“

T: „Weshalb? Weil Sie es ungerecht finden, dass Sie nicht berufen wur-   (31)
den, oder weil Sie nicht bekommen haben, was Sie gern selbst gehabt hätten?“

P: „Weil ich nicht bekomme, was ich gerne hätte.“

T: „Ja, das klingt schlüssig. Und führt diese neue Sichtweise zu Ihrem   (32)
angestrebten emotionalen Ziel?“

P: „Ja. Das passt.“

T: „Gut. Und spricht Ihre neue Sichtweise dagegen, so zu handeln, wie
Sie es sich in Ihrem Zielverhalten Z2 vorgenommen haben?“   (33)

P: „Nein. Das widerspricht sich nicht.“

T: „Okay, dann haben Sie ja eine Lösung gefunden, eine neue Sichtweise, mit der Sie die Ziele erreichen, die Sie sich vorgenommen haben, und die nicht widersprüchlich ist. Wollen wir es dabei belassen
und dieses Thema damit abschließen?“

P: „Ja. Ich glaube, das hab' ich verstanden.“

Wie im vorherigen Beispiel fehlt auch hier die Phase 6, die Hinführung in Form
einer gemeinsamen Suche nach einer neuen, zielführenden, funktionalen Definition mit Hilfe der → regressiven Abstraktion, denn das Ergebnis besteht
darin, die alte Begriffsbestimmung zu verwerfen, ohne dafür eine neue suchen
zu wollen. Das ist immer dann der Fall, wenn es sich bei den untersuchten Begriffen um Konstrukte handelt, um künstliche Begriffe, die in der Realität nicht
beobachtbar oder beschreibbar sind, oder wenn sie individuelle Vorlieben, persönliche Wertmaßstäbe oder Ziele darstellen.

---

(30) T behandelt die neue Sichtweise des P zum Thema Gerechtigkeit als dessen → B^{neu}, als seine neue funktionale Sichtweise, und prüft, ob er damit
das angestrebte emotionale Ziel (Z1) erreicht.

(31) T prüft erneut, ob P bereits zu seinen neuen Erkenntnissen steht und
diese schon in seiner Begründung umsetzen kann.

(32) T verstärkt P's Erklärung und lässt ihn prüfen, ob das → B^{neu} zielführend ist.

(33) T verstärkt erneut und lässt P nun noch prüfen, ob irgend etwas in seiner
neuen Sichtweise dagegen spricht, sich so zu verhalten, wie in Z2 formuliert.

7.4 Thema: „Der wahre Sinn des Lebens" – Ein Dialog zur Stärkung von Entscheidungs- bereitschaft und Selbstverantwortung

Es gibt verschiedene Begründungen dafür, warum sich Menschen auf die Suche nach dem „wahren" Sinn des Lebens machen. Einige versuchen damit, die eigene Verantwortung für Entscheidungsprozesse zu umgehen, andere möchten nur ja nichts falsch machen, gute Menschen sein und dadurch zum ewigen Leben ge- langen, wieder andere sind zwar durch ihren Sozialisationshintergrund bereits mit einem (in der Regel religiös begründeten) Modell versehen, sind jedoch wegen widersprüchlicher Erfahrungen verunsichert und versuchen nun, ihr altes Modell durch fortwährende Modifikationen erneut glaubwürdig zu machen.

Häufig wird die Suche nach dem „wahren" Sinn des Lebens als Argument dafür verwendet, sich nicht für bestimmte Aktivitäten oder handlungsfor- dernde Einstellungen entscheiden zu müssen, da man das ja erst könne, wenn man wisse, was *wirklich* richtig ist.

Menschen mit derartiger Argumentationsweise versuchen in der Regel jede Form von Verantwortlichkeit zu vermeiden, besonders dort, wo es um Entschei- dungen geht, die sich später als falsch oder sozial unerwünscht herausstellen könnten. Sie suchen entweder nach einem allgemein gültigen, richtigen Weg durch das Leben, um garantiert ein „guter Mensch" zu sein, oder sie wollen ver- meiden, sich der „Gefahr" auszusetzen, für eigene Entscheidungen kritisiert oder abgelehnt zu werden (und suchen deshalb nach dem „allgemein anerkann- ten" Weg), oder sie benutzen die fortwährende Suche als (Vermeidungs-)Argu- ment dafür, nicht tätig werden zu müssen (und dann womöglich daran zu schei- tern), solange sie den „wahren" Sinn des Lebens noch nicht gefunden haben.

Niemand wird sich darüber wundern, dass solche Denk- und Verhaltenswei- sen in der Regel zu tiefgreifenden Selbstwertproblemen und irgendwann auch zu depressiven Erkrankungen führen, da zielgerichtetes Handeln und Erfolgs- erlebnisse *so* natürlich ausbleiben.

Fallbeispiel

Im folgenden Beispiel versucht der Therapeut, eine Patientin zu der Erkenntnis zu führen, dass es keinen objektiv wahren oder richtigen Lebenssinn gibt, son- dern nur den, den man seinem Leben selbst gibt, den man nach den eigenen ethisch-moralischen Normen erstrebenswert findet. Dazu versucht T zunächst mit Hilfe eines explikativen Sokratischen Dialogs den Begriff „wahrer Lebens- sinn" zu klären. Auch hier besteht, wie in den beiden vorangegangenen Beispie- len, das Ziel darin, P erkennen zu lassen, dass es den „wahren" oder „richtigen" Lebenssinn nicht gibt, so dass wir auch hier auf die Phase 6, die Hinführung zu einer neuen, funktionalen Definition mit Hilfe der regressiven Abstraktion, ver- zichten können.

T greift nun eine Aussage auf, in der P wieder einmal behauptet, dass sie die Hausaufgaben aus dem von ihr selbst aufgestellten Aktivitätenplan nicht durchführen konnte, da sie nicht gewusst habe, ob diese auch *wirklich* sinnvoll sind.

Hinführung zur Ausgangsfrage

T: „Das habe ich eben nicht verstanden: Sie sagten das letzte Mal, dass Sie an Ihrem Aktivitätenplan weiter arbeiten *wollen*, um aus Ihrem Stimmungstief und Ihrem passiven Dahinleben herauszukommen. Dazu haben Sie sich bestimmte Aufgaben herausgesucht, die Sie dann aber nicht gemacht haben, weil Sie nicht wissen, ob Sie diese auch *wirklich* sinnvoll finden. Wollten Sie denn zu dem Zeitpunkt nicht mehr versuchen, aus Ihrem Stimmungstief herauszukommen?"

P: „Doch, das schon, aber ich wusste doch nicht, ob das auch wirklich der sinnvollste Weg ist, ob ich das *wirklich* so richtig ist."

T: „Was ist der Unterschied zwischen sinnvoll und *wirklich* sinnvoll?"

P: „Ja, das weiß ich auch nicht so recht. ...Eigentlich wollte ich das ja auch machen, das, was wir letzte Woche besprochen haben. Aber dann, wenn ich dann aufstehen soll, um damit anzufangen, sind die Zweifel plötzlich wieder da: Ist das auch wirklich sinnvoll? Willst Du das auch wirklich? Gibt es nicht vielleicht doch einen anderen, sinnvolleren Weg?"

T: „Ja, ich habe verstanden, was Sie dann denken. Was ich noch nicht verstehe, ist, worin für Sie der Unterschied besteht, zwischen 'etwas sinnvoll finden' und 'etwas *wirklich* sinnvoll finden'. Können Sie mir das bitte erklären?"

P: „Ja, wenn wir das so besprechen, finde ich das schon richtig, was wir dabei herausfinden und so. Und ich will das dann ja auch tun. Aber wenn es dann so weit ist, das ich es machen soll, hab' ich wieder diese Zweifel. Ich denk' dann immer, ist das auch wirklich sinnvoll? Willst du das auch wirklich?"

T: „Was meinen Sie mit 'wirklich'?"   (1)

P: „Ja, was meine ich mit 'wirklich'...?"

T: (Längere Pause) „Woran denken Sie gerade?"   (2)

P: „Ich denke gerade, dass das alles ziemlich hoffnungslos ist. *So komm ich da ja nie raus.*"

Kommentar

(1)   T hätte besser sofort nach der Definition von 'wirklich' gefragt. Die vorherigen Fragen nach einer Diskriminierung von 'sinnvoll' und 'wirklich sinnvoll' waren für P zu schwierig.

(2)   T vergewissert sich, ob P noch an der Beantwortung der Frage arbeitet oder inzwischen in irgendwelchen depressiven Gedankenkreisen gefangen ist.

T: „Ja. Deshalb sind wir ja auch gerade dabei, Ihr Vorgehen so zu ver-   (3)
ändern, dass Sie da raus kommen. Wir waren ja gerade dabei zu
überlegen, warum es Ihnen so schwer fällt, das, was Sie sich vorgenommen haben, auch zu tun. Dabei sind wir auf das Hindernis gestoßen, dass Sie dann nicht wissen, ob Ihr Vorhaben auch *wirklich*
sinnvoll ist. Ich hatte Sie gefragt, was das ist: *wirklich* sinnvoll. Können Sie mir das bitte erklären?"

P: „Wirklich sinnvoll ist das, was ich nie bedauern muss, das, was sich
nie als falsch herausstellt und zu einem glücklichen Leben führt."

T: „Und erst dann, wenn Sie das erkannt haben, wollen Sie aktiv werden?"

P: „Ja, natürlich. Alles andere macht doch keinen Sinn. Ich kann doch
nicht so einfach loslegen, wenn ich noch gar nicht weiß, ob das auch
wirklich richtig und sinnvoll ist. Stellen Sie sich mal vor, ich stelle
dann nach 10 Jahren fest, dass das nicht richtig war, dass ich diese
Zeit sinnlos vertan habe!"

T: „Das klingt mir fast so, als ob Sie sagen würden: Ich sollte erst dann   (4)
anfangen, aktiv zu werden, wenn ich auch ganz sicher weiß, worin
der wahre Sinn des Lebens besteht, damit ich nur ja keinen Fehler
mache."

P: „Ja, das stimmt."

(1) Auswahl des Themas oder eines dysfunktionalen Denkmusters

T: „Hm, wenn das der Hauptgrund dafür ist, weshalb Sie immer wie-   (5)
der daran scheitern, Ihre Vorsätze auch durchzuführen, dann sollten wir uns doch mal genauer ansehen, was das ist, der *wahre* Sinn
des Lebens. Was meinen Sie?"

P: „Ja, das ist bestimmt wichtig!"

(2) Die „Was ist das?"-Frage und erster Definitionsversuch der P

T: „Dann lassen Sie uns das doch jetzt einmal zusammen betrachten.
Was verstehen *Sie* denn, unter dem ‚*wahren* Sinn' des Lebens?"

P: „Na ja, jeder Mensch hat ja in seinem Leben bestimmte Aufgaben
zu erfüllen, bevor er vor seinen Schöpfer tritt. Und dann entscheidet es sich, ob man ein gutes oder schlechtes Leben geführt hat, ob
man seinen Lebenszweck erfüllt hat oder nicht."

---

(3) T geht an dieser Stelle nicht erneut auf die pessimistische Gedanken ein,
sondern versucht, P wieder an den Punkt zu führen, wo sie den Ge-
sprächsfaden verloren hat.

(4) T konkretisiert die Aussagen der P, um dann auf das Thema hinzuleiten.

(5) T begründet das Thema und erfragt P's Zustimmung zum Disput.

T: „Angenommen das wäre so, dass Sie irgendwann einem Schöpfer (6) Rechenschaft über Ihre Lebensweise ablegen müssten. Kennen Sie denn dessen Anforderungen an Sie? Wissen Sie, was er von Ihnen erwartet?"

P: „Nein, nicht so genau."

T: „Aber immerhin doch ein wenig?" (7)

P: „Na ja, ich bin ja christlich erzogen und glaube auch an die Bibel und versuche, die 10 Gebote zu befolgen. Aber das reicht ja nicht aus, um zu wissen, wie ich nun tatsächlich genau leben soll, was ich exakt tun muss, um auch *wirklich* ein gutes Leben zu führen.

T: „Ab wann würde Ihr Wissensstand denn ausreichen, um aktiv mit dem Leben zu beginnen?"

P: „Wenn ich wüsste, wie ich mein Leben leben soll."

T: „Und wie könnten Sie das erfahren?" (8)

P: „Keine Ahnung. Darüber hab' ich schon oft und lange nachgedacht und gehofft, Gott würde es mir irgendwie vermitteln."

T: „Dann bräuchten Sie nur noch zu befolgen, was er Ihnen aufträgt, und Sie wären dann sicher, auch garantiert das Richtige zu tun?"

P: „Ja."

T: „Und solange Sie das nicht gesagt bekommen?"

P: „Ja, genau da weiß ich dann nicht weiter."

(3) Konkretisierung und Herstellung des Alltagsbezugs

T: „Vielleicht sollten wir das einmal an einem konkreten Beispiel betrachten. Geben Sie mir doch bitte ein Beispiel aus Ihrem Alltag. *Was* genau müssten Sie wissen, um *wie* oder *womit* anzufangen, um ein *wirklich* sinnvolles Leben zu führen?"

P: „Das kann ich so konkret gar nicht sagen."

T: „Hatte ich das vorhin richtig verstanden, dass Sie jetzt einiges nicht (9) beginnen wollten, weil Sie noch nicht wissen, worin der *wahre* Sinn Ihres Lebens besteht?"

P: „Ja, schon."

T: „Was genau haben Sie denn in dieser Woche nicht getan, obwohl Sie (9) es sich vorgenommen haben, *weil* Sie den wahren Lebenssinn noch nicht gefunden haben?"

---

(6) Dieses Vorgehen wäre besser unter **(5)** Widerlegung erfolgt, nachdem T die Antwort der P konkretisiert und den Alltagsbezug hergestellt hätte.

(7) T konkretisiert und arbeitet darauf hin zu erfahren, von welchem Informationsstand an P denn aktiv werden möchte.

(8) T fragt nach aktiven Einflussmöglichkeiten von P.

(9) T konkretisiert auf das Vermeidungsverhalten der P.

P: „Ich bin nicht auf den Flohmarkt gegangen."

T: „Weshalb wollten Sie denn dort ursprünglich hin? Was war Ihr Ziel?" (9)

P: „Ich wollte lernen, wieder unter Leute zu gehen, um irgendwann mal wieder jemanden kennen zu lernen."

T: „Ah ja. Und Sie waren sich dann nicht mehr sicher, ob das wirklich (9) Ihr Lebensziel ist, einen Partner zu finden? Oder waren Sie unsicher, ob das ein sinnvolles Vorgehen für Ihr Ziel ist?"

P: „Ich war mir nicht sicher, ob das jetzt *wirklich* sinnvoll ist, einen Partner suchen."

T: „Was meinen Sie mit 'wirklich'?"

P: „Na ja, ob das sinnvoll und gut für mich ist. Vielleicht geht das ja auch schlecht aus."

(4) Weitere Konkretisierung. Subthema: „Wirklich sinnvoll ist nur das, was garantiert gut ausgeht."

T: „Bedeutet das, dass es für Sie erst dann *wirklich* sinnvoll ist, zu je- (10) mandem Kontakt aufzunehmen, wenn Sie auch *wirklich* sicher sind, dass es so ausgeht, wie Sie es sich wünschen?"

P: „Ja, dann würde ich das machen."

(5) Widerlegung
(11)
T: „Und woran würden Sie erkennen, dass es wirklich sinnvoll ist? Dass es so ausgeht, wie Sie es sich wünschen?"

P: (Pause) „Das weiß ich auch nicht."

T: „Was müsste jemand wissen, um das danach zu entscheiden?"

P: „Wie es ausgeht. Er müsste wissen, wie es ausgeht."

T: „Wäre das ein Wissen um gegenwärtiges oder zukünftiges Gesche- hen?"

P: „Um zukünftiges."

T: „Kennen Sie jemanden, der die Zukunft kennt und den Sie dazu be- fragen könnten?"

P: „Nein."

T: „Hm, das ist mir dann noch nicht klar. Worauf warten Sie denn dann, wenn die Zukunft ohnehin niemand kennt?"

P: „Ja, ...das weiß ich auch nicht."

T: „Hm.... Ich möchte dieses Vorgehen einmal an einem anderen Bei- spiel betrachten. Stellen Sie sich vor, Sie wünschten sich ganz be-

---

(10) T konkretisiert die Aussage der P und stellt den Alltagsbezug erneut her.

(11) T möchte herausarbeiten, dass P die Zukunft kennen müsste und absolu- tes Wissen bräuchte, um den Ausgang einer Handlung vorherzusehen.

sonders ein bestimmtes Buch. Zum Geburtstag bekommen Sie acht
Geschenke, die alle so gut verpackt sind, dass Sie nicht erkennen
können, was darin ist. Was machen Sie jetzt?"
P: „Ich wickle sie aus!"
T: „Warum?"
P: „Na, um zu sehen, was da drin ist!"
T: „Aber vielleicht mögen Sie das nicht, und Sie sind dann enttäuscht!"
P: „Hm, ...stimmt."
T: „Und? Würden Sie sie trotzdem auswickeln?"
P: „Ja."
T: „Weshalb?"
P: „Um zu sehen, ob das Buch, das ich haben will, dabei ist."
T: „Auch, wenn es möglicherweise nicht dabei ist und Sie dann ent-
täuscht wären?"
P: „Ja."
T: „Fänden Sie *das* denn sinnvoll?"
P: „Ja, klar."
T: „Weshalb?"
P: „Weil ja immerhin eine kleine Chance besteht, dass es dabei ist oder
etwas anderes, das ich mag."
T: „Das Risiko würden Sie eingehen?"
P: „Ja."
T: „Und wie wäre das, wenn Sie sich statt des Buches einen Partner
wünschen?"
P: (Pause) „Das wäre ja was anderes."
T: „Wo machen Sie da einen Unterschied?"
P: „Das sind ja Menschen."
T: „Ja. Und?"
P: „Bei Büchern ist mir das ziemlich egal, bei Menschen nicht."
T: „Angenommen, Sie hätten gern einen Partner, wäre es dann sinn-
voll, sich verschiedene Menschen daraufhin anzusehen, ob sie zu
Ihnen passen, ob Sie sie mögen?"
P: „Ja, dann schon."
T: „Aber Sie wissen nicht so genau, ob Sie einen Partner wollen?"
P: „Genau."
T: „Wonach wollen Sie das entscheiden?"   (12)
P: „Ja, wenn ich wüsste, dass das gut ausgeht."

---

(12) Hier dreht sich T im Kreis, diese Frage hat er bereits gestellt. Günstiger
     wäre, hier zu fragen, warum P dann nicht die Konsequenz aus ihrer Ent-
     scheidung zieht und ein anderes Ziel verfolgt.

T: „Und woran könnten Sie das erkennen?"

P: „Weiß ich nicht."

T: „Hm, an diesem Punkt waren wir ja schon, nicht? Sie haben herausgefunden, dass Sie die Fähigkeit bräuchten, in die Zukunft zu schauen und absolutes, das heißt, auch alles zukünftige Wissen zu haben, um *garantiert* das Sinnvollste zu tun. Beide Fähigkeiten besitzen Sie nun aber nicht, und Sie kennen auch niemanden, der sie hat, um ihn fragen zu können. Im Beispiel mit dem Buch hielten Sie es für sinnvoll, das Risiko einzugehen, es auszuprobieren, auch wenn Sie enttäuscht sein könnten. Wäre so ein Vorgehen auch hierbei sinnvoll?"

P: „Vielleicht. Eben das weiß ich ja nicht so genau."

T: „Welche grundsätzlichen Entscheidungsmöglichkeiten haben Sie denn?" (13)

P: „Einen Partner haben zu wollen oder eben nicht."

T: „Das sind zwei Möglichkeiten. Gibt es nicht noch andere?" (13)

P: „Ich wüsste nicht."

T: „Wie haben *Sie* sich denn entschieden?"

P: „Noch gar nicht."

T: „Wäre das nicht eine andere Möglichkeit, sich gar nicht zu entscheiden?" (13)

P: „Doch, schon."

T: „Angenommen, Sie entscheiden sich, einen Partner zu suchen. Was müssten Sie dann sinnvollerweise tun?"

P: „Dann müsste ich es wohl ausprobieren."

T: „Auch wenn Sie nicht wissen, was dabei herauskommt und enttäuscht sein könnten?" (14)

P: „Ja."

T: „Und wenn Sie sich entscheiden, keinen Partner zu wollen?"

P: „Dann würde ich das nicht tun."

T: „Und dann? Was würden Sie dann tun?"

P: „Ich würde etwas anderes machen."

T: „Welches andere Ziel würden Sie dann verfolgen?"

P: „Keine Ahnung. ...Vielleicht würde ich mich dann um einen Job kümmern."

T: „Wovon würden Sie das abhängig machen?"

---

(13) T möchte, dass P erkennt, dass sie stets die dritte Möglichkeit wählt: Sich nicht zu entscheiden und welche Konsequenzen jede Wahlmöglichkeit für sie hat.

(14) T prüft, ob P dann bereit wäre, die zuvor befürchteten Konsequenzen in Kauf zu nehmen.

P: „Ich müsste erst mal wissen, was sinnvoll wäre zu machen."

T: „Und wonach wollen Sie das entscheiden?" (15)

P: „Ich müsste wissen, was wirklich gut für mich ist."

T: „Und woran können Sie das erkennen?"

P: „Das weiß ich nicht."

T: „Was müssten Sie denn heute schon wissen, um das entscheiden zu können?"

P: „Ach so, ja, wie bei dem anderen Beispiel: Ich müsste in die Zukunft gucken können."

T: „Und? Können Sie das? Oder kennen Sie jemanden, der das kann?"

P: „Nein."

T: „Und nun?"

P: „Ich müsste es entweder ausprobieren oder es lassen."

T: „Ja. Wenn Sie sich entscheiden, es auszuprobieren, was müssten Sie (16) dann konkret tun?"

P: „Ich gehe zum Arbeitsamt, und ich bewerbe mich auf Stellenangebote."

T: „Okay, und wenn Sie sich dagegen entscheiden?" (17)

P: „Dann würde ich das nicht tun."

T: „Und dann, was würden Sie stattdessen tun?"

P: „Das weiß ich nicht,... ich hab' auch schon mal daran gedacht, ins Kloster zu gehen... ."

T: „... wenn Sie denn wüssten, ob das wirklich sinnvoll für Ihre Lebensplanung ist?"

P: „Ja."

T: „Schauen wir doch mal auf diese drei Entscheidungsbereiche: Die Frage, ob Sie sich einen Partner suchen, sich um einen Arbeitsplatz oder um den Eintritt in ein Kloster kümmern wollen. Egal, worum es geht, habe ich Sie richtig verstanden: Sie sagen, dass Sie sich erst

---

(15) Diese Frage ist nicht zielführend, da P ja nie vorgegeben hat, sich entscheiden zu *wollen*. Sinnvoller wäre hier die Frage nach der *Möglichkeit*, das mit Sicherheit *richtig* entscheiden zu können.

(16) T entscheidet sich hier, zunächst noch nicht die dritte Möglichkeit (sich nicht zu entscheiden) zu bearbeiten, sondern zunächst noch ein weiteres Beispiel für die Entscheidungsunwilligkeit der P zu betrachten.

(17) T hätte hier auch den Realitätsbezug der P prüfen und fragen können, für welche Arbeiten Sie denn mit ihrer bisherigen Ausbildung qualifiziert sei, um irrationale Zielsetzungen aufzudecken. Er entscheidet sich hier dafür, zunächst die Konsequenzen der einzelnen Alternativen zu klären.

dann entscheiden wollen, was Sie für sinnvoll halten, wenn Sie ganz (18)
sicher wissen, wie etwas ausgeht, ob es sich auch im Nachhinein als
wirklich richtig und sinnvoll erweist?"

P: „Ja, schon."

T: „Sehe ich das richtig, dass Sie sich jedes Mal entschieden haben, (19)
darauf zu warten, bis Sie absolutes, gesichertes Wissen haben, bevor
Sie aktiv werden wollen – obwohl Sie gleichzeitig einsehen, dass es
keinem Menschen möglich ist, in die Zukunft zu schauen und absolutes Wissen zu haben?"

P: „Irgendwie ja."

T: „Und welche Konsequenzen hat *diese* Entscheidung?" (19)

P: „Wieso? Welche Entscheidung?"

T: „Nun ja, Sie hatten ja die Möglichkeit, sich zwischen verschiedenen
Verhaltensalternativen zu entscheiden. Dazu hatten Sie doch aber
offensichtlich auch die Möglichkeit, sich nicht zu entscheiden.
Oder?"

P: „Doch, schon."

T: „Und welche Konsequenzen bringt diese Entscheidung immer wieder mit sich?"

P: „Das ich nichts tue?"

T: „Was meinen *Sie*?"

P: „Ja, schon. Ich kann dann nichts tun."

T: „Sie *können* dann nichts tun, oder Sie haben sich *entschieden*, nichts (19)
zu tun, solange Sie kein absolutes Wissen haben?"

P: „Ich hab' mich dann wohl irgendwie entschieden."

T: „Und welche Konsequenzen hat diese Entscheidung: sich nicht entscheiden zu wollen?"

P: „Ich kann dann nichts tun."

T: (Schweigt und sieht P an.)

P: „... Ach so, ja, ich... äh... ich hab' mich dann entschieden, vorsichts-
halber nichts zu tun."

T: „Und welche Konsequenzen hat das?"

P: „Das ich nicht so recht vorankomme."

T: „Und wie geht es Ihnen damit?"

---

(18) T geht nun auf die dritte Entscheidungsmöglichkeit ein (sicht *nicht* zu
entscheiden), damit P erkennt, welcher kurzfristige Vorteil und langfristige Nachteil ihr aus diesem Verhalten erwächst.

(19) T versucht mit seiner Wortwahl deutlich zu machen, dass es sich auch
hierbei um eine aktive Entscheidung der P handelt, für die und für deren
Konsequenzen ausschließlich P selbst die Verantwortung trägt.

P: „Gut. ... Äh,... nicht so gut. Schlecht.“

T: „Weshalb?“

P: „Weil ich *so* nicht vorankomme, nichts erreichen kann.“

T: „Und welches Gefühl haben Sie dann in der Regel?“ (20)

P: „Ich bin dann eher unzufrieden oder deprimiert, ... resigniert.“

T: „Ah, ja. Und wenn Sie sich für eine der anderen beiden Möglichkeiten entscheiden würden?“

P: „Auch schlecht.“

T: „Weshalb?“

P: „Weil ich dann nicht weiß, ob ich mich richtig entschieden habe.“

T: „Und welches Gefühl hätten Sie dann?“

P: „Eher Angst.“

T: „Ah ja. Verstehe ich das so richtig: Aus Angst, das Falsche zu beschließen, haben Sie sich immer wieder dafür entschieden, nichts zu tun und sind dann langfristig darüber deprimiert?“

P: „Ja, so ist das wohl.“

T: „Ich möchte nochmals an einem Beispiel untersuchen, ob es *wirklich* (21) sinnvoll ist, sich erst dann zum Handeln zu entscheiden, wenn man ganz sicher weiß, wie es ausgeht. Okay?“

P: „Okay.“

T: „Stellen Sie sich vor, jemand ist beim Segeln gekentert und hat dabei (22) völlig die Orientierung verloren. Land ist nicht zu sehen, und das Boot ist auch untergegangen. Der Segler weiß aber, dass das Land etwa 10 Kilometer weit entfernt ist. Genau diese Strecke könnte er auch schwimmen, nur weiß er eben nicht exakt, wo sich das Land befindet, und es ist so flach, dass man es erst sehen könnte, wenn es maximal 2 Kilometer entfernt ist. Andere Hilfe ist nicht in Sicht und auch nicht zu erwarten. Was soll er tun?“

P: „Der arme Kerl!“

T: „Ja, eine wirklich gefährliche Situation. Was würden Sie ihm raten zu tun?“

P: „Oh Mann, das wüsste ich auch nicht!“

---

(20) T möchte, dass P die emotionalen Folgen ihres Vermeidungsverhaltens erkennt.

(21) T holt das Einverständnis, um ein weiteres Beispiel für die von P aufgestellte Behauptung zu untersuchen. (Hätte T dieses Beispiel vorher gebracht, hätte er sich einige Umwege erspart.)

(22) T möchte mit diesem Beispiel bei P die Einsicht erreichen, dass es besser wäre, in irgendeine Richtung zu schwimmen, d.h. irgendeine Entscheidung zu treffen, als auf die Erleuchtung zu warten und dabei unterzugehen.

T: „Was würde passieren, wenn er sich Ihrer Methode bediente und erst aktiv wird, wenn er ganz genau weiß, was wirklich richtig sein wird?"

P: „Er würde womöglich immer weiter hinaustreiben und dabei dann untergehen."

T: „Ja, irgendwann würde er wohl vor Erschöpfung ertrinken. Also, was meinen Sie, was wäre sinnvoller?"

P: „Er sollte in eine Richtung schwimmen."

T: „In welche?"

P: „In die, wo er es für am wahrscheinlichsten hält, dass da Land ist."

T: „Aber er ist sich nicht sicher!" (23)

P: „Trotzdem."

T: „Weshalb?"

P: „Immer noch besser, vielleicht Land zu erreichen, als garantiert unterzugehen."

T: „Aber vielleicht schwimmt er in die falsche Richtung!" (23)

P: „Das stimmt. Trotzdem."

T: „Und wenn er in einem großen Kreis schwimmt?" (23)

P: „Wenn er nur 10 Kilometer schwimmen kann, schafft er das *so* nie."

T: „Hm. Sie meinen also, er sollte sich besser für die wahrscheinlichste Alternative entscheiden, auch wenn er sich nicht sicher ist, ob das auch *garantiert* die richtige Lösung ist?"

P: „Ja. Unbedingt."

T: „Und was heißt das dann für die Behauptung, die wir hier gerade untersuchen: *Wirklich* sinnvoll ist nur das, was auch *garantiert* gut ausgeht?"

P: „Das ist Quatsch. Dann wäre er mit Sicherheit ertrunken.

T: „Aber er hat Angst, während er in die wahrscheinlichste Richtung (23) schwimmt!"

P: „Das hätte ich auch. Aber es ist trotzdem sinnvoll."

T: „Einverstanden. Das leuchtet mir ein. Der untersuchte Satz ist also (24) unsinnig. Aber Sie hatten ja vorhin noch ein anderes Argument genannt, weshalb Sie besser warten sollten mit Ihrer Entscheidung. Sie sagten, Sie warteten auf ein Zeichen von Gott, um entscheiden zu können, was garantiert *wirklich* richtig für Sie ist. Stimmt das?"

P: „Ja, doch. Darauf hoffe ich schon ab und zu."

---

(23) T übernimmt die Rolle des 'advocatus diaboli'.

(24) T muss nun auch noch die andere Behauptung der P widerlegen, die sie für ihre Entscheidung heranzieht, inaktiv zu bleiben.

(4) Weitere Konkretisierung. Subthema: „Man sollte auf ein Zeichen von Gott warten, um das wirklich Sinnvolle zu entscheiden."

T: „Dann sollten wir uns auch diese Idee noch einmal genauer ansehen: (25) Man sollte auf ein Zeichen von Gott warten, bevor man sich für das wirklich Sinnvolle entscheiden kann. Einverstanden?

P: „Ja."

(5) Widerlegung

T: „Woran würden Sie Gottes Zeichen sofort und unzweifelhaft erkennen?"

P: „Na ja, wenn er mit mir spricht... ."

T: „Hat er das schon einmal getan?" (26)

P: „Nein, leider."

T: „Nein? Hm..., das verstehe ich jetzt nicht. Wenn Sie bisher noch kein Zeichen von Gott erhalten haben, wie konnten Sie denn dann immer wieder die Entscheidung treffen, sich nicht entscheiden zu wollen, solange er Ihnen kein Zeichen gibt?"

P: (Schweigt zunächst, dann:) „Das versteh' ich jetzt nicht."

T: „Habe ich Sie vorhin richtig verstanden? Sagten Sie, dass Sie erst auf ein Zeichen von Gott warten, damit Sie sich dann *wirklich* sinnvoll entscheiden?"

P: „Ja, schon."

T: „Haben Sie denn ein Zeichen von Gott erhalten, dass Ihnen sagt: 'Entscheide dich dazu, dich nicht zu entscheiden!'?"

P: „Nein. Das nicht."

T: „Was ich dann noch nicht verstehe, ist, wie Sie sich immer wieder für diese Alternative entscheiden konnten, so ganz ohne Zeichen?"

P: „Ja,... (längere Pause). Das kann ich Ihnen auch nicht beantworten." (27)

T: „Sehe ich das denn richtig, dass Sie sich immer wieder für diese Alternative entschieden haben?"

P: „Doch, schon."

---

(25) T konkretisiert das neue Subthema und holt sich die Zustimmung von P für den neuen Disput.

(26) Zum einem prüft T hierdurch, ob (und ggf. diagnostisch wie) Gott bereits zu P gesprochen hat. Zum anderen wird er, für den Fall, dass P bisher kein Gotteszeichen erhielt, P damit konfrontieren, wieso Sie sich denn dann immer wieder für die Alternative, sich nicht zu entscheiden, entschieden hat.

(27) T prüft, ob P die Sichtweise akzeptiert, dass sie mehrere Entscheidungsmöglichkeiten hat und dass eine davon die Möglichkeit ist zu entscheiden: „Ich entscheide mich nicht!"

T: „Ja,... wussten Sie denn ganz sicher, dass das die *wirklich* sinnvollste Möglichkeit ist?"

P: „Ich dachte immer, das sei besser, als irgendetwas total falsch zu machen."

T: „Hm..., haben Sie denn einen Hinweis darauf, dass Sie jemals ein Zeichen von Gott erhalten werden?"

P: „Nein, hab' ich nicht."

T: „Könnte das denn nicht auch total falsch gewesen sein, sich sein Leben lang für die Möglichkeit zu entscheiden, sich lieber nicht zu entscheiden?"

P: „Das wäre furchtbar!"

T: „Weshalb?"

P: „Das wäre dann ja ein total verpfuschtes, unausgefülltes Leben gewesen. Total belanglos und ohne Sinn!"

T: „Sie meinen, *so* ein Leben könnte garantiert nicht der 'wahre' Sinn des Lebens sein?"

P: „Auf gar keinen Fall!"

T: „Wollen Sie daraus irgendwelche Konsequenzen hinsichtlich Ihrer Angewohnheit ziehen, sich bisher stets lieber für das Nicht-Entscheiden zu entscheiden?"

P: „Damit muss ich sofort aufhören!"

T: „Müssen Sie, oder wollen Sie?"

P: „Ich will!"

T: „Okay, aber was würde das denn für unsere untersuchte Behauptung bedeuten: 'Man sollte auf ein Zeichen von Gott warten, um wirklich sinnvoll zu entscheiden!'?"

P: „Das ist Quatsch. *So* führe ich ja garantiert ein vergeudetes, sinnloses Leben!"

T: „Und wofür wollen Sie sich stattdessen entscheiden?"

P: „Für das, was *ich* am Sinnvollsten finde."

T: „Auch wenn Sie nicht wissen, ob sich das später auch als *wirklich* sinnvoll erweist?" (28)

P: (Seufzt) „Tja ..., das Risiko werde ich wohl eingehen müssen."

T: „Und wenn Sie dann doch ein Zeichen von Gott erhalten?" (28)

P: (Pause) „Na ja, dann könnte ich das ja von dem Moment an sofort beachten und mich dann daran orientieren."

(6) Hinführung zu einem adäquaten Modell und zielführenden Denkmuster

T: „Einverstanden. Wir haben nun schon zwei ehemals für Sie wichtige Behauptungen überprüft, und Sie sind in beiden Fällen zu dem Ergebnis gekommen, dass diese Sichtweisen unangemessen und unsinnig sind. Können Sie mir Ihre Ergebnisse noch einmal zusammenfassen? (29)

P: (Längere Pause) „Nun ja, ... zuerst hatten wir ja untersucht, ob nur das wirklich sinnvoll ist, was gut ausgeht. Da hatten wir dann am Beispiel des Schiffbrüchigen gesehen, dass das Blödsinn ist."

T: „Weshalb?" (28)

P: „Na, weil es schon sinnvoll ist, die Möglichkeit auszuprobieren, die er für am Wahrscheinlichsten hält. Lieber mit Chance überleben, als garantiert ertrinken."

T: „Ah, ja. Stimmt. Und was sonst noch?"

P: „Na ja, und gerade eben haben wir gesehen, dass es keinen Sinn macht, solange nichts zu tun, bis man endlich ein Zeichen von Gott erhält."

T: „Weshalb nicht?" (28)

P: „Na, wenn man es nicht bekommt oder es übersieht, hat man sein Leben mit Abwarten und Nichtstun vertan. Und das ist garantiert die sinnloseste Art, seine Zeit zu nutzen und bestimmt nicht der 'wahre' Sinn des Lebens."

T: „Wer sagt das?" (28)

---

(28) T übernimmt die Rolle des 'advocatus diaboli', um die neue Sichtweise der P zu testen.

(29) T möchte, dass sich die P ihre neuen Erkenntnisse nochmals in Erinnerung ruft, um anschließend wieder den Alltagsbezug herzustellen und P daraus Konsequenzen für die anstehenden Entscheidungen abzuleiten zu lassen.

P: „Ich!"

T: „Ach so. Ja, wenn Sie das so sehen möchten, welche Konsequenz wollen Sie daraus ziehen?"

P: „Ich muss mich jetzt..., äh, ... ich will mich jetzt selbst entscheiden, worin ich den wahren Sinn des Lebens sehen will."

T: „Auch wenn Sie sich nicht *wirklich* sicher sind?"   (28)

P: „Ja!"

T: „Und danach wollen Sie sich dann auch verhalten, es im Alltag umsetzen lernen?"

P: „Ja!"

T: „Okay. Und wann wollen Sie damit anfangen?"

P: „Damit fange ich sofort an. ... Ich hatte ja noch gesagt, dass ich, falls ich wirklich noch ein Zeichen von Gott bekomme, mich dann danach richten kann."

T: „Ja. Einverstanden. Und was ist denn nun der *wahre* Sinn des Lebens?"

(7) Ergebnis des Dialogs

P: „Tja, das weiß ich immer noch nicht, leider... . Und ich weiß auch nicht, wie ich das herausbekommen soll. Aber so lange ich das nicht weiß, will ich wenigstens das tun, was ich für sinnvoll halte. Vielleicht habe ich dann damit ja Glück."

T: „...und Sie erreichen damit Ihr Ziel, so wie der Schiffbrüchige mit seiner Entscheidung?"

P: „Ja."

T: „Und was soll nun der Sinn Ihres Lebens sein?"

P: „Darüber will ich noch einmal nachdenken und mich dann entscheiden. Das nächste Mal sage ich's Ihnen dann."

T: „Okay. Und wonach wollen Sie das entscheiden?"   (30)

P: „Danach, was ich moralisch und sinnvoll finde, nach meinem Glauben und meinen persönlichen Idealen."

T: „Hm, ..., ja, warum auch nicht. Und das wollen Sie dann auch praktisch in Ihrem Alltagsleben umsetzen?"

P: „Ja."

T: „Auch, wenn Sie dabei häufiger Angst haben oder unsicher sind?"

P: „Auch dann."

T: „Ja, das klingt sinnvoll. Und nächste Woche haben Sie die Richtung entschieden?"

---

(30) T will herausfinden, ob P sich hier erneut eine Ausweich- und Vermeidungsmöglichkeit schafft, oder ob sie sinnvolle Entscheidungskriterien besitzt.

P: „Ja."

T: „Gut, machen Sie das. Wir sehen dann nächste Woche, wie sich entschieden haben. Möchten Sie Hilfe für diesen Entscheidungsprozess?"

(Ende des Dialogs)

T gibt der P nun beispielsweise als Hilfestellung für die Lebenszielbeschreibung ein Arbeitsblatt an die Hand oder führt sie zuvor noch selbst in eine Technik der → Lebenszielanalyse ein.

Ob P ihre neuen Erkenntnisse bereits glaubt und verinnerlicht hat, wird sie spätestens bei ihrer nächsten Verhaltensübung offenbaren, wenn sie diese dann tatsächlich ausführt oder erneut vermeidet.

7.5 Thema: „Liebe ist ..., oder: Du liebst mich eben nicht!" – Ein Dialog im Paar-Setting zur Förderung gegenseitigen Verstehens

Bei Paaren oder in Gruppen entstehen häufig dann Probleme, wenn die Partner oder Gruppenmitglieder zu ihnen wichtigen Begriffen unausgesprochene Erwartungen hegen und unterschiedliche Ideen zu deren Verifikation vertreten. Alle Beteiligten gehen dann womöglich von derselben irrationalen Prämisse aus: Meine Auffassung ist objektiv, allgemein akzeptiert und gültig, und wenn der andere meinen Normen und Erwartungen nicht gerecht wird, zeigt er, dass er eine bestimmte Einstellung, Eigenschaft oder Emotion nicht hat.

Ein „Dauerbrenner" bei Paarproblemen liegt in der unterschiedlichen Bedeutung und Erwartungshaltung für den Begriff 'Liebe'. Häufig wirft der eine dem anderen dann vor, den Partner nicht wirklich zu lieben, denn sonst hätte er oder sie sich ja wohl nicht *so* verhalten, sondern *so* und *so*. Jeder besitzt eine eigene Vorstellung davon, wie sich jemand verhält, der liebt. Benimmt er sich anders, liebt er eben nicht. Zum Beleg dafür werden dann gern die eigenen Kriterien bemüht („Wenn Du mich liebtest, dann hättest Du ...!"), die der Beschuldigte dann vehement im Brustton der Überzeugung abschmettert („Das ist doch völliger Unsinn! Das hat doch damit gar nichts zu tun!") und zum Beweis seiner innigen Liebe die *eigenen* Indizien katalogisiert („Dass ich Dich liebe, kannst Du doch eindeutig daran erkennen, dass ich ... und ... und ...!").

Für die Lösung derartiger Probleme, die auf Definitionsunterschieden basieren, ist die explikative sokratische Gesprächsführung geradezu prädestiniert und *das* Mittel der Wahl, denn es handelt sich hier ja um eine klassische sokratische Begriffsbestimmung mit Hilfe der → regressiven Abstraktion, mit der die Betroffenen auf eine gemeinsame Definition hinarbeiten.

Fallbeispiel

In folgendem Fallbeispiel bespricht der Therapeut (T) mit einem Paar (Pw und Pm) die Konsequenzen unausgesprochener Erwartungen, Zielsetzungen und Kriterien und versucht, mit beiden am Beispiel des Begriffs 'Liebe' gemeinsam eine Definition zu erarbeiten. Dazu bedient er sich der explikativen sokratischen Gesprächsführung einschließlich der → regressiven Abstraktion. Ausgangspunkt für das nun folgende Gespräch ist der wiederholte Vorwurf der Pw, dass Pm sie eben nicht mehr liebe, sonst hätte er sich in verschiedenen Situationen anders verhalten. Pm bestreitet das vehement und empfindet die Vorwürfe als grundloses Gezänk.

Hinführung zur Ausgangsfragestellung

T: „Wenn ich Sie beide richtig verstehe, streiten Sie häufig darüber, ob der eine den anderen wirklich liebe, und Sie beide haben sehr unterschiedliche Argumente für Ihre Sichtweise. Kann es sein, dass Sie abweichende Ansichten darüber haben, was Sie 'Liebe' nennen?"

Pm: „Das kann man wohl sagen!"

Pw: „Ob man liebt oder nicht, das spürt man doch. Das ist doch keine Ansichtssache, so als ob ich ein rotes oder grünes Kleid vorziehe!"

Pm: „Nur *bei mir* scheint Dich da Dein Gefühl dann ja andauernd im Stich zu lassen."

T: „Könnte es hilfreich sein, wenn wir uns ansehen, worin denn genau die Unterschiede bestehen, wenn Sie, jeder für sich, behaupten, etwas sei ein Zeichen dafür, geliebt zu werden oder eben nicht? Was meinen Sie?"

Pm: „Ja, okay."

Pw: „Und wofür soll das gut sein?"

T: (Zu Pw gewandt:) „Schauen wir uns dazu eine Parallele an: Wenn   (1)
sich ein Japaner und ein Franzose darüber austauschen, was sie unter einem bequemen Stuhl, einer hübschen Frau, einem tollen Urlaub usw. verstehen, wozu sollte das gut sein?"

Pw: „Damit sie sich verstehen. Um miteinander sprechen zu können."

T: „Ja. Und wozu könnte es sinnvoll sein, zu sehen, was Sie beide unter 'Liebe' verstehen?"

Pw: „Das ist doch nicht das Gleiche! Wir sind weder Japaner noch Franzosen. Und selbst die würden wohl das Gleiche unter Liebe verstehen. Man müsste es nur übersetzen."

Kommentar

(1)   T hätte besser sofort unterschieden zwischen (1.) dem Verständnis, was und wie ein bestimmtes Gefühl ist und (2.) der Art, wie Menschen es unterschiedlich auszudrücken gewohnt sind.

T: „Da haben Sie Recht, möglicherweise verstehen beide darunter das (1)
   Gleiche, so wie Sie und Ihr Mann auch. Aber haben beide denn
   garantiert auch die gleiche Art und Weise, dieses Gefühl auszudrücken, es zu zeigen?"

Pw: „Weiß ich nicht."

T: „Könnte es denn sein, dass Menschen unterschiedliche Arten ha- (1)
   ben, ein und dasselbe Gefühl auszudrücken? Dass sie sich darin
   unterscheiden, wie sie es dem anderen mitzuteilen versuchen?"

Pw: „Möglich."

T: „Wäre, ganz prinzipiell, diese Unterschiedlichkeit auch bei Ihnen
   und Ihrem Mann möglich?"

Pw: „Vielleicht."

T: „Angenommen, das wäre so, dass Sie sich beide in der Art und
   Weise unterscheiden, in der Sie ausdrücken, dass Sie einander lieben. Wäre es für Sie beide von Vorteil, das zu wissen, damit Sie sich
   gegenseitig besser verstehen?"

Pw: „Ja, doch."

T: „Deshalb meine Frage vorhin: Wollen wir uns einmal ansehen, ob
   und, wenn ja, worin denn genau die Unterschiede bei Ihnen beiden
   bestehen, wenn Sie, jeder für sich, behaupten, etwas sei ein Zeichen
   dafür, geliebt zu werden oder eben nicht?"

Pw: „Meinetwegen."

T: (Schaut zu Pw und Pm.) „Halten Sie das beide für sinnvoll?" (2)

Pm: „Ja."

Pw: „Ja."

(1) Auswahl des Themas: „Woran erkennt man Liebe?"

T: „Schön, dann schlage ich vor, dass Sie gegenseitig folgende Frage
   beantworten: 'Woran erkennt man, dass man geliebt wird?'"

Pm: (Grinsend:) „Das erinnert mich irgendwie an diese Cartoon-Serie
   'Liebe ist ...'!"

Pw: „Ich finde, Du solltest das etwas ernster nehmen!"

Pm: (Lächelt vor sich hin und schweigt.)

T: (Zu Pm:) „Ja, das hat etwas davon." (Lächelnd zu Pw:) „Kennen Sie (3)
   die Serie auch, in der auf unendlich viele Arten versucht wird zu
   beschreiben, woran 'Liebe' festzustellen ist?"

---

(2) T möchte von beiden Partnern die konkrete Zustimmung, um sich später
    darauf beziehen zu können, falls Pm oder Pw später Widerstand zeigen.

(3) T versucht, Pw aus ihrer Trotzhaltung herauszuführen und gleichzeitig
    zu zeigen, dass man auch bei ernsthaften Themen etwas lustig finden
    kann.

Pw: „Klar.“

T: „Und wie finden *Sie* die?“

Pw: „Einiges ist ganz lustig.“

T: „Was daran?“

Pw: „Die Einfälle, die die haben, um zu zeigen, was Liebe ist.“

T: „Und? Teilen Sie alle Ansichten?“ (4)

Pw: „Nee.“

T: „Gibt's auch welche, an die Sie noch nicht gedacht haben oder die (4) Sie auch genannt hätten?“

Pw: „Ja..., schon.“

T: „Welche drei Merkmale halten *Sie* denn für die Wichtigsten, um (5) Liebe zu erkennen?“

(2) Erster Definitionsversuch der Pw

Pw: (Nach kurzer Pause:) „Dass mein Mann sich auch mal in der Öffentlichkeit zu mir bekennt, dass er mir auch zwischendurch öfter zeigt, dass er liebevoll an mich denkt und dass er netter zu mir ist.“

(3) Konkretisierung und Herstellung des Alltagsbezugs (Pw)

T: „Hm..., ich habe noch Schwierigkeiten, mir das konkret vorzustel- (6) len. Können Sie mir dazu Beispiele geben? *Wie* soll er sich zu Ihnen bekennen? *Woran* erkennen Sie, dass er liebevoll an Sie denkt? *Was* genau soll er tun, das Sie nett finden?“

Pw: „Na ja, er soll mich auch mal in der Öffentlichkeit, vor Leuten in den Arm nehmen. Er soll mich auch mal ohne weiteren Grund anrufen, um mir zu sagen, dass er an mich denkt und mich gern hat. Er soll mich auch sonst öfter anlächeln und nicht so viel mit mir 'rummeckern, wenn ich anders bin, als er möchte.“

(5) Widerlegung (Pw)

T: „Und wenn er das nun ab sofort tut, dann wüssten Sie, dass er Sie liebt?“

---

(4) T nutzt die Gelegenheit, um Pw an einem weiteren Beispiel zu zeigen, dass die Vorstellungen, wie jemand seine Liebe ausdrückt, sehr unterschiedlich sein können.

(5) T begrenzt die Nennungen zunächst der Übersichtlichkeit wegen. Später werden Pw und Pm aufgefordert, hierzu eine Liste von vermeintlichen Liebesbeweisen (Eigenschaften und Verhaltensweisen) zu erstellen.

(6) T konkretisiert durch Fragen nach Beispielen aus dem Alltag der Pw, da konkrete Beispiele leichter zu widerlegen sind als allgemeine.

Pw: „Nun nicht mehr. Jetzt tut er es ja vielleicht nur, um seine Ruhe zu haben. Das müsste schon von ihm selbst heraus kommen. Er muss das von sich aus selbst wollen."

T: „Sie meinen, jetzt, wo Sie das gesagt haben, ist Ihnen das nichts (7) mehr wert? Sie glauben dann nicht mehr, dass es ein Zeichen seiner Liebe zu Ihnen ist?"

Pw: „Nicht mehr so recht. Ich vermute dann, dass er das nur tut, um seine Ruhe zu haben und nicht, weil er es wirklich so empfindet."

T: „Wenn er sie liebte, müsste er sich *von sich aus* genau so verhalten, (7) wie Sie das eben beschrieben haben?"

Pw: „Ja. Zumindest in etwa."

T: „Und wenn er das nicht täte? Nach dem, was wir eben besprochen (8) haben: Würde das dann bedeuten, dass er Sie garantiert nicht liebt oder dass er möglicherweise nur eine andere Art hat, das auszudrücken?"

Pw: „Na gut, vielleicht hat er auch eine andere Art."

T: „Und wenn er das *von sich aus* genau so macht, wie Sie es sich vorstellen. Heißt das dann, dass er Sie *garantiert* liebt?"

Pw: (Pause) „Auch nicht."

T: „Wieso?"

Pw: „Er könnte mir ja was vorspielen"

T: „Hm..., das stimmt. Und was muss er tun, damit Sie *ganz* sicher sind?"

Pw: „Ganz sicher kann ich nie sein."

T: „Verstehe ich das richtig: Egal, was Ihr Mann tut, Sie können sich (9) ebenso wenig sicher sein, ob das ein Zeichen dafür ist, *dass* er Sie liebt, noch dafür, dass er Sie *nicht* liebt?"

Pw: „Ja, leider stimmt das wohl."

T: „Halten wir das doch erst mal so weit fest. (Zu Pm gewandt:) Welche drei Eigenschaften oder Verhaltensweisen halten Sie denn für die wichtigsten, um 'Liebe' zu erkennen?"

---

(7) T hätte hier auch auf die paradoxe Aufforderung der Pw eingehen können, entschließt sich aber, lieber bei seiner Strategie zu bleiben, Pw aufzuzeigen, dass es keine sicheren Indizien für oder gegen Liebe gibt. T befürchtet, Pw würde erneut in den Widerstand gehen und trotzig reagieren, wenn er zu diesem Zeitpunkt die Paradoxie in Pw's Aufforderung in Gegenwart von Pm aufzeigt.

(8) T prüft, ob Pw noch die zuvor erarbeitete Einsicht parat hat.

(9) T fasst das Ergebnis der Widerlegung von Pw zusammen und holt Pw's Zustimmung ein.

(2) Erster Definitionsversuch des Pm

Pm: „Ja… (kurze Pause) Also, am wichtigsten finde ich Vertrauenswürdigkeit. Dann Zärtlichkeit und das Füreinander-Dasein."

(3) Konkretisierung und Herstellung des Alltagsbezugs (Pm)

T: „Hm…, können Sie mir das bitte ebenfalls an Beispielen aus Ihrem Alltag erklären, was Sie damit genau meinen?" (10)

Pm: (Pause) „Wenn meine Frau mir verspricht, mit dem Rauchen aufzuhören, möchte ich darauf vertrauen können, dass sie das auch macht… ."

Pw: „Ich wusste genau, dass Du damit wieder anfängst!" (11)

T: (Schaut zu Pm.) „Und weiter?"

Pm: „Dass sie von sich aus zärtlich zu mir ist, mich streichelt oder küsst. Dass sie sich für mich Zeit nimmt, wenn ich mal wieder krank im Bett liege."

(4) Widerlegung (Pm)

T: „Ah ja…. Woran erkennen Sie denn, ob Sie einer Aussage Ihrer Frau vertrauen wollen?" (12)

Pm: „Ob sie sich daran hält. Ob sie das auch macht, was sie sagt."

T: „Haben Sie damit erfahren, ob Sie ihr vertrauen wollen, oder ob im Nachhinein Ihr Vertrauen in Ihre Frau zu einer bestimmten Aussage gerechtfertigt war oder nicht?"

Pm: „Erkennen kann ich das immer erst hinterher. Aber ich möchte Ihr mehr vertrauen können."

T: „Und was hält Sie davon ab?"

Pm: „Meine Vorerfahrung mit ihr."

T: „Sie meinen, weil Sie bisher öfter nicht getan hat, was sie versprach, *wollen* Sie ihr nicht mehr vertrauen?" (13)

Pm: „Wollen schon."

T: „Und was hält Sie dann davon ab?"

Pm: „Ich weiß ja nicht, ob Sie sich diesmal daran hält."

---

(10) T konkretisiert durch Fragen nach Beispielen aus dem Alltag des Pm.

(11) T ignoriert Pw's Zwischenruf und versucht mit seiner Frage, Pm davon abzuhalten, auf die Bemerkung Pw's einzugehen.

(12) T möchte, dass Pm erkennt, dass Vertrauen nicht im Voraus beweisbar ist. Man gibt es oder lässt es, weil man beschließt, jemandem zu vertrauen oder eben nicht.

(13) T benutzt hier gezielt das Wort *wollen*, damit Pm erkennt, dass es sich hierbei um *seine* Entscheidung handelt.

T: „Wenn Sie das schon vorher wissen, brauchen Sie dann noch Ver- (14)
trauen?"

Pm: „Nein, dann nicht mehr."

T: „Und nur wann müssen Sie sich entscheiden, ob Sie ihr vertrauen
wollen oder nicht?"

Pm: „Wenn ich noch nicht weiß, ob sie sich daran hält."

T: „Wäre das nicht riskant?" (15)

Pm: „Doch, schon. Das ist es ja!"

T: „Und? *Wollen* Sie bei Ihrer Frau noch das Risiko eingehen?" (13)

Pm: „Kommt darauf an."

T: „Worauf?"

Pm: „Um was es gerade geht, und welche Vorerfahrungen ich in dieser
Angelegenheit mit ihr schon gemacht habe."

Pw: „Und sonst ist Misstrauen angesagt, wie? Nennst Du *das* Liebe?"

Pm: „Misstrauen würde ich das nicht nennen. Eher: Abwarten und beobachten."

T: (Zu Pw gewandt:) „Angenommen, er würde Ihnen in einer be- (16)
stimmten Sache misstrauen. Beispielsweise, wenn Sie ihm jetzt erneut versprechen, sofort mit dem Rauchen aufzuhören. Würde
das dann *garantiert* bedeuten, dass er Sie *auf gar keinen Fall* mehr
lieb hat?"

Pw: „Das vielleicht nicht."

T: „Und angenommen, er würde Ihnen vertrauen. Hieße das garan- (16)
tiert, dass er Sie deswegen auch lieben muss?"

Pw: „Äh..., nein. Vielleicht wäre es ihm auch egal."

T: (Zu Pm gewandt:) „Wie ist das denn nun damit, ,jemandem Vertrauen zu können'? Wer entscheidet, ob er Vertrauen schenkt oder
nicht?"

Pm: „Das muss jeder für sich entscheiden."

T: „Kann es sein, dass jemand, der bisher immer tat, was er sagte, das
nächste Mal sein Versprechen bricht?"

Pm: „Ja."

T: „Und kann es sein, dass jemand, der bisher noch nie tat, was er versprach, es das nächste Mal tut?"

------

(14) T möchte, dass Pm erkennt, dass man nur dann Vertrauen braucht, wenn
der Ausgang ungewiss ist.

(15) T übernimmt die Rolle des ,advocatus diaboli', um zu testen, ob Pm seine
neue Sichtweise auch begründen kann.

(16) T nutzt die Gelegenheit, um Pw an diesem Beispiel zu zeigen, dass auch
Vertrauen oder Misstrauen kein Beweis oder Gegenbeweis für Liebe sind.

Pm: „Auch das."

T: „Kann es sein, dass jemand Sie liebt, obwohl sie immer wieder nicht tut, was sie verspricht?"

Pm: „Hm..., vielleicht auch das."

T: „Ja, geht das denn?" (15)

Pm: „Na ja, wenn es meine Frau zum Beispiel nicht schafft, mit dem Rauchen aufzuhören, könnte sie mich immer noch lieb haben."

T: „Ah ja. Und wäre es auch möglich, dass jemand Sie nicht liebt, selbst wenn diese Person äußerst zuverlässig ist?"

Pm: „Ja, das wäre kein Beweis."

T: „Schauen wir uns daraufhin auch noch Ihre anderen beiden Kriterien an. Sie sagten: Liebe erkennen Sie daran, dass Ihre Frau zärtlich zu Ihnen ist und sich für Sie Zeit nimmt, wenn Sie erkrankt sind. Angenommen, jemand ist zärtlich zu Ihnen und nimmt sich Zeit für Sie, wenn Sie erkrankt sind. Wären das Beweise dafür, dass Sie garantiert geliebt werden?"

Pm: (Kurze Pause) „Äh..., nein..., nicht wirklich."

T: „Wieso nicht?"

Pm: „Sie könnte ja auch nur deswegen zärtlich zu mir sein, weil sie was von mir will. Oder sie könnte sich Zeit für mich nehmen, weil sie meint, das aus moralischen Gründen tun zu müssen. Beides wäre kein garantierter Liebesbeweis."

T: „Und angenommen, eine Frau wäre weder zärtlich zu Ihnen, noch würde sie sich Zeit für Sie nehmen, wenn Sie erkrankt sind. Wären das Beweise dafür, von dieser Person garantiert nicht geliebt zu werden?"

Pm: (Pause) „Irgendwie auch nicht."

T: „Weshalb nicht?"

Pm: „Ich weiß ja nicht, aus welchen Gründen sie *nicht* zärtlich ist. Vielleicht hat sie das nie gelernt oder hält das für verwerflich. Und wenn sie sich keine Zeit nimmt, hat sie vielleicht etwas vor, was sie für noch wichtiger hält."

T: „Ja, aber kann sie Sie denn dann noch lieben?" (15)

Pm: „Doch, schon."

T: „Hm..., vielleicht sollten wir erst einmal festhalten, was Sie beide (17) bisher herausgefunden haben?"

Pm: „ ... Es gibt nichts, woran man Liebe sicher feststellen kann. ...Es gibt keine Beweise. Weder Liebesbeweise noch Gegenbeweise."

---

(17) T möchte als Zwischenergebnis festhalten lassen, dass man Liebe nicht objektiv erkennen kann.

Pw: „Liebe kann man nur bei sich selbst spüren. Ob der Partner dann das eigene Zuneigungsverhalten auch als Liebesbezeugung versteht, ist nicht sicher."

T: „Und auf unsere Ausgangsfragestellung bezogen: 'Woran erkennt man Liebe?', was haben Sie da bisher herausgefunden?"

Pm: „Das ist eine Interpretationsfrage. Garantiert sicher erkennt man das nicht."

T: „Weshalb nicht? (Blickt zu Pw.)

Pw: „Einerseits, weil Menschen da unterschiedlich sind und verschiedene Arten haben, Liebe auszudrücken. Und andererseits, weil man Liebe vom Verhalten her auch ausdrücken kann, ohne sie wirklich zu empfinden."

(6) Hinführung: Gemeinsame Suche nach einer Definition

T: „Ja, das kann ich nachvollziehen. Aber wie wollen Sie denn nun (18) künftig mit dieser Erkenntnis umgehen? Was soll das für Sie beide bedeuten?"

Pw: „Wir werden wohl darüber reden müssen, was wir beide darunter verstehen, und wie wir es dem anderen vermitteln."

Pm: (Zu Pw:) „Vielleicht können wir uns da ja auch mehr angleichen. Ich hab' ja gar nichts dagegen, Dir öfter das zu geben, was Du für Liebeszeichen hältst. Ich müsste sie dazu nur besser kennen."

T: (Zu Pw:) „Was halten Sie davon?"

Pw: „Mir widerstrebt noch die Vorstellung, dass das dann eventuell so mechanisch abläuft, so ganz ohne Gefühl, nach Fahrplan."

Zurück zu (5): Widerlegung (Pw)

T: „Diese Konsequenz verstehe ich noch nicht. Weshalb müsste das ohne Gefühl ablaufen?"

Pw: „*Müsste* nicht, aber *könnte*."

T: „Könnte man auch die von Ihnen angeführten 'Liebesindizien' zeigen, ohne wirklich Liebe zu empfinden?"

Pw: „Ja, doch, schon. Das haben wir ja gerade gesehen. Aber mir widerstrebt diese Vorstellung immer noch."

T: „Was genau daran?"

Pw: „Dass man nicht sicher sein kann, ob der andere das wirklich so meint!"

T: „Dass Sie dem Partner da vertrauen müssen?"

---

(18) T möchte die Erkenntnis erarbeiten, dass Pw und Pm eine gemeinsame Definition des Begriffs 'Liebe' und ihrer Liebesbezeugungen benötigen, um sie als solche zu verstehen.

Pw: „Ja, das ist es wohl."

T: „Wofür halten Sie selbst denn 'Liebesverhalten' für sinnvoll: Für (19) sich selbst, damit Sie wissen, dass Sie Ihren Partner lieben, oder für Ihren Partner als Botschaft, damit er erfährt, dass Sie ihn lieben?"

Pw: „Na, das Zweite natürlich!"

T: „Wäre es dann sinnvoll, dass er Ihre Botschaft auch versteht?"

Pw: „Na klar."

T: „Und wenn Sie etwas 'ihm zuliebe' tun möchten, wäre *was* wichtig zu wissen?"

Pw: „Was er als Liebeszeichen erkennt?"

T: „Was meinen Sie?"

---

(19) T versucht bei Pw die Einsicht zu erarbeiten, dass 'Liebesverhalten' in der Regel für den Partner bestimmt ist, um dem damit zu vermitteln, dass er geliebt wird. Ob er diese Botschaft dann glaubt, hängt von seinem Vertrauen ab.

Pw: „Ja. Das wäre sinnvoll.“

T: „Und wenn er es als Liebeszeichen erkennt, muss er dann auch glauben, dass Sie es ehrlich meinen?“

Pw: „Nein, er muss mir da schon vertrauen.“

Weiter mit (6): Hinführung

T: (Zu Pm:) „Sehen Sie das auch so?“

Pm: „Ja, klar.“

T: „Okay, dann können wir ja damit weitermachen, dass Sie sich darüber austauschen, was Sie als 'Liebeszeichen' empfinden. Angesicht der fortgeschrittenen Zeit schlage ich vor, dass Sie das zu Hause vorbereiten, indem Sie beide, zunächst jeder für sich, sämtliche Liebeszeichen, die Sie kennen, aufschreiben. Das nächste Mal werden wir uns das dann gemeinsam ansehen und versuchen, ein gemeinsames Verständnis dazu zu erarbeiten. Was halten Sie davon?“

Pw: „Okay.“

Pm: „Ja, ist gut.“

T: „Gut, dann machen wir damit in der nächsten Stunde weiter.“

(Fortsetzung von (6): Hinführung)

T: „So, dann können wir ja unser Thema 'Woran erkennt man Liebe?' wieder aufgreifen. Haben Sie beide Ihre Liste von 'Liebeskriterien' aufgestellt und mitgebracht?“

Pw: „Ja.“

Pm: (Nickt.)

T: „Haben Sie die schon gegenseitig durchgelesen?“

Pm: „Ja, wir haben das untereinander ausgetauscht.“

Pw: „Oder sollten wir das nicht?“

T: „Im Gegenteil, schön, dass Sie schon Zeit dafür hatten. Sie wollten (20) ja die Sichtweise des anderen kennen lernen, und dafür war das sinnvoll. Aber können Sie es bitte dennoch langsam – zum Mitschreiben – vorlesen, damit auch ich Ihre Kriterien kenne?“

Beginn der regressiven Abstraktion: [1] Sammeln von Eigenschaften (21)

Pm: (Blickt in seine Mappe:) „Also, ich hab' hier stehen: Vertrauen, ...zärtlich sein, ...Sex, ...füreinander sorgen, ...treu sein, ...solidarisch

---

(20) Zur besseren Überschaubarkeit wird T die gefundenen Liebeszeichen an die Tafel schreiben und dann, bei der → regressiven Abstraktion, die durch die Zusammenfassung überflüssig gewordenen Begriffe streichen.

(21) Hier folgt nun innerhalb der Hinführung die → regressive Abstraktion gemäß des unter Kapitel 3.1 auf S. 54 aufgeführten Vorgehens von [1] – [5].

sein, ...Kompromisse schließen und halten, ...anlächeln, ...Kompli-
mente machen, ...sich für den Partner körperlich gepflegt und attraktiv halten, ...ehrlich sein, ...das Lieblingsgericht kochen, ...sich
erkundigen, wie es dem anderen geht, ...Anteil am Berufsleben nehmen, ...auch für die Interessen des Partners eintreten, wenn es nicht
die eigenen sind.“

T: (Nachdem er die letzten Worte an die Tafel geschrieben hat:)
       „Alles?“

Pm: „Ja.“

T: (Blickt zu Pw:) „Und was haben Sie gefunden?“

Pw: „Ich habe meine Reihenfolge etwas verändert. (Holt ihren Zettel
       hervor und liest ab:) „1. Zuverlässigkeit..., 2. Treue..., 3. öfter
       Komplimente machen..., 4. in den Arm nehmen..., 5. streicheln...,
       6. anlächeln (4, 5 und 6 auch in der Öffentlichkeit und vor ande-
       ren)..., 7. vor anderen zu mir stehen und für mich Partei ergrei-
       fen..., 8. Zärtlichkeit..., 9. Arbeit anerkennen und loben..., 10.
       auch mal ohne besonderen Anlass Blumen oder etwas Kleines
       schenken..., 11. fragen, wie es mir geht..., 12. fragen, was ich ge-
       macht habe und an meinen kleinen Alltagsproblemen Interesse
       zeigen..., 13. sich nach meiner Meinung zu bestimmten Dingen
       oder Themen erkundigen..., 14. miteinander ausgehen..., 15. kein
       Sex, ohne vorher zu fragen..., 16. pünktlich nach Hause kom-
       men..., 17. am Alltag teilhaben lassen und von der Arbeit oder
       den Kollegen erzählen.“ (Blickt zu T, der noch an der Tafel steht
       und mitschreibt.)

[2] Zusammenfassen der bisher gesammelten Eigenschaften

T: „Okay, (schaut an die Tafel) ...sehen Sie darunter Begriffe, die sich
       überschneiden, ähnlich oder gar identisch sind, die wir zur besse-
       ren Übersichtlichkeit zusammenfassen können?“

Pw: „‚Treue‘ und ‚treu sein‘ ist das Gleiche, ‚anlächeln‘ kommt bei uns
       beiden vor, ‚Komplimente machen‘ auch, ‚vor anderen zu mir ste-
       hen und Partei ergreifen‘ entspricht dem ‚solidarisch sein‘.“

Pm: „Gleich ist auch: ‚sich erkundigen, wie es dem anderen geht‘ und
       ‚fragen, wie es mir geht‘. Und noch eine Überschneidung: ‚Anteil
       am Berufsleben nehmen‘ und ‚am Alltag teilhaben lassen und von
       der Arbeit oder den Kollegen erzählen‘.“

T: (Nachdem er die Doppelnennungen unterstrichen hat:) „Noch
       mehr?“

Pm: „Einige Sachen sind nicht direkt identisch, aber doch ähnlich. Sol-
       len wir die auch zusammenfassen?“

T: „Geht dabei etwas Wichtiges verloren?“ (22)

Pm: „Nein, meiner Ansicht nach nicht.“

T: „Wäre das dann übersichtlicher?“

Pm: „Bestimmt.“

T: „Wäre es dann sinnvoll?“

Pw: „Na klar.“

T: „Na dann..., bitte.“

Pm: „Zu 'Zärtlichkeit' könnte man auch 'streicheln', 'anlächeln' und 'in (23) den Arm nehmen' zählen. Dass das 'in der Öffentlichkeit und vor anderen' geschehen soll, kann man auch zu 'solidarisch sein' packen.“

T: (Blickt zu Pw:) „Sind Sie damit einverstanden?“

Pw: „Ja, das geht.“

T: (Zu Pw:) „Gibt es noch mehr zusammenzufassen?“

Pw: „Hm..., man könnte vielleicht 'Anteil am Berufsleben nehmen', 'sich erkundigen, wie es dem anderen geht', 'fragen, wie es mir geht', 'fragen, was ich gemacht habe und an meinen kleinen Alltagsproblemen Interesse zeigen', 'am Alltag teilhaben lassen und von der Arbeit oder den Kollegen erzählen' zusammenfassen unter 'Anteil am Alltag des Partners nehmen'.“

T: (Zu Pm gewandt:) „Was halten Sie davon?“ (23)

Pm: „Ja, das ist gut.“

T: „Also gut, fassen wir das zusammen. Noch mehr?“

Pm: „Vielleicht könnte man 'Vertrauen', 'Kompromisse schließen und halten', 'ehrlich sein', 'Zuverlässigkeit' und 'pünktlich nach Hause kommen' unter 'vertrauensförderndes Verhalten' zusammenfassen?“

T: (Zu Pw:) „Was meinen Sie dazu?“ (23)

Pw: „Ich weiß nicht..., ich fände besser, das alles unter 'Zuverlässigkeit' zu packen.“

T: (An Pm gerichtet:) „Wie fänden Sie das?“ (23)

Pm: „Das wäre auch okay.“

Pw: „Ich glaube, ich hab' noch was: 'Arbeit anerkennen und loben', 'auch mal ohne besonderen Anlass Blumen oder etwas Kleines schenken', 'Komplimente machen', 'sich für den Partner körperlich gepflegt und attraktiv halten', 'das Lieblingsgericht kochen' kann man auch zusammenfassen. Wie wär's mit 'Dem Partner etwas geben, worüber er sich freut'?“

T: (Zu Pm:) „Wie finden Sie das?“ (23)

---

(22) Grundsätzlich ist T bemüht, die aufgeworfenen Fragen durch die P selbst untersuchen und beantworten zu lassen.

(23) T nimmt nicht aktiv an der Zusammenfassung der Begriffe teil, da ja Pw und Pm ihre eigene gemeinsame Definition suchen.

Pm: „Ja, das ist auch gut."

T: „Können Sie noch mehr zusammenfassen?"

Pw: „Zu 'füreinander sorgen' könnte man auch Folgendes packen: 'auch für die Interessen des Partners eintreten, wenn es nicht die eigenen sind' und 'kein Sex, ohne vorher zu fragen'."

T: (Schaut zu Pm:) „Und?"   (23)

Pm: „Ja, das geht auch."

T: „Können Sie weiter zusammenfassen?"

Pw: (Pause) „Ich nicht."

Pm: „Ich wüsste im Moment auch nicht, wie."

T: „Dann schauen wir doch noch mal, was an Kennzeichen noch   (24) übrig geblieben ist: Zuverlässigkeit, Treue, solidarisch sein, Zärtlichkeit, Sex, Anteil am Alltag des Partners nehmen, füreinander sorgen, dem Partner etwas geben, worüber er sich freut, sich nach meiner Meinung zu bestimmten Dingen oder Themen erkundigen, miteinander ausgehen."

Pm: „'Sich nach meiner Meinung zu bestimmten Dingen oder Themen erkundigen' könnte man kürzer ausdrücken durch 'am Partner interessiert sein'."

Pw: „Das ist gut!"

[3] Frage nach weiteren Beispielen

T: „Ist Ihnen noch etwas eingefallen, was bisher nicht auf Ihrer Liste steht und das Ihnen wichtig ist zu ergänzen?"

Pm: (Pause) „Also, ich möchte gern noch 'Geduld mit dem Partner' und 'Kompromissbereitschaft' aufnehmen. Letzteres ist irgendwie untergegangen, als wir 'Kompromisse halten' zu 'Zuverlässigkeit' gepackt haben."

Pw: „Und ich möchte noch 'Ehrlichkeit' anführen. Das hat mein Mann zwar schon genannt, aber ich finde das auch sehr wichtig."

Zurück zu [2]: Zusammenfassen der bisher gesammelten Eigenschaften

T: „Ah ja, dann schreiben wir das noch dazu (schreibt es an die Tafel, Pw und Pm auf ihre Zettel). Lässt sich nun noch etwas zusammenfassen?"

Pw: „Vielleicht könnte man 'Geduld mit dem Partner' zu 'füreinander sorgen' packen?"

Pm: „Meinetwegen. Aber 'Kompromissbereitschaft' möchte ich nirgends unterordnen. Das ist mir ganz wichtig!"

---

(24) T fasst das Ergebnis von [2] zusammen.

T: (Blickt zu Pw:) „Einverstanden?"

Pw: (Nickt.)

T: „Dann haben Sie an Kennzeichen für Liebe folgende Punkte ge- (25) funden: Zuverlässigkeit, Treue, solidarisch sein, Zärtlichkeit, Sex, Anteil am Alltag des Partners nehmen, füreinander sorgen, dem Partner etwas geben, worüber er sich freut, am Partner interessiert sein, miteinander ausgehen, Kompromissbereitschaft. Gibt es da- bei eine oder mehrere Eigenschaften, die jemand von Ihnen unter keinen Umständen als Liebeszeichen ansieht?"

Pm: „Für mich wäre 'miteinander ausgehen' nicht wichtig."

Pw: „Mir aber."

Pm: „Okay, okay... ."

Pw: „Aber ich habe eine andere Idee, und ich glaube, dabei könnte das 'miteinander ausgehen' auch untergeordnet werden. Könnte man 'solidarisch sein', 'dem Partner etwas geben, worüber er sich freut', 'miteinander ausgehen' und 'Kompromissbereitschaft' nicht unter dem Oberbegriff 'füreinander sorgen' zusammenfassen?"

T: (Blickt zu Pm:) „Was halten Sie davon?" (23)

Pm: (Kurze Pause) „Hm..., also gut, verabschiede ich mich von der 'Kompromissbereitschaft'. Ich denke, das passt alles zu 'füreinan- der sorgen'."

Pw: „Wollen wir auch noch 'Anteil am Alltag des Partners nehmen' und 'am Partner interessiert sein' zu 'Interesse aneinander' zusammen- fassen?"

Pm: „Ja, das ist gut."

Pw: „So viel bleibt jetzt ja auch nicht mehr nach... ."

T: „Wir haben nun noch: Zuverlässigkeit, Treue, Zärtlichkeit, Sex, (23) füreinander sorgen, Interesse aneinander. Möchten Sie noch etwas zusammenfassen, oder fehlt Ihnen noch etwas?"

Pm: „Nein."

Pw: „Ich habe auch nichts mehr."

[4] Trennen von notwendigen und hinreichenden Eigenschaften

T: „Gibt es unter den noch verbliebenen Begriffen einen oder meh- rere, die wir auch weglassen könnten, ohne dass jemand von Ihnen dann glaubt, es fehle etwas ganz Wichtiges, um den Begriff 'Liebe' zu beschreiben?"

---

(25) T fasst erneut das Ergebnis zusammen. Die Frage nach Eigenschaften, die einer der beiden nicht als Liebeszeichen ansieht, ist an dieser Stelle über- flüssig. Zu dieser Selektion dienen später die Punkte [4] und [5].

Pm: (Pause, Pw und Pm blicken an die Tafel.) „Ich könnte auf Zuverlässigkeit verzichten. Was mir daran wichtig ist, ist für mich schon in 'füreinander sorgen' und 'Interesse aneinander' enthalten."

T: (Zu Pw:) „Das ist ja Ihr erstes Kriterium. Was meinen Sie dazu?" (23)

Pw: „Hm..., das ist mir auch sehr wichtig, ...Aber ich kann das verstehen, was mein Mann sagt. Es geht mir ja nicht darum, dass er sich nicht mal verspäten darf oder auch mal etwas vergisst. Ich glaube, ich habe 'Zuverlässigkeit' immer so interpretiert, dass das ein füreinander Sorgen und ein Interesse aneinander bedeutet. Insofern bin ich damit einverstanden."

T: „Okay, dann streiche ich das?" (23)

Pw: „Ja."

T: „Wir haben jetzt noch: Treue, Zärtlichkeit, Sex, füreinander sorgen, Interesse aneinander. Gibt es noch ein weiteres Merkmal, auf das Sie verzichten können, ohne dass jemand von Ihnen meint, es fehle etwas Wichtiges, um Liebe zu beschreiben?"

Pm: „Nein. Das ist alles wichtig."

Pw: (Nickt.)

[5] Erarbeitung von wesentlichen Kriterien

T: „Wenn wir uns nun diese Eigenschaften daraufhin ansehen, ob sie *ausschließlich* für den Begriff 'Liebe' wesentlich sind oder auch andere Begriffe beschreiben, wie zum Beispiel 'Freundschaft' oder 'Sympathie'. Sehen Sie dann Begriffe, die wir streichen müssten, weil sie nicht eindeutig *nur das* beschreiben, was wir suchen: Ihre Definition von *Liebe*?"

Pm: (Pause) „Ja..., 'Interesse aneinander' ist mehrdeutig. Interesse hab' ich auch an Menschen, die ich nicht liebe."

Pw: „Ja, das geht mir auch so. In eingeschränktem Maße gilt das dann aber auch für 'Treue' und 'füreinander sorgen'!"

T: (Schaut zu Pm:) „Wie sehen Sie das?" (23)

Pm: „Ja..., aber nur sehr eingeschränkt."

T: „Wie können wir das denn auseinanderhalten?"

Pm: (Nach kurzer Pause:) „Auf 'Treue' könnte ich am ehesten verzichten. Das ist für mich schon irgendwie in 'füreinander sorgen' enthalten."

T: (Zu Pw:) „Was denken Sie darüber?" (23)

Pw: „Hm..., na gut, es könnte wohl tatsächlich zu 'füreinander sorgen' kommen. Wenn man füreinander sorgt, betrügt man sich nicht. Aber wie trennen wir das 'füreinander sorgen' von 'Freundschaft'?"

Pm: „Also, ich finde, wir müssen das gar nicht trennen. Für mich gehört 'Freundschaft' auch irgendwie zu 'Liebe' dazu, die Eigenschaften, die darunter fallen, sind dabei nur nicht ganz so intensiv."

Pw: „Ja, ich möchte das auch nicht streichen. Aber ich finde, wir sollten 'Sex' streichen, denn das ist für mich kein wesentliches Kennzeichen für Liebe. (Grinsend zu Pm:) Einige Männer sollen das ja auch schaffen, ohne dabei zu lieben... . Aber im Ernst, ich liebe Menschen, ohne dass ich mit ihnen Sex habe: Meine Eltern, unsere Tochter... .“

T: (Zu Pm:) „Sie nannten das als wichtige Eigenschaft. Was halten Sie davon?“ (23)

Pm: „Meine Frau hat Recht, das passt nicht mehr. Man kann auch lieben ohne Sex.“

Pw: „Und Sex haben, ohne zu lieben!“

Pm: (Grinsend:) „Ja, auch das.“

T: „Dann habe ich hier nur noch 'Zärtlichkeit' und 'füreinander sorgen' stehen. Sollen das Ihre beiden wesentlichen Kennzeichen sein, um den Begriff 'Liebe' zu beschreiben?“

Pm: „Ich finde, das passt.“

Pw: „Ich auch.“
   (Ende der regressiven Abstraktion)

(7) Ergebnis des Dialogs

T: „Wenn wir jetzt wieder auf unsere Ausgangsfragestellung zurück- (26) kommen. Wir wollten ja herausfinden, woran Sie glauben, 'Liebe' zu erkennen. Wie wollen Sie das nun beantworten?“

Pw: (Lächelnd:) „Liebe ist..., wenn man zärtlich zueinander ist und füreinander sorgt.“

Pm: (Auch lächelnd:) „Das hast Du schön gesagt!“

T: (Zu Pm:) „Sind Sie mit dieser Definition einverstanden?“

Pm: „Ja.“

T: „Sind Sie sich dann auch dessen sicher?“ (27)

Pm: „Äh..., nee..., sicher kann man nicht sein. Man müsste das glauben und darauf vertrauen, dass der andere das ernst meint, dass er wirklich so fühlt.“

T: (Zu Pw:) „Ja?“

Pw: „Ja.“

---

(26) T möchte, dass Pw und Pm das Ergebnis des Dialogs und der → regressiven Abstraktion zusammenfassen.

(27) T möchte in der Zusammenfassung auch die Erkenntnis sehen, dass die gefundenen Liebesindizien nicht verlässlich das Vorhandensein des Gefühls Liebe anzeigen, sondern dass dazu auch das Vertrauen gehört, diesem Signal zu glauben.

T: „Schön, dann haben Sie das ja miteinander geklärt. Was halten Sie davon, wollen Sie zum nächsten Mal beide aufschreiben, welche Verhaltensweisen Sie als 'zärtlich' und 'füreinander sorgend' ansehen, damit Sie sich nochmals klar machen, auf welche Weise Sie einander Ihre Liebe vermitteln können?"

Pm: „Das wäre bestimmt hilfreich."

Pw: „Das stimmt."

T: „Gut, dann machen wir damit das nächste Mal weiter."

In der nächsten Stunde wird T die P Verhaltensweisen für die gefundenen Kriterien sammeln lassen. Aufgrund der erstellten Liste wissen Pw und Pm dann, wie sie dem Partner 'Zärtlichkeit' und 'füreinander sorgen' so vermitteln können, dass der diese Botschaft auch versteht.

8 Die *normative* sokratische Gesprächsführung bei Moral- und Zielkonflikten

Betrachten wir nun einige Beispiele für normative Diskurse, mit deren Hilfe wir entweder prüfen, ob eine Handlungsweise oder Reaktion vor dem Hintergrund des jeweiligen ethisch-moralischen Normensystems sinnvoll, zielführend oder moralisch ist oder nicht oder bei der eine Fragestellung durch das Abwägen positiver und negativer Aspekte beantwortet wird.

8.1 Thema: „Aufregung ist gefährlich!" – Der Abbau dysfunktionaler Erregungszustände bei einer Herzneurose

Im vorliegenden Thema wird die Bewertung physiologischer Begleitsymptome von Emotionen behandelt und untersucht, ob Erregung oder Aufregung grundsätzlich gefährlich und somit möglichst zu vermeiden ist. Wir befinden uns dabei in der Phase 4 des in Kapitel 6.4 dargestellten KVT-Behandlungsplans.

Fallbeispiel
Im vorliegenden Fall behauptet der Patient, dass er sich unter keinen Umständen weiterhin aufregen dürfe, da das gefährlich für ihn sei. (Er gerät wegen seines rigiden Werte- und Normensystems derart häufig in starke Erregung, dass er bereits seit Jahren psychosomatische Beschwerden entwickelt hat und seit kurzem auch herzphobisch reagiert.) Immer, wenn er sich aufrege, verspüre er Herzrasen, Herzstiche, Schmerzen in der Brust und Ohrenrauschen, so dass er jedes Mal befürchte, nun einen Infarkt zu erleiden.

Der Therapeut macht diese bereits mehrfach geäußerte Behauptung nun zum Thema der heutigen Sitzung.

Hinführung zum Thema
T: „Sie sagten gerade, dass Sie sich unter keinen Umständen aufregen (1)
dürfen, weil das gefährlich sei. Sie haben das in den letzten Stunden

---

Kommentar
(1) T möchte die Wichtigkeit der Thematik von P bestätigt bekommen, um dann dessen Einverständnis einzuholen, das zum heutigen Thema zu machen.

schon mehrfach geäußert, so dass ich vermute, dies ist ein zentrales Anliegen von Ihnen. Stimmt das?"

P: „Ja, klar! Ich hab' Ihnen doch von meinem Reha-Aufenthalt erzählt und dass die Ärzte dort gesagt haben, ich solle mich nicht immer so schnell aufregen."

T: „Weshalb meinen Sie, sollten Sie möglichst Aufregung vermeiden?" (2)

P: „Na, Sie sind gut! Sie haben doch selbst festgestellt, dass ich psycho-somatisch krank bin! Aufregung ist schädlich für mich, ...ach was, es ist gefährlich! Ich könnte schließlich einen Infarkt bekommen!"

T: „Ah, ja? Hm... . Da diese Befürchtung offenbar so zentral für Sie ist (3) und Sie sich in der Vergangenheit immer wieder stark erregt haben, sollten wir uns das vielleicht einmal näher betrachten. Was halten Sie davon, wollen wir einmal genauer untersuchen, wofür genau Aufregung gut oder schlecht ist?"

P: „Na, *gut* wohl kaum! Aber die Gefahren können wir ja noch 'mal abchecken."

(1) Auswahl des Themas

T: „Okay, prüfen wir also Ihre Annahme: 'Aufregung ist grundsätzlich (4) gefährlich für mich!'"

P: „Ja."

T: „Was genau ist an Erregung gefährlich?" (5)

P: „Na, Sie stellen sich vielleicht naiv! Ist doch wohl klar: Aufregung ist Stress, und der ist gefährlich!"

T: „Was genau könnte passieren?" (5)

P: „Magengeschwüre, Bluthochdruck und anschließend der Herz-infarkt!"

T: „Hm. Verstehe ich das richtig: Wer sich aufregt hat Stress und be-kommt irgendwann einen Herzinfarkt?"

P: „Genau!"

---

(2) T hätte hier auch sofort auf den Unterschied zwischen 'Aufregung ist grundsätzlich gefährlich' und 'regen Sie sich nicht immer so schnell auf' eingehen können, um dann zwischen angemessener und unangemesse-ner Erregung zu differenzieren.

(3) T holt P's Einverständnis für den Disput.

(4) Festlegung des Untersuchungsgegenstandes. T wählt hier die Variante des P, um nicht unnötig Widerstand zu evozieren. Er wird daher später als Zwischenschritt prüfen müssen, ob Erregung auch positive Aspekte hat, bevor er die Vor- und Nachteile von Erregung mit P abwägen kann.

(5) Konkretisierung der Befürchtungen.

(2) Konkretisierung und Herstellung des Alltagsbezugs

T: „Ich glaube, ich verstehe das besser, wenn Sie mir hierzu ein konkretes Beispiel aus Ihrem Alltag geben."

P: „Leicht! Heute erst wieder: Ich komm' ins Büro und sehe, wie Hannes, das ist mein neuer Kollege, gerade an *meinem* Schreibtisch steht und in *meinen* Akten blättert!"

T: „Und?"

P: „Wie: Und? Finden *Sie* das etwa in Ordnung? Was hat der da denn rumzuschnüffeln? Der soll sich gefälligst um seine eigenen Dinge kümmern! So was regt mich total auf!"

T: „Wie macht *es* das?" (6)

P: „Ja, ja, ich weiß schon. Also gut: Ich rege mich auf."

T: „Weshalb?" (7)

P: „Wie: Weshalb? Sagen Sie bloß, *Sie* finden das in Ordnung!"

T: „Das weiß ich nicht."

P: „Wieso?"

T: „Ich weiß ja nicht, was er da will, weshalb er da 'rumblättert."

P: „Wofür ist das denn schon wichtig. Er hat da nichts zu suchen!"

T: „Für mich wäre es wichtig, um entscheiden zu können, wie ich es (8) finde."

P: „Ich find's jedenfalls unmöglich!"

T: „Und da haben Sie sich dann aufgeregt, weil Sie das unmöglich von ihm fanden?"

P: „Klaro!"

T: „Okay, das ist also ein Beispiel, in dem Sie sich aufgeregt haben. (9) Und was genau war in dieser Situation gefährlich?"

(3) Sammeln der negativen Aspekte

P: „Na, Sie hätten da 'mal meinen Blutdruck messen sollen! Falls Ihr Gerät so was überhaupt noch anzeigt. Mir hat's da richtig in den Ohren gerauscht! Herzrasen, wie nix Gutes, sage ich Ihnen! Und Sie fragen mich, was daran gefährlich ist!"

---

(6) T will P mit dieser Nachfrage an das Ergebnis der vor Stunden besprochenen ABC-Einführung erinnern: Er selbst hat mit seiner Bewertung (B3) den Erregungsanstieg bewirkt.

(7) Mit der Frage 'worüber' hätte T die Begründung für den Erregungsanstieg erhalten (er hätte damit das B2 erfragt). T möchte hier aber erfahren, wozu die Erregung für P dient (falls sie es denn tut).

(8) T möchte nochmals den Zusammenhang zwischen Bewertung (B3) und Gefühl (C1) deutlich machen.

(9) T führt zur Ausgangsthese zurück: Erregung ist grundsätzlich gefährlich.

T: „Ja. Was?"   (5)

P: (Blickt ungläubig zu T.) „Na, was wohl! Hab' ich doch eben schon gesagt: Magengeschwüre, Bluthochdruck, Herzinfarkt!"

T: „Sie haben in dem Moment gedacht, Sie könnten gleich Magengeschwüre, Bluthochdruck und einen Herzinfarkt bekommen, weil Sie sich so aufregen?"   (5)

P: „Falsch! Magengeschwüre und Bluthochdruck sind schon da! Hab' ich ja bereits seit Jahren! Ein Infarkt wäre genau das Letzte, was mir noch fehlte!"

T: „Sie haben in dem Moment befürchtet, einen Infarkt zu bekommen?" (10)

P: „Genau!"

T: „Sehen Sie noch andere Gefahren, die Sie mit Ihrer Erregung in dieser Situation in Verbindung bringen?"

P: „Wieso? Reicht das nicht? Ich finde einen Herzinfarkt ziemlich überzeugend gefährlich!"

T: „Ja, das kann ich verstehen. Wenn jemand einen Herzinfarkt bekommt, ist das gefährlich. Aber ich bin gerade dabei, alle möglichen Gefahren zu sammeln, die Sie in der Situation wegen Ihrer Erregung drohen sehen. Wie wahrscheinlich oder gewichtig die einzelnen Gefahren sind, können wir dann ja danach betrachten. Okay?"

P: „Hm. Ach so. Na gut. ... Hm, ... also, so direkt ..., es ist natürlich schon rein körperlich lästig, diese Erregung."

T: „Lästig oder gefährlich?"

P: „Beides."

T: „Was genau ist Ihnen dabei lästig?"

P: „Na ja, wie soll ich das sagen ..., also, das Herzrasen ist ziemlich unangenehm, die Herzstiche und die Schmerzen in der Brust erst recht, ...und auch das Ohrenrauschen... ."

T: „Okay, halten wir das als negative Aspekte von Erregung fest. Aber was ist daran gefährlich?"

P: „Ich könnte einen Infarkt bekommen!"

T: „Diese Befürchtung haben Sie ja schon zuvor geäußert. Sehen Sie darüber hinaus noch weitere Gefahren?"

P: (Pause) „Hm, ...im Moment nicht... ."

T: „Also ausschließlich die Gefahr, gleich einen Herzinfarkt zu bekommen?"

P: „Na ja, ...wenn ich ehrlich bin, ...befürchte ich auch, mich da zum Lachkasper zu machen... ."

T: „Wie das?"

---

(10) T erklärt das Ziel seiner Fragen und holt dazu P's Einverständnis.

P: „Na ja, wenn ich da so 'rumlaufe wie ein Dampfkessel, mit knallrotem Kopf und pochenden Schläfen. Die anderen Kollegen feixen sich dann immer einen. Erst recht, wenn ich dann auch noch explodiere und rumschreie."

T: „Und welche Gefahren sehen Sie dann?" (11)

P: „Die lachen mich aus! Die nehmen mich nicht mehr ernst!"

T: „Und was ist daran für Sie gefährlich?"

P: (Pause) „Hm. Gute Frage. Vordergründig kann es mir natürlich in der Firma schaden. Meinem Fortkommen und so. Vielleicht gefährdet es irgendwann sogar meinen Arbeitsplatz. Aber mir geht's dann natürlich auch selbst beschissen. Ich könnte mir hinterher immer selbst in den Arsch treten, dass ich Idiot mich schon wieder so aufgeregt habe, mich so hab' gehen lassen."

T: „Sie mögen dieses Verhalten nicht an sich und werten sich dann dafür ab?" (12)

P: „Ja."

T: „Und das befürchten Sie dann in der Situation, dass Sie sich gleich abwerten und als Idiot sehen könnten?" (5)

P: „Ja."

T: „Sehen Sie darüber hinaus noch andere Gefahren oder sonstige negative Aspekte Ihrer Erregung?"

P: (Längere Pause) „Nein. Mir langt das aber auch!"

T: „Ja. Sie meinten ja vorhin, es gäbe keine positiven Aspekte von Erregung. Wollen wir das auch noch kurz prüfen?"

P: „Wenn Sie meinen, meinetwegen."

(3) Sammeln der positiven Aspekte

T: „Sie selbst sehen überhaupt keine positiven Gesichtspunkte?"

P: „Nee. Null!"

T: „Hm, wie wär's: Ich gebe *Ihnen* jetzt ein Beispiel, und wir schauen dann, ob wir positive Aspekte für Erregung entdecken können. Okay?" (13)

---

(11) T geht zu diesem Zeitpunkt nicht auf klärungsbedürftige Begriffe und Aussagen ein, um konzeptgemäß weiter die für P negativen Aspekte von Erregung zu sammeln. Auch das jetzt angesprochene Selbstwertproblem von P wird er an dieser Stelle nicht aufgreifen.

(12) Auf den hierin enthaltenen Selbstbestrafungsaspekt und auf das Konzept von 'Schuld und Sühne' geht T an dieser Stelle nicht ein, da er dazu einen Disput zu einem anderen Thema eröffnen müsste.

(13) Nachfolgend gibt T ein Beispiel für eine Situation, in der Erregung vermutlich auch für P positive Aspekte enthält.

P: „Okay.“

T: „Haben Sie schon einmal gesehen oder davon gehört, dass Sportler, zum Beispiel Sprinter, sich kurz vor dem Start einlaufen, sich bewegen, herumhüpfen oder ähnliches, um ihren Kreislauf in Schwung zu bringen?“

P: „Klar. Hab' ich schon gesehen.“

T: „Wozu machen die das?“

P: „Damit sie gleich besser in Fahrt kommen, gleich volle Leistung haben, ihren Kreislauf in Schwung bringen.“

T: „Was hat das mit dem Kreislauf zu tun?“

P: „Das ist ja wie im Biologieunterricht..., also..., Leistung entsteht durch Verbrennung. Die verbrennen da irgendwie ihre Zucker- oder Fettreserven, wenn ich das richtig erinnere.“

T: „Und wie geschieht das?“

P: „Keine Ahnung. Das passiert wohl irgendwie in der Muskulatur oder in den Zellen.“

T: „Und warum japsen die dabei immer so?“

P: „Weil sie Sauerstoff brauchen.“

T: „Wozu?“

P: „Zur Leistung. Oder zur Verbrennung. Genau: Zur Verbrennung.“

T: „Aber die bekommen dabei Herzklopfen und Blutdruckanstieg! Gefährlich?“

P: (Grinst) „Ach, daher weht der Wind! Nee, notwendig.“

T: „Wozu?“

P: „Um die Leistung zu bringen.“

T: „Aber dieser Blutdruckanstieg, ist der nicht gefährlich?“

P: (Grinst) „Seh'n Sie, deswegen mach' ich ja auch keinen Sport. Sport ist Mord.“

T: „Und wenn Sie selbst mal ganz schnell ganz viel Leistung bringen wollen? Stellen Sie sich vor, Sie überqueren gerade eine sechsspurige Straße, als Sie plötzlich bemerken, wie sechs Lkws auf Sie zugedonnert kommen. Was machen Sie, ruhig und gelassen weitergehen oder mit dem Hechtsprung Ihres Lebens von der Straße hüpfen?“

P: (Grinst) „Wahrscheinlich krieg' ich dann sowieso endgültig meinen Infarkt und die brauchen mich nur noch festzufahren. Aber ich würde wohl 'nen Olympia reifen Hechter hinlegen.“

T: „Und Ihr Kreislauf?“

P: „Der ist auf Hundertachtzig!“

T: „Zum Glück oder leider?“ (14)

---

(14) T konfrontiert P mit dessen Behauptung, Erregung habe ausschließlich negative Aspekte.

P: (Kurze Pause, dann grinsend:) „Okay, okay. Jetzt haben Sie mich. Wär' wohl ganz gut, wenn ich dabei nicht zu untertourig wäre."

T: „Weil?" (15)

P: „Weil ich sonst die Leistung nicht brächte. So einen Satz würd' ich sonst kaum zustande bringen."

T: „Wollen Sie mir damit sagen, dass der plötzliche und extreme Erregungsanstieg Sie möglicherweise *am Leben* gehalten hat?"

P: „Na ja, in diesem Fall, vielleicht ja."

T: „Positiv oder negativ für Sie?"

P: „Also gut, positiv."

T: „Was ist der positive Aspekt von Erregung?"

P: „Dass er in Gefahrensituationen Leistung bereitstellen kann."

T: „Gibt es womöglich noch andere positive Aspekte von Erregungsanstieg?"

P: (Pause) „Wüsste ich nicht."

T: „Keine weiteren, als dass sie in Gefahrensituationen leistungssteigernd wirken kann?"

P: „Ich wüsste nicht, welche."

T: „Wie ist das denn beim Sportler in unserem Beispiel, war der gerade in Gefahr?"

P: „Nee, nicht sonderlich."

T: „Und wobei könnte für den Erregung positiv sein?"

(15) T möchte, dass P seine Einsicht selbst ausformuliert.

P: „Um schneller aus den Blöcken zu kommen. Auch zur Leistungssteigerung."

T: „Auch wenn der nicht in Gefahr war?" (16)

P: „Ja."

T: „So dass wir festhalten können, dass Erregungsanstiege, sowohl in
gefährlichen als auch in ungefährlichen Situationen, leistungssteigernd sein können?"

P: „Meinetwegen. Von meinen Erregungsanstiegen kann ich das bloß
leider nicht behaupten."

T: „Meinen Sie damit, bei Ihnen gilt das nie, dass auch Sie in bestimmten Situationen unter Erregung leistungsfähiger sind, oder
dass es oft auch anders ist, dass Sie oft erregt sind, ohne besondere
Leistungen zu zeigen oder vollbringen zu müssen?"

P: „Ich seh' immer nur, dass es gefährlich für mich ist."

T: „Sie meinen, die Beispiele mit der Straße und dem Wettlauf würden
für Sie nicht gelten?"

P: „Hm, ...wohl auch. Doch, schon."

T: „Können Sie dann bitte zusammenfassen, welche negativen und (17)
positiven Aspekte Sie in Bezug auf Erregungsanstieg gefunden
haben?"

P: (Pause) „Ja, ...ich probier's mal so: Die negativen Aspekte von Erregung sind zum einen die erhöhte Gefahr, wegen des Stresses psycho-
somatisch zu erkranken, Bluthochdruck oder Magengeschwüre zu
bekommen oder einen Herzinfarkt zu erleiden, zum anderen die
Nachteile, lästige Begleiterscheinungen wie Herzrasen, Herzstiche,
Ohrensausen oder Atemnot ertragen zu müssen. Vorteile können in
einer Leistungssteigerung bestehen."

(6) Suche nach den tangierten Normen oder (Lebens-)Zielen

T: „Okay, bevor wir nun daran gehen abzuwägen, ob die positiven
oder negativen Aspekte Ihres Erregungsanstiegs überwiegen,
möchte ich noch verstehen, welche Ihrer Ziele oder Lebensziele
durch dieses Thema berührt werden. Welche Ihrer Normen oder
Ziele sind dadurch betroffen?"

P: „Na, das ist ja wohl ziemlich klar: Ich will nicht sterben!"

T: „Gibt es noch weitere Gründe, oder betrifft das alle Situationen?"

---

(16) T will P zur Einsicht leiten, dass Erregung leistungssteigernd sein kann,
egal, ob jemand – zu Recht oder Unrecht – die Situation für gefährlich hält
oder nicht.

(17) T möchte, dass P „sein" Zwischenergebnis festhält.

P: „Das gilt für alle, ...wenn auch mit unterschiedlichen Befürchtungen. Einmal will ich nicht durch die Laster platt gemacht werden, das andere Mal will ich keinen Herzinfarkt bekommen."

T: „Und bei dem Wettlaufbeispiel? Geht's da auch ums Überleben?"

P: „Nee, da nicht. Also gut: Auch, wenn man gewinnen oder etwas leisten will."

T: „Neben dem Ziel zu überleben, können auch bestimmte Leistungsziele betroffen sein?"

P: „Ja."

(8) Abwägen der positiven und negativen Aspekte

T: „Das habe ich soweit verstanden. Dann können wir ja jetzt zum Abwägen der negativen und positiven Aspekte übergehen. Was überwiegt denn da für Sie?" (18)

P: „Das kann ich so generell gar nicht beantworten."

T: „Weshalb nicht?" (19)

P: „Weil das mal so und mal so ist. Bei der Situation auf der Straße, überwiegen natürlich die positiven Aspekte. Auch in der beim Wettlauf. Bei der Situation im Büro kann ich überhaupt keine Vorteile entdecken."

T: „Weshalb nicht?" (20)

P: „Weil ich da keine besondere Leistung bringen muss. Weder, um zu überleben, noch, um ein bestimmtes Ziel zu erreichen."

T: „Hm. Darüber muss ich erst einmal nachdenken." (Kurze Pause) „Wenn ich Sie vorhin richtig verstanden habe, haben Sie sich da doch unterschiedliche Gefahren ausgemalt: Einmal, dass Sie einen Infarkt bekommen könnten, wenn Sie sich wieder aufregten und zum anderen, dass Sie Nachteile haben könnten, wenn Ihre Kollegen Sie wegen Ihrer Erregung oder gar Ihres Ausflippens nicht mehr ernst nähmen und ablehnten. War das nicht so?"

P: „Doch, so gesehen, schon... ."

T: „Wenn Sie also innerlich 'Gefahr!' gerufen haben, hat dann Ihr Organismus zu Recht mit Erregungsanstieg reagiert oder nicht?"

P: „Es war doch gar keine echte Gefahr."

T: „Denken Sie das jetzt hier, oder haben Sie das damals in der Firma gedacht?"

---

(18) T versucht, ob P bereits eine derart generelle Antwort geben kann, oder ob eine Gewichtung der einzelnen Aspekte notwendig ist.

(19) T möchte herausfinden, ob dies an den bisher ungewichteten Aspekten oder an der Unterschiedlichkeit der Situationen liegt.

(20) T möchte mit P herausarbeiten, in welchen Situationen Erregungsanstieg sinnvoll sein kann und in welchen nicht.

P: „Gut, schon klar. Dort hab' ich gedacht, ich darf mich auf gar keinen Fall aufregen, sonst wird's gefährlich, ich könnte einen Infarkt kriegen."

T: „Ja. Aber angenommen, Sie hätten erkannt, dass gar keine echte Gefahr besteht, hätten aber trotzdem 'Alarm!' geschrien. Woher weiß Ihr Organismus, ob Sie zu Recht Alarm geben oder nicht?"

P: „Hm... ."

T: „Bitte?"

P: „Kann er nicht wissen."

(9) Entscheidung

T: „Wenn er das nicht selbst prüfen und entscheiden kann, hat er dann gesund und folgerichtig auf Ihren Alarmschrei reagiert oder nicht? Was meinen Sie?"

P: „Wenn Sie *so* fragen, muss ich wohl zugeben, dass es folgerichtig war."

T: „Und ist es gut oder schlecht für Sie, wenn Ihr Organismus folge- (21) richtig reagiert?"

P: „Wohl eher gut."

T: „Eventuell vielleicht eher gut oder gut für Sie, wenn er folgerichtig (21) reagiert?"

P: (Grinst) „Also gut: Gut."

T: „Auch, wenn der Alarmschrei gar nicht notwendig war?" (22)

P: „Wie wir gerade gesehen haben: Dafür kann der Körper ja nichts."

T: „Okay, und was folgern Sie nun aus Ihren Erkenntnissen? Ist Erregung grundsätzlich gefährlich?"

P: „Nein, Erregung kann auch leistungssteigend sein, in Gefahrensituationen die notwendige Extraenergie zur Verfügung stellen und mir dabei helfen, bestimmte Leistungsziele zu erreichen. Erregung kann aber im Übermaß auch gefährlich sein, weil es Stress für den Organismus bedeutet. ...Und irgendwann könnte sie auch zum Herzinfarkt führen."

T: „Hm..., wir müssten jetzt überlegen, ab wann Erregung im 'Übermaß' (23) ist. Meinen Sie, wenn Sie häufiger in einer tatsächlichen Gefahr sind,

---

(21) P hat nur auf einen Teil der Frage geantwortet, so dass T hier noch einmal nachsetzen muss.

(22) T übernimmt die Rolle des 'advocatus diaboli' und prüft die neue Sichtweise von P.

(23) T versucht hier aus Zeitgründen keine Operationalisierung des Begriffs 'im Übermaß', sondern versucht eine Widerlegung mit hedonistischen Argumenten.

sollte der Organismus ab einem bestimmten Punkt lieber im Ruhezustand bleiben, damit Sie sich nicht zu viel Stress machen?"

P: „Das wäre natürlich Quatsch!"

T: „Weshalb?"

P: „Na, wenn's echt gefährlich ist, gehe ich lieber das Risiko ein, *eventuell* durch zu viel Stress einen Infarkt zu bekommen, als *garantiert* gelassen zu verrecken."

T: „Das klingt logisch. Aber angenommen, Sie regten sich unnötigerweise viel zu sehr und zu häufig auf, weil Sie immer wieder ohne Not 'Alarm!' schreien, so dass Sie unnötig häufig gestresst sind. Könnten Sie etwas dagegen unternehmen?"

P: „Weniger Alarm schreien."

T: „Weniger? Nur noch jedes zweite Mal?" (24)

P: „Quatsch! Nein, nur noch, wenn ich in Gefahr bin."

T: „Und woran erkennen Sie das?"

P: „Indem ich künftig genauer hinschaue und prüfe, was mir wirklich (25) droht."

T: „Ja. Auch das klingt zielführend. Könnten Sie das noch in Ihr Ergebnis einarbeiten?"

P: (Pause) „Erregung kann leistungssteigend sein, in Gefahrensituationen die notwendige Extraenergie zur Verfügung stellen und mir dabei helfen, bestimmte Leistungsziele zu erreichen. Erregung kann aber im Übermaß auch irgendwann gefährlich werden, weil sie Stress für den Organismus bedeutet, und der könnte irgendwann auch zum Herzinfarkt führen. Aber ich kann versuchen, unnötigen Stress zu reduzieren, indem ich lerne, nicht unnötig Alarm zu schreien."

T: „Ja, ich glaube, damit haben Sie alles wiedergegeben, was Sie her- (26) ausgearbeitet haben. Was halten Sie von dieser Sichtweise?"

P: „Klingt vernünftig."

T: „Ja. Und glauben Sie, dass es stimmt?"

P: „Im Moment zumindest."

T: „Und wenn Sie einmal wieder in so einer Situation sind, wie heute (27) in Ihrem Büro?"

---

(24) T möchte P dazu bringen, eine zielführende Operationalisierung von 'weniger' zu finden.

(25) T fragt nach einer sinnvollen Differenzierungsmöglichkeit.

(26) T verstärkt P's neue Sichtweise und erfragt deren Glaubwürdigkeit für P.

(27) T prüft, ob P eine Vorstellung davon hat, was er das nächste Mal in einer ähnlichen Situation tun oder denken kann, wenn ihm die neue Lösung nicht gegenwärtig ist oder glaubhaft erscheint.

P: „Da werd' ich wohl erst mal lernen müssen, mich an das zu erinnern, was ich gerade sagte."

T: „Ja, das kann gut sein."

(Ende des Disputs)

8.2 Thema: „Darf ich abtreiben?" — Ein Zielkonflikt wird durch Abwägen ethisch-moralischer Gesichtspunkte gelöst

Fallbeispiel

Eine 26-jährige Patientin kommt auf Anraten ihres Gynäkologen, da sie sich in einem schweren Gewissenkonflikt befinde, seit zwei Wochen kaum noch schlafe und weder ein noch aus wisse. Vor 14 Tagen habe sie erfahren, dass sie durch ihre Urlaubsbekanntschaft ungewollt schwanger geworden sei. In zwei Semestern habe sie ihr Examen geplant, doch nun wisse sie nicht mehr, wie sie sich verhalten soll: Einerseits sind in ihrem Lebensplan auch Kinder vorgesehen, andererseits würde ein Kind zu diesem Zeitpunkt die gesamte Lebensplanung über den Haufen werfen. Sie möchte deshalb das Kind lieber nicht bekommen, wisse aber nicht, ob sie überhaupt das moralische Recht habe, es abtreiben zu lassen. Auch die vom Gesetzgeber vorgeschriebene Beratung vor zwei Wochen habe nicht zur Entscheidungsklarheit beigetragen.

Der Therapeut sammelt in nachfolgendem Dialog mit der Patientin die positiven und negativen Aspekte ihrer Entscheidungsalternativen und die davon tangierten ethisch-moralischen Werte, Normen und Lebensziele. Er lässt die Patientin die Aspekte und Normen zusammenfassen, um sie danach leichter gegeneinander abwägen zu können und dadurch zu einer Entscheidung zu gelangen.

Am Ende der Explorationsphase fasst T seine Sichtweise des bisher Geschilderten zusammen und leitet den beginnenden Sokratischen Dialog ein.

Hinführung zum Ausgangsthema

T: „Ich möchte jetzt zusammenfassen, was ich aus unserem bisherigen   (1)
Gespräch herausgehört habe: Sie kommen zu mir, weil Sie sich in
einer emotionalen Krise befinden, die durch Ihre Entscheidungsschwierigkeit hervorgerufen ist, wie Sie mit Ihrer ungewollten
Schwangerschaft umgehen wollen, dass Sie Ihr Kind abtreiben oder

---

Kommentar

(1)   T vergewissert sich, ob Konsens über die Ausgangsbedingungen besteht.

nicht. Um die Option zur Abtreibung zu behalten, müssen Sie sich innerhalb von drei Wochen entschieden haben. Sie sind erschöpft, weil Sie deswegen kaum noch schlafen können, verspüren inzwischen immer häufiger Panik, je näher der Termin rückt, bis zu dem Sie sich entschieden haben müssen. Habe ich das so richtig verstanden?"

P: „Ja."

T: „Habe ich etwas Wichtiges bei meiner Zusammenfassung vergessen?" (1)

P: (Pause) „Eigentlich trifft das den Kern, aber die ganzen 'Warums' fehlen noch, warum ich damit solche Probleme habe."

T: „Gibt es einen Grund, der *nicht* damit zu tun hat, dass Sie sich nicht (2) entscheiden können, welchen Weg Sie gehen wollen?"

P: (Pause) „Nein, das wohl nicht. Es liegt wohl eher daran, dass ich am liebsten gar nicht schwanger wäre. Aber das ist ja keine Option,... leider. Es stimmt schon, ich habe Angst, mich für eine der beiden Alternativen zu entscheiden."

T: „Weil Sie was befürchten?" (3)

P: „Dass ich es später bereue. Dass es das Falsche gewesen ist."

T: „Woran kann man erkennen, was auch im Nachhinein noch das (4) Richtige sein wird?"

P: „Genau das möchte ich wissen!"

T: „Ich wüsste das auch gern. Was bräuchten wir denn für Möglich- (5) keiten, um das zu erkennen?"

P: (Pause) „Na, einerseits müssten wir wissen, was objektiv richtig (6) ist... Aber das ist Quatsch, auf so eine Erkenntnis zu warten. Wenn es so etwas gäbe, wenn etwas als objektiv richtig oder falsch erkennbar wäre, gäb' s ja nicht so viele unterschiedliche Meinungen, Religionen, politische Systeme oder Moralvorstellungen... Andererseits müsste ich jetzt schon wissen, was ich in 10, 20 oder 30 Jahren gut finde, um entscheiden zu können, ob ich eine Entscheidung von heute dann bedauern würde. Aber auch das geht ja wohl leider

---

(2) T prüft, ob es andere Gründe als die besagte 'Entscheidungsschwierigkeit' gibt.

(3) T benutzt hier die B3-C1-Logik, um die Befürchtungen (das B2 im ABC-Modell) zu erfragen.

(4) T prüft, ob P selbst die Irrationaltität im Wunsch erkennt, schon vorher wissen zu können, was die Zukunft bringt, oder ob dies in einem entsprechenden Exkurs zusätzlich zu klären ist.

(5) T ist darauf aus, dass P erkennt, dass auch sie die dazu erforderliche Fähigkeit nicht besitzt.

(6) Die hohe analytische Fähigkeit der P erspart hier einen weiteren Exkurs.

kaum. (Pause) Oder ich dürfte meine heutige Sichtweise nie wieder ändern. Aber das würde ja wohl bedeuten, dass ich nichts mehr dazu lernen darf, keine neuen Erfahrungen machen darf, die meine jetzige Sichtweise verändern. Auch das ist unrealistisch."

T: „Ja, das klingt mir sehr logisch. Und was bleibt dann als Lösung?"

P: (Pause) „Ich kann mich nur danach entscheiden, wie ich es heute   (6) richtig und für mich angemessen finde."

T: „Auch, wenn Sie aus den beschriebenen Gründen Angst haben, das   (7) womöglich in Zukunft zu bedauern?"

P: „Ich wüsste keine andere Möglichkeit."

T: „Könnte es denn eine andere geben?"   (7)

P: „Nein. Das kann ich mir nicht vorstellen."

T: „Okay, dann scheint mir Ihre Lösung sinnvoll. Wollen Sie sich also   (8) trotz Ihrer Unsicherheit und Angst entscheiden, was Sie tun wollen?"

P: „Ja."

T: „Nun, dann können wir ja jetzt beginnen, daran zu arbeiten. Welche Frage wollen Sie entscheiden?"

(1) Auswahl des Themas: „Darf man abtreiben?"

P: „Ich möchte wissen, ob man abtreiben darf oder nicht."

T: „Meinen Sie das aus juristischer Sicht?"   (9)

P: „Nein, aus moralischer."

T: „Nach wessen Moral wollen Sie das entscheiden?"   (9)

P: „Nach meiner."

T: „Wollen wir dann diese allgemeine Frage untersuchen, oder eine, die ganz speziell für Sie zu diesem bestimmten Zeitpunkt gilt?"   (9)

P: „Letzteres."

T: „Und welche Fragestellung schlagen Sie dazu vor?"

(2) Konkretisierung und Herstellung des Alltagsbezugs

P: „Darf ich abtreiben, um meine eigenen Lebensziele zu verfolgen?"

T: „Einverstanden, untersuchen wir dieses Thema. Ich schlage vor,   (10) dass wir dazu zunächst untersuchen, welche Auswirkungen diese Entscheidung für Ihren Alltag hat. Einverstanden?"

---

(7) T übernimmt die Rolle des 'advocatus diaboli', um zu prüfen, ob die P ihre neue Erkenntnis begründen kann.

(8) T verstärkt P' s Lösung und fragt nach ihrer Bereitschaft, eine Entscheidung auch unter den gegebenen Umständen zu fällen.

(9) T greift das verallgemeinernde 'man' an und versucht, die Fragestellung zu konkretisieren.

(10) Herstellung der Alltagsbezugs.

P: „Ja."

T: „Da unsere Zeit heute ja schon beinahe um ist, schlage ich vor, dass Sie zum nächsten Mal sämtliche Vor- und Nachteile aufschreiben, die sie bei einer Entscheidung für den Abort auf sich zukommen sehen. In der nächsten Stunde, in drei Tagen, können wir dann diese Gründe betrachten. Okay?"

P: „Ja, okay."

(Fortsetzung in der nächsten Therapiestunde:)

(3) Sammeln der positiven und negativen Aspekte einer Entscheidung

T: „Wir wollten ja heute zunächst die Vor- und Nachteile betrachten, die Sie bei einer Entscheidung für die Abtreibung auf sich zukommen sehen. Haben Sie dazu etwas aufgeschrieben?" (11)

P: „Ja." (P holt ihre Unterlagen hervor.)

T: „Dann lesen Sie doch bitte zunächst alle Punkte vor. Bitte so langsam, dass ich mitschreiben kann." (T steht auf und geht zur Tafel.) (12)

P: „Also, ... als positive Punkte im Sinne meiner Lebensziele habe ich Folgendes gefunden: kann frei über mich und meine Zeit verfügen, ... muss mich nicht um das Kind kümmern, ... brauche mein Berufsziel nicht aufzugeben, ... kann zu Ende studieren, ... finde leichter einen Partner, ... stehe finanziell besser, ... kann meine geplanten Reisen in die Welt machen, ... das Kind muss nicht bei einer 'Alleinerziehenden' aufwachsen, ... ich muss kein Kind ohne Partner aufziehen, ... ich brauche niemanden, der mich finanziell unterstützt, ... ich kann weiterhin abends ausgehen, ... ich kann mein Auto behalten, ... muss keine langfristige Verantwortung übernehmen, ... meine soziale Rolle ändert sich nicht, ... kann auch die Freunde behalten, die kein Interesse an einem Mutter-Kind Lebensalltag haben."

T: „Alles?"

P: „Ja. Negative Aspekte einer Abtreibung habe ich nur wenige gefunden: schlechtes Gewissen („Du sollst nicht töten!"), ... bekomme vielleicht nie wieder ein Kind, ... der Eingriff kann körperliche und/oder seelische Komplikationen nach sich ziehen."

T: „Alles?"

P: „Ja."

---

(11) T leitet auf das Thema zurück und prüft, ob P die Hausaufgaben vereinbarungsgemäß machte.

(12) T schreibt die Nennungen an eine Wandtafel, um sie später durch P übersichtlicher zusammenfassen zu können.

T: „Wollen wir uns Ihre Aspekte nun daraufhin anschauen, ob wir sie (13)
in Oberbegriffe zusammenfassen können, damit Ihnen das Abwägen später leichter fällt?"
P: „Ja, gut."

(4) Zusammenfassen der positiven und negativen Aspekte

T: „Zuerst die positiven Aspekte?"
P: „Okay... (Pause) 'kann frei über mich und meine Zeit verfügen', (14)
'muss mich nicht um das Kind kümmern', 'brauche mein Berufsziel
nicht aufzugeben', 'kann zu Ende studieren', 'kann meine geplanten
Reisen in die Welt machen', 'ich brauche niemanden, der mich finanziell unterstützt', 'ich kann weiterhin abends ausgehen' und
'muss keine langfristige Verantwortung übernehmen' kann man
vielleicht unter den Oberbegriff stellen 'ich bleibe unabhängig'."
T: „Ja, einverstanden."
P: (Pause) „ 'finde leichter einen Partner', 'meine soziale Rolle ändert (14)
sich nicht' und 'kann auch die Freunde behalten, die kein Interesse
an einem Mutter-Kind Lebensalltag haben' betrifft eher die positiven sozialen Auswirkungen. Aber ich kann nur die letzten beiden
unter einen Oberbegriff zusammenfassen, der erste passt nicht da
rein."
T: „Wie heißt der Oberbegriff?"
P: „Ich kann meine soziale Rolle und mein soziales Umfeld behalten."
T: „Okay, und zusätzlich: 'Ich finde leichter einen Partner'?"
P: „Ja."
T: „Lässt sich noch mehr zusammenfassen?"
P: (Pause) „Ja, 'stehe finanziell besser', 'kann meine geplanten Reisen in (14)
die Welt machen', 'ich brauche niemanden, der mich finanziell
unterstützt' und 'ich kann mein Auto behalten' berühren finanzielle
Aspekte. Das lässt sich vielleicht unter 'ich bleibe finanziell unab-
hängig und muss keine Einschränkungen machen' zusammenfassen. Und 'das Kind muss nicht bei einer 'Alleinerziehenden' aufwachsen' und 'ich muss kein Kind ohne Partner aufziehen' beschreiben
die Nachteile, die aus der Situation Alleinerziehender erwachsen."
T: „Hatten Sie nicht einige dieser Aspekte schon im Zusammenhang (15)
mit 'ich bleibe unabhängig' genannt?"

---

(13) T begründet den nächsten Schritt und holt das Einverständnis der P hierzu.
(14) Auch hier führt das logische Denk- und Abstraktionsvermögen der P zu
einem ungewohnt zügigen Ergebnis.
(15) T prüft, weshalb P einige Nennungen doppelt zuordnet.

P: „Doch, schon, aber diese Doppelnennungen passen zu beiden Aspekten."

T: „Ach so. Können Sie die Letztgenannten noch weiter zusammenfassen?"

P: „Nein, das sind zwei unterschiedliche Aspekte: Einmal für das Kind und einmal für mich."

T: „Okay, dann bleibt noch nach: 'ich bleibe unabhängig', 'ich behalte meine soziale Rolle und mein soziales Umfeld', 'ich finde leichter einen Partner', 'ich bleibe finanziell unabhängig und muss keine Einschränkungen machen' und 'Nachteile für das Kind sowie Nachteile für mich, weil das Kind ohne Vater aufwächst'. Lässt sich da noch etwas zusammenfassen?" (16)

P: (Pause) „Die ersten vier Aspekte kann man zu 'ich bleibe sozial und finanziell unabhängig und muss keine Einschränkungen hinnehmen' machen. Darunter fallen dann auch die Nachteile für mich als Alleinerziehende."

T: „Okay, dann bleiben noch: 'ich bleibe sozial und finanziell unabhängig und muss keine Einschränkungen hinnehmen' und 'Nachteile für das Kind, weil es ohne Vater aufwächst'?" (16)

P: „Ja."

T: „Können Sie auch etwas bei den negativen Aspekten zusammenfassen?"

P: „Hm..., nein. Mit 'ich bekomme vielleicht nie wieder ein Kind' meine ich nicht irgendwelche organischen Folgegründe aufgrund des Eingriffs, insofern ist das ein eigener Aspekt, ebenso wie das schlechte Gewissen."

T: „Dann lassen wir zunächst die drei Aspekte so bestehen. Haben Sie inzwischen noch weitere Aspekte gefunden, negative oder positive, die noch nicht in den bisher genannten enthalten sind?"

(5) Suche nach weiteren Aspekten

P: (Pause) „Also, zu den positiven fällt mir noch ein, dass ich dann kein Kind von einem Vater aufziehen muss, den ich nicht liebe und zu dem ich auch keinen Kontakt mehr will. Zu den negativen Aspekten kommt noch, dass ich befürchte, dass meine Eltern diesen Schritt so sehr ablehnen, dass unsere Beziehung dadurch belastet wird."

T: „Hm, also 'muss kein Kind von einem ungeliebten Vater aufziehen' und 'Beziehung zu Eltern könnte belastet werden'?"

P: „Ja."

---

(16) T fasst das Zwischenergebnis zusammen, um P nach weiteren Zuordnungsmöglichkeiten suchen zu lassen.

(4) zurück zu: Zusammenfassen der positiven und negativen Aspekte

T: „Passt das zu einem der bereits gefundenen Aspekte?"

P: (Pause) „Nein, das sind eigenständige Punkte."

T: „Okay, dann schreibe ich die noch dazu." (T schreibt beide Aspekte an die Tafel.) „Fehlen noch weitere Konsequenzen?"

P: „Nein."

(6) Suche nach tangierten ethisch-moralischen Werten, Normen oder Lebenszielen

T: „Wenn Sie sich noch einmal Ihre negativen Aspekte betrachten: (17) 'schlechtes Gewissen („Du sollst nicht töten!")', 'bekomme vielleicht nie wieder ein Kind', 'der Eingriff kann körperliche und/oder seelische Komplikationen nach sich ziehen' und 'Beziehung zu Eltern könnte belastet werden'. Fällt Ihnen bei der Art dieser Aspekte ein Unterschied auf?"

P: „Hm... (Pause), das erste hat was mit meiner eigenen Moral zu tun, (14) die anderen drei drehen sich um befürchtete Konsequenzen von außen."

T: „Ja, genau. Nachdem wir bisher Ihre negativen und positiven Aspekte für eine Abtreibung gesammelt haben, schlage ich vor, nun auch Ihre dadurch tangierten Normen, Ihre ethisch-moralischen Werte und Ihre betroffenen Lebensziele zu sammeln, damit wir (13) auch die in Ihre Entscheidungsfindung einbeziehen können. Was halten Sie davon?"

P: „Ja, das ist gut."

T: „Wofür könnte das wichtig sein?" (18)

P: „Na ja, ich hab' ja unendlich viele Punkte auf der positiven Seite ge- (14) funden und nur wenig auf der negativen. Trotzdem konnte ich mich bisher nicht entscheiden, und, wenn's genau bedenke, genau aus diesen moralischen Gründen heraus."

T: „Ein moralisches Argument könnte schwerer wiegen als zehn posi- (18) tive Konsequenzen?"

P: „Ja."

T: „Damit Sie genügend Zeit haben, alle Ihnen wichtigen, durch die anstehende Entscheidung betroffenen Normen, Lebensziele und

---

(17) T hat zuvor kommentarlos einen moralischen Wertmaßstab unter den Alltagsauswirkungen aufgenommen, um seinen Leitfaden nicht zu verlassen. Nun nutzt er dies, um die Suche nach den tangierten ethisch-moralischen Werten, Normen und Lebenszielen einzuleiten.

(18) T prüft, ob P den Sinn des Vorgehens begründen kann.

Wertmaßstäbe zu finden, schlage ich vor, dass Sie das zu Hause machen und wir dann damit übermorgen weiter machen. Einverstanden?"

P: „Ja, ist gut."

(Fortsetzung nächste Therapiestunde:)

T: „Wir waren ja dabei, Ihre Normen, Lebensziele und Wertmaßstäbe zu sammeln, die von Ihrer Entscheidung, abzutreiben oder nicht, betroffen sind. Haben Sie dazu was aufgeschrieben?"

P: „Ja. Ich hab' das wieder sortiert nach pro und contra."

T: „Gut. Was haben Sie gefunden?" (T geht zur Tafel, um mitzuschreiben.)

P: „Für die Abtreibung sprechen folgende Normen und Werte: (1) Kinder brauchen Mutter und Vater für ein psychisch gesundes Heranwachsen... (2) Man sollte nur Wunschkinder zur Welt bringen... (3) Kinder haben nicht das Recht, das Leben der Eltern zu zerstören. ... (4) Ich habe das Recht auf meine eigene Lebensgestaltung... (5) Im Sinne der Kinder sollte man nur Kinder bekommen, die man auch wirklich will... (6) Für meine Lebensziele ist es noch zu früh für ein Kind... (7) Es wäre ungerecht, wenn ich das allein ausbaden soll... (8) Man muss nicht seine gesamte Lebensplanung aufgeben, nur weil man ungewollt schwanger geworden ist. Das waren die 'Pros'."

T: „Okay, und die anderen?"

P: „Gegen die Abtreibung sprechen folgende Normen und Werte: (1) Man darf nicht töten... (2) Man sollte die Verantwortung für sein Handeln übernehmen... (3) Ein Kind ist ein Geschenk, das man nicht ablehnen darf... (4) Man darf nicht egoistisch sein und nur auf die eigenen Vorteile aus sein. Das waren die 'Contras'."

(7) Zusammenfassen und Gewichten der tangierten ethisch-moralischen Normen, Werte und Lebensziele

T: „Ja. Wollen wir uns jetzt Ihre Nennungen daraufhin ansehen, ob   (19)
sich einige unter einen Oberbegriff bringen lassen?“

P: „Da hab' ich auch schon drüber nachgedacht. Zwei und Fünf
könnte man zusammenfassen in: Man sollte nur Wunschkinder gebären. Auch Drei, Vier und Acht kann man zusammenfassen, wenn
ich die allgemeine Form in die Ichform umsetze. Aus 'Ein Kind hat
nicht das Recht, mein Leben zu zerstören' und 'Ich muss nicht
meine gesamte Lebensplanung wegen eines ungeborenen Kindes
aufgeben' wird dann zusammen mit 'Ich habe das Recht auf meine
eigene Lebensgestaltung': 'Auch schwanger habe ich das Recht,
meine Lebensziele selbst zu bestimmen.'“

T: „Ist das alles?“

P: (Pause) „Man könnte Eins wohl noch mit 'Man sollte nur Wunschkinder gebären' zu 'Man sollte nur Wunschkinder und nur in funktionierender Partnerschaft gebären'.“

T: „Noch mehr?“

P: „Sechs lässt sich nicht in die moralischen Kategorien einordnen,
weil es ein Lebensziel beschreibt... Sieben müsste ich wohl umstel-
len, denn so macht das noch keinen rechten Sinn. (Pause) Ich än-
dere das in: Ich muss kein Kind austragen, wenn das grob ungerecht
ist. Aber auch so passt das nicht zu den anderen Bereichen.“

T: „Lassen wir es also bei 'Man sollte nur Wunschkinder und nur in   (16)
funktionierender Partnerschaft gebären', 'Auch schwanger habe ich
das Recht, meine Lebensziele selbst zu bestimmen.', 'Für meine Lebensziele ist es noch zu früh für ein Kind' und 'Ich muss kein Kind
austragen, wenn das grob ungerecht ist.'?“

P: „Ja.“

T: „Und bei den Aspekten, die gegen eine Abtreibung sprechen, können Sie da etwas zusammenfassen?“

P: „Nein. Auch darüber habe ich schon nachgedacht, aber da ist mir
nichts eingefallen.“

T: „Schauen wir doch noch mal genau hin. Ergänzen Sie doch bitte die   (20)
Sätze: 'Man darf nicht töten, sonst...?“

---

(19) Nachfolgend lässt T die P prüfen, ob sie genannte Kriterien zusammenfassen kann.

(20) T ergänzt die getilgten Randbedingungen der 'Muss-Aussagen' (siehe:
Stavemann, 1995), um so zu prüfen, ob P sie dann noch für angemessen und
zielführend hält, oder ob das Kriterium sich dadurch für P verändert. T lässt
Aussagen mit 'getilgten' Satzteilen ergänzen (siehe: Bandler & Grinder, 1981).

P: „Sonst ist man schlecht."

T: „Gilt das immer? Für alle Situationen?" (21)

P: „Ach so,... nein."

T: „Wann zum Beispiel nicht?"

P: „Zum Beispiel, wenn ich mich selbst oder mein Kind, wenn ich denn eines hätte, nur dadurch verteidigen könnte, wenn ich den Angreifer töte."

T: „Und wann wären Sie schlecht?" (22)

P: „Wenn ich es aus Spaß oder aus anderen eigennützigen Motiven heraus täte."

T: „Zum Beispiel aus Egoismus?" (23)

P: „Ach so, ja..., stimmt, das könnte man zusammenfassen. Aus Eins und Vier wird dann: Man darf nicht aus egoistischen Motiven töten."

T: „Okay. Nun der nächste Satz: Man sollte die Verantwortung für sein Handeln übernehmen, sonst...?" (20)

P: „Sonst..., äh..., sonst ist man verantwortungslos."

T: „Und wenn man verantwortungslos ist, dann was?" (24)

P: „Dann taugt man nichts."

T: „Gilt das immer?" (21)

P: „Ja."

T: „Egal, ob jemand tatsächlich die Verantwortung tragen kann oder nicht?" (21)

P: „Das hätte er oder sie sich vorher überlegen müssen."

T: „Okay, lassen wir das erst mal als eigenständigen Bereich stehen. Nächster Satz: Ein Kind ist ein Geschenk, das man nicht ablehnen darf, sonst...?" (20)

P: „Sonst ist man undankbar."

T: „Und wenn man undankbar ist, dann...?" (25)

P: „Dann bekommt man vielleicht nie wieder was."

T: „Dann bekommen Sie vielleicht nie wieder ein Kind?" (23,26)

P: (Stutzt und schaut an die Tafel.) „Ach,... da passt das hin! Ja, stimmt, das passt zu dem negativen Aspekt 'vielleicht bekomme ich nie wieder ein Kind'."

---

(21) T prüft die Generalisierung dieser Aussage.

(22) T erfragt, unter welchen Bedingungen das Kriterium gelten soll.

(23) T lässt P prüfen, ob sich das veränderte Kriterium nun noch wesentlich von den bereits genannten unterscheidet.

(24) P hat die Tilgung noch nicht ergänzt, sondern nur die alte Aussage umgestellt.

(25) T erfragt die vermuteten Konsequenzen der P.

(26) T konkretisiert auf das untersuchte Thema und (siehe Kommentar 23).

T: „So dass wir es dann hier streichen können?"

P: „Ja."

T: „Okay, dann bleiben noch 'Man darf nicht aus egoistischen Motiven (27) töten' und 'Man soll die Verantwortung für sein Handeln überneh-men'. Ist Ihnen inzwischen noch eine andere moralische Norm oder ein Lebensziel eingefallen, die oder das für oder gegen die Ab-treibung spricht?"

P: (Pause) „Nein."

T: „Können Sie bitte noch einmal zusammenfassen, welche Ihrer Gründe und Aspekte für oder gegen einen Schwangerschaftsab-bruch sprechen?"

P: „Ja... (blickt an die Tafel), also, für den Abbruch sprechen folgende Punkte: 'Man sollte nur Wunschkinder und nur in funktionieren-der Partnerschaft gebären', 'Auch schwanger habe ich das Recht, meine Lebensziele selbst zu bestimmen', 'Für meine Lebensziele ist es noch zu früh für ein Kind' und 'Ich muss kein Kind austragen, wenn das grob ungerecht ist' sowie 'Ich bleibe sozial und finanziell unabhängig und muss keine Einschränkungen hinnehmen' und 'Nachteile für das Kind, weil es ohne Vater aufwächst' und 'muss kein Kind von einem ungeliebten Vater aufziehen'."

T: „Ja. Sehen Sie da noch irgendwelche Überschneidungen?" (28)

P: (Blickt an die Tafel) „Ja, die letzten beiden Punkte sind schon im er-sten enthalten. Die können wir streichen."

T: „Ja. Und die Argumente, die dagegen sprechen?"

P: „Also, da sind: 'Man darf nicht aus egoistischen Motiven töten' und 'Man soll die Verantwortung für sein Handeln übernehmen' sowie 'schlechtes Gewissen („Du sollst nicht töten!")', 'bekomme viel-leicht nie wieder ein Kind', 'der Eingriff kann körperliche und/oder seelische Komplikationen nach sich ziehen' und 'Beziehung zu El-tern könnte belastet werden'."

T: „Sehen Sie dabei noch Überschneidungen?" (28)

P: „Ja, das Dritte ist schon im Ersten enthalten."

T: „Ja. Und sonst?"

P: „Die letzten beiden Aspekte kann man zusammenfassen zu 'mögli-che organische, seelische und soziale Komplikationen'."

---

(27) T fasst zusammen und fragt nach weiteren, neuen Aspekten, bevor er P die Ergebnisse aus den Schritten (4) und (7) zusammentragen lässt.

(28) P soll prüfen, ob Überschneidungen aus dem Zusammentragen der Er-gebnisse von Schritt (4) und (7) entstehen.

T: „Ja. Ist Ihnen zwischenzeitlich noch ein weiterer Aspekt eingefal- (29)
len ?"

P: „Nein."

(8) Abwägen der zusammengefassten Gründe und Aspekte

T: „Dann schlage ich vor, dass wir nun die Aspekte für und wider ei- (13)
nen Abbruch danach gewichten, wie bedeutsam sie für Sie sind, damit Sie auch das bei Ihrer Entscheidung berücksichtigen können.
Einverstanden?"

P: „Ja."

T: „Wollen Sie zuerst die positiven Aspekte in eine Rangreihe bringen, (30)
indem Sie ihnen eine Gewichtung zwischen Eins, unwichtig und
Hundert, extrem wichtig geben?"

P: „Ja…, am wichtigsten finde ich: 'Man sollte nur Wunschkinder und
nur in funktionierender Partnerschaft gebären.' Das bekommt 100
Punkte… Das Argument 'Auch schwanger habe ich das Recht, meine
Lebensziele selbst zu bestimmen' bekommt… 80 Punkte,… danach:
'ich bleibe sozial und finanziell unabhängig und muss keine Einschränkungen hinnehmen' mit… 70 Punkten… Die letzten sind mir
nicht ganz so wichtig: 'Für meine Lebensziele ist es noch zu früh für
ein Kind' und 'Ich muss kein Kind austragen, wenn das grob ungerecht ist' bekommen jeweils 40 Punkte."

T: „Ja. Und nun die Gegenargumente?"

P: „Gut, am wichtigsten finde ich mit 100 Punkten 'Man darf nicht aus
egoistischen Motiven töten' und danach… 'Man soll die Verantwortung für sein Handeln übernehmen' mit… 75 Punkten… 'Mögliche
körperliche, seelische und soziale Komplikationen' erhält 40 und
'bekomme vielleicht nie wieder ein Kind'… 25 Punkte."

T: „Wenn wir uns nun die beiden 100-Punkt-Argumente ansehen, (31)
sind die Ihnen gleich wichtig?"

P: (Pause) „Ja, die finde ich beide extrem wichtig."

T: „Wollen wir uns die dann einmal genauer anschauen?" (32)

P: „Können wir machen."

---

(29) T fragt nach weiteren Aspekten, bevor er mit P an das Abwägen der bisher
erhaltenen Kriterien geht.

(30) T erklärt das Vorgehen bei der Gewichtung.

(31) T prüft die Relation der beiden gewichteten Rangreihen.

(32) T möchte nun mit P sämtliche Kriterien daraufhin prüfen, ob sie bei der
Entscheidung der untersuchten Frage relevant sind, ob sie angemessen
und zielführend sind, und ob sie möglicherweise inhaltlich überlappen.

T: „Wenn Sie sagen, 'Man sollte nur Wunschkinder und nur in funk- (33)
tionierender Partnerschaft gebären', heißt das dann, das besser alle
anderen Kinder abgetrieben worden wären?"

P: „Ups…, da muss ich erst 'mal drüber nachdenken…. Nee, zumindest das mit der funktionierenden Partnerschaft nehme ich zurück."

T: „Weshalb ?"

P: „Meine beste Freundin ist auch nur bei ihrer Mutter aufgewachsen.
Die macht auf mich keinen unglücklichen Eindruck, was ihre Kind-
heit und Jugend angeht. Und ich bin auch froh, dass es sie gibt."

T: „Bleibt also 'Man sollte nur Wunschkinder gebären'. Sollten alle an- (33)
deren abgetrieben werden?"

P: „Die Frage hab' ich kommen sehen. … Ich glaube, auch den Teil
kann ich so nicht stehen lassen. Aus den gleichen Gründen. Ich
kann mir vorstellen, dass es etliche Menschen gibt, die froh darüber sind, dass sie existieren, obwohl sie nicht unbedingt gewünscht
waren."

T: „Und was wird nun aus dem Argument?" (34)

P: „Daraus mache ich: 'Kinder, die man unter keinen Umständen haben will, sollten abgetrieben werden.'"

T: „Sollten oder dürfen?" (35)

P: „Sollten. Nein…, (Pause) dürfen."

T: „Weshalb?"

P: „Dürfen reicht mir. Soll doch jeder die Entscheidung selbst treffen."

T: „Hat 'Kinder, die man unter keinen Umständen haben will, dürfen (36)
abgetrieben werden' auch 100 Punkte?"

P: „Ja."

T: „Und wie ist das mit: 'Man darf nicht aus egoistischen Motiven tö- (37)
ten.'? Sie hatten dabei ja noch die Einschränkung: 'außer wenn es
um den Erhalt des eigenen Lebens oder anderer naher Personen
geht'. Geht es hier um den Erhalt Ihres Lebens?"

---

(33) T greift die verwendete Generalisierung des Kriteriums auf und fragt, ob
P dies wirklich so meint.

(34) P soll entscheiden, ob sie ihr Argument verändern oder ganz fallen lassen
möchte.

(35) T greift die neue Norm der P auf und lässt P den verwendeten Allgemein-
gültigkeitsanspruch prüfen.

(36) T prüft, ob sich durch die Veränderung des Kriteriums auch dessen Gewichtung geändert hat.

(37) T prüft die Relevanz des Kriteriums für die Entscheidungsfindung.

P: „Nein, das wohl nicht."

T: „Hm. Und geht es hier um Töten?" (37)

P: „Tja,... ich glaube nicht."

T: „Ab wann beginnt denn für Sie ein Mensch zu leben?" (38)

P: „Darüber hab' ich schon lange nachgedacht... Ich fürchte, ich habe da eine wenig gesetzeskonforme Meinung. Für mich beginnt Leben erst mit eigenen Wahrnehmungs- und Denkprozessen."

T: „Lebt Ihr Fötus denn nach dieser Definition schon?" (38)

P: „Nein."

T: „Und was wollen Sie nun mit diesem Argument machen?" (34)

P: (Pause) „Ich merke gerade, was es ist, was mir dabei Probleme macht... Es geht mir eher darum, das andere mir das vorwerfen könnten und mich deswegen ablehnen. Aber das sind ja eher die sozialen Folgen. Das Argument ist zu diesem Zeitpunkt für mich irrelevant."

T: „Wollen Sie es *ganz* streichen?"

P: „Ja."

T: „Also streichen wir es (streicht das Argument von der Tafel). Wie ist das denn mit den zweitwichtigsten Argumenten, wollen wir die auch genauer betrachten?"

P: „Nach dem, was ich eben herausgefunden habe, wäre das wohl sinnvoll."

T: „Also gut: 'Auch schwanger habe ich das Recht, meine Lebensziele (39) selbst zu bestimmen.' Worin besteht der Unterschied zu 'Ich darf meine Lebensziele selbst bestimmen'?"

P: (Pause) „Das Zweite ist genereller."

T: „Schließt es auch die Bedingung 'schwanger sein' mit ein?"

P: „Ja."

T: „Gibt es Situationen, in denen Sie glauben, Ihre Lebensziele nicht (40) selbst bestimmen zu dürfen?"

P: (Pause) „Nein."

T: „Können wir das Argument dann so generell stehen lassen?" (40)

P: „Ja."

T: „Wie wichtig ist es Ihnen?" (36)

P: „Das ist mir ganz, ganz wichtig... Ich glaube, das ist das Argument, das in diesem Zusammenhang für mich die 100 Punkte bekommen sollte."

---

(38) Da 'töten' das Vorhandensein von Leben voraussetzt, lässt T die P prüfen, ob, Ihrer Ansicht nach, bereits Leben vorhanden ist.

(39) Satz 1 ist Teilmenge von Satz 2.

(40) T prüft, ob für P auch der generelle Satz gilt.

T: „Ah ja. Gehen wir nun zu: 'Man soll die Verantwortung für sein (41) Handeln übernehmen.' Gilt dieser Satz nur als Gegenargument zur Abtreibung oder auch bei einer Entscheidung *dafür*?"

P: „Das gilt für alles, was man tut!"

T: „Für welches konkrete Handeln meinen Sie denn hier die Verant- (42) wortung tragen zu müssen?"

P: „Das ich unverhütet mit jemandem Sex hatte und deswegen schwanger geworden bin."

T: „Heißt 'Verantwortung tragen' für Sie, dass Sie nun den einmal ein- (41) geschlagenen Weg zu Ende gehen müssen, oder heißt es, dass Sie dafür verantwortlich sind, was Sie nun aus dieser Situation ma- chen,...wie Sie sich entscheiden, damit umzugehen?"

P: „Ganz klar: Das Zweite."

T: „Hm..., Sie meinen, Sie sind verantwortlich für Ihr Verhalten, egal, (41) ob Sie sich für die Abtreibung entscheiden oder dagegen?"

P: „Ja, genau."

T: „Dann verstehe ich noch nicht, weshalb dieses Argument nur auf (41) einer Seite steht. Wieso steht es nur als Gegenargument da, wenn Ihre Verantwortlichkeit, Ihrer Meinung nach, doch insbesondere auch darin besteht, was Sie nun aus dieser Situation machen?"

P: (Pause) „Das stimmt."

T: „Was?"

P: „Das ist kein Argument dagegen. Es könnte auch auf der anderen Seite stehen."

T: „Hilft es Ihnen dann bei Ihrer Entscheidungsfindung?" (41)

P: „Nein."

T: „Was soll damit geschehen?" (34)

P: „Das können wir streichen."

T: „Also gut (streicht es an der Tafel durch). Schauen wir uns noch die nächsten Nennungen an?"

P: „Ja, bitte."

T: „Betrachten wir dann das Argument 'ich bleibe sozial und finanziell (43) unabhängig und muss keine Einschränkungen hinnehmen'. Stimmt das so, wären Sie dann wirklich unabhängig und müssten *keine* Einschränkungen hinnehmen?"

---

(41) T ist unklar, weshalb dieses Kriterium auf der Seite der Gegenargumente steht, denn er hält es nicht für trennscharf im Sinne der angestrebten Ent- scheidungsfindung.

(42) T stellt den Gegenwartsbezug her.

(43) T greift die Behauptung der P an, ohne Kind unabhängig und ohne Ein- schränkungen leben zu können.

P: „Natürlich nicht, die Abhängigkeiten und Einschränkungen wären   (6)
    dann nur andere. Ich wollte ohnehin gerade sagen, dass dies kein we-
    sentlicher Punkt mehr für mich ist. Mir macht es ja überhaupt nichts
    aus, mich einzuschränken und auf Dinge zu verzichten. Ich muss das
    Ziel eben nur wichtig genug finden, dann hab' ich damit kein Prob-
    lem. Und echt unabhängig bin ich natürlich, so oder so, nicht. Inso-
    fern können wir diesen Aspekt streichen, das Wichtige daran ist
    schon in 'ich darf meine Lebensziele selbst bestimmen' enthalten."

T: „Also gut, streichen (geht zur Tafel und streicht die Nennung). Und   (44)
    wie ist es mit: 'Mögliche körperliche, seelische und soziale Kompli-
    kationen'? Was genau könnte passieren?"

P: „Na ja, zum einen die organischen Konsequenzen: Die Komplikatio-
    nen, die beim Abbruch selbst oder schon durch die Narkose entste-
    hen können. Dazu gehören auch mögliche Spätfolgen, unter ande-
    rem, dass die Chance einer späteren, gewünschten Schwangerschaft
    dadurch sinken könnte... Die möglichen psychischen Konsequen-
    zen muss ich Ihnen ja nicht erklären. Aber viele Frauen haben ja
    schon allein wegen der hormonellen Reaktionen ziemlich heftig an
    depressiven Reaktionen zu leiden... Und dann die Spätfolgen. Ich
    glaube zwar nicht, dass ich mir später Selbstvorwürfe wegen des
    Abbruchs machen würde, aber ganz auszuschließen ist das ja auch
    nicht... Zu den möglichen sozialen Folgen hab' ich ja schon einiges
    genannt. Meine Eltern könnten traurig und enttäuscht sein, mich
    nicht verstehen. Das würde mir ziemlich nahe gehen. Na ja, und
    dann die Reaktionen aus der Umwelt. Auch einige meiner Freunde
    würden das womöglich nicht verstehen."

T: „Ah ja. Wer weiß denn bisher alles von Ihrer Schwangerschaft?"   (45)

P: (Pause) „Bingo. Der dritte Aspekt fällt weg."

T: „Weshalb?"

P: „Außer meinem Gyn und den Typen von der Beratungsstelle weiß
    das noch keiner."

T: „Und mit wem möchten Sie gern noch darüber sprechen?"   (45)

P: „Mit niemandem. Ich will das allein entscheiden, ohne Einfluss-
    nahme von außen."

T: „Ja, dann fielen die sozialen Nebenwirkungen weg. Und die mög-
    lichen körperlichen und seelischen Komplikationen?"

P: „Tja, die sprechen echt dagegen."

---

(44) Um dieses Kriterium auf Angemessenheit und Relevanz prüfen zu kön-
      nen, muss P es zunächst konkretisieren.

(45) T prüft die Relevanz der sozialen Komponente für die Entscheidungsfin-
      dung.

T: „Dann lassen wir die stehen?"   (34)

P: „Ja."

T: „Bei 40 Punkten?"   (36)

P: „Ich verändere das auf 60."

T: „Okay. Und nun zu: 'Für meine Lebensziele ist es noch zu früh für   (46)
ein Kind.' Wer hat die denn aufgestellt?"

P: „Na, ich natürlich."

T: „Für *wen* ist es dann zu früh?"

P: „Für mich."

T: „Sie finden, dass es für Sie noch zu früh für ein Kind ist?"

P: „Genau."

T: „Könnten Sie diese Einstellung denn auch überdenken und verän-   (47)
dern?"

P: „Können schon, wollen nein."

T: „Dann soll das so stehen bleiben?"   (34)

P: „Ja."

T: „Bei 40 Punkten?"   (36)

P: „Nein, das ist mir noch wichtiger. Ich setze das auf 75."

T: „Nun gut, kommen wir zu: 'bekomme vielleicht nie wieder ein
Kind'. Wieso das? Sie meinten ja zuvor, dass Sie damit nicht die organischen Komplikationen meinen. Welche dann?"

P: „Na ja, vielleicht finde ich ja nie den Mann, mit dem ich zusammen
ein Kind möchte, oder ich finde einen, der wohl möchte, aber nicht
kann."

T: „Weil er unfruchtbar ist?"

P: „Ja."

T: „Und *dann* würden Sie es bedauern, jetzt abgetrieben zu haben?"   (48)

P: (Pause) „Nein, das auf gar keinen Fall. Wenn ich ein Kind mit
irgendeinem Mann haben möchte, kann ich mich ja von irgendeinem schwängern lassen, so wie jetzt. Aber genau das möchte ich ja
nicht. Wenn wir später kein gemeinsames Kind bekommen könnten, wäre ich wahrscheinlich sehr traurig. Aber es *deswegen* heute zu
behalten, wäre keine Lösung."

---

(46) T möchte, dass P für diesen Aspekt die Eigenverantwortung aufzeigt und
die → Nominalisierung ersetzt.

(47) P soll untersuchen, ob dies ein abgeschlossener Prozess sein muss, nur,
weil sie sich einmal so entschieden hat, oder ob sie sich auch neu entscheiden darf.

(48) T möchte, dass P prüft, ob dieses mögliche Zukunftsargument für ihre jetzige Entscheidung relevant ist, oder ob hier auch die Einsicht gilt, die P
sich bereits zuvor auf S. 205 (siehe auch Kommentar 4) erarbeitet hat.

T: „Also? Was soll mit diesem Argument geschehen?"   (34)

P: „Bitte streichen Sie's. Das ist für mich kein sinnvolles Entschei-
    dungskriterium."

T: (Steht auf und streicht das Argument.) „Dann haben wir noch: ›Ich   (44)
    muss kein Kind austragen, wenn das grob ungerecht ist.‹ Was mei-
    nen Sie denn damit?"

P: „Das ist, nach dem, was ich bisher über Selbstbestimmung gesagt
    habe, ein blödes Argument. Ich finde es zwar unfair, dass ich jetzt
    hier sitze und mir Gedanken über einen Schwangerschaftsabbruch
    machen muss, und der nichts ahnende Papi sitzt irgendwo gemüt-
    lich vorm Fernseher, aber das ist ja hier nicht das Thema. Ob ge-
    recht oder ungerecht: Ich muss ja kein Kind austragen. Das ent-
    scheide ich. Die Belastung ist zwar ungerecht verteilt, aber das ist
    für mich weder ein sinnvolles Argument für noch gegen einen Ab-
    bruch. Das können wir auch streichen."

T: „Also gut." (T steht auf und streicht es.) „Dann bleiben jetzt noch   (49)
    folgende Argumente übrig: ›Kinder, die man unter keinen Umstän-
    den will, dürfen abgetrieben werden‹ und ›Ich darf meine Lebens-
    ziele selbst bestimmen‹ mit jeweils 100 Punkten und ›Für meine Le-
    bensziele ist es noch zu früh für ein Kind‹ mit 75 Punkten. Auf der
    anderen Seite steht ›mögliche körperliche und seelische Komplika-
    tionen‹ mit 60 Punkten. Ist das so korrekt wiedergegeben?"

P: (Schaut an die Tafel) „Ja."

(9) Entscheidung.

T: „Nachdem, was Sie bisher herausgearbeitet haben: Meinen Sie, dass
    Sie nun eine Entscheidung treffen können, die Ihren moralischen
    Normen und Ihren Lebenszielen entspricht?"

P: „Ja. Mir ist das schon seit letzter Stunde ziemlich klar, und ich
    glaube, ich hab' nur noch etwas Schattenboxen gemacht, um auch
    den letzten Zweifel zu zerstreuen. Ich hab' mich entschieden."

T: „Möchten Sie mir Ihre Entscheidung verraten und darüber spre-   (50)
    chen?"

P: (Pause) „Eigentlich wollte ich das lieber mit mir selbst abmachen.
    Aber gut, ich sag's Ihnen: Ich habe mich für den Abbruch ent-
    schieden."

---

(49) T fasst das Ergebnis des Abschnitts **(8)** zusammen und holt P's Bestäti-
      gung ein.

(50) T möchte prüfen, ob P ihre Entscheidung rational begründen und vertei-
      digen kann. Dazu muss er sie natürlich zunächst kennen.

T: „Auch wenn Sie nicht wissen, welche organischen und seelischen (51)
Folgen das für Sie hat? Ob Sie womöglich den Eingriff nicht überleben oder den Rest Ihres Lebens deprimiert sein könnten?"

P: „Ja. Das Risiko gehe ich ein."

T: „Und dafür wollen Sie ganz allein die Verantwortung tragen?" (51)

P: „Ja. Wer sonst?"

T: „Nun, wenn Sie das so entschieden haben. ... Was halten Sie davon: (52)
Sie nehmen sich noch drei Tage Zeit, um über weitere Aspekte
nachzudenken, die Sie vielleicht bisher vergessen haben. Sollten Sie
weitere Aspekte finden, schauen wir uns die gemeinsam an, so, wie
wir das eben gemacht haben. Wäre das sinnvoll?"

P: „Meinetwegen. Ich glaube zwar nicht, dass mir nach dem Gegrübel
der letzten drei Wochen noch neue Aspekte einfallen, aber wir können das tun."

T: „Wollen wir einen Termin vereinbaren, oder wollen Sie mich in drei
Tagen anrufen?"

P: „Ich bin sicher, dass ich nichts Neues finde. Wenn doch, rufe ich
Sie an."

T: „Einverstanden."

8.3 Thema: „Dafür gehöre ich bestraft!" – Die Behandlung autoaggressiver Tendenzen bei Schuld- und Sühnekonzepten

Es ist nicht besonders verwunderlich, dass das Konzept von Schuld und Sühne besonders stark in den Kulturkreisen und Religionen wiederzufinden ist, in denen
die Idee propagiert wird, man könne sich durch Sühne von begangenem Unrecht,
Fehlern oder moralischem Fehlverhalten Absolution verschaffen. Und nicht nur
bei streng gläubigen Katholiken ist diese Auffassung ein häufig vertretenes Denk-
und Verhaltensmuster, das in den unterschiedlichsten Varianten betrieben wird.

Besonders kritisch für das emotionale Gleichgewicht und die Psychohy-
giene wird es immer dann, wenn Sühne autoaggressive Züge annimmt und in
Form von interner Selbstabwertung durch Selbstbeschimpfung praktiziert

---

(51) T übernimmt die Rolle des 'advocatus diaboli' zur Prüfung der Entscheidung.

(52) T möchte die Wahrscheinlichkeit reduzieren, dass P ihre Entscheidung
aufgrund von Erschöpfung („Endlich einen Schlussstrich ziehen!") oder
einer unvollständigen Repräsentation ihrer entscheidungsrelevanten Kriterien getroffen hat und macht ein weiteres Gesprächsangebot.

wird (z.B.: „Ich Idiot! Ich Nichtsnutz! Ich bin auch wirklich ein Versager, eine Niete, eine Null!"). Dies kann bei beständiger Anwendung irgendwann zu einem negativen Selbstkonzept, zu Selbstwertproblemen und zu mangelndem Selbstvertrauen führen und letztlich in depressiven Erkrankungen enden.

Nächste, bereits pathogene Sühnestufen gehen über verbale Selbstbestrafung hinaus und führen über das mutwillige Zerstören von Gegenständen (z.B. das Zerschmettern der Lieblingsvase oder das Zerreißen der gesamten Arbeitsunterlagen) bis zu körperlicher Selbstbestrafung (z.B. durch Haare

ausreißen, schlagen an oder auf den Kopf, sich kneifen oder zerkratzen oder sich mit spitzen oder scharfen Gegenständen verletzen).

Die Sühnebezeugung, auch die durch Selbstbeschädigung, führt in der Regel zum Abbau des Erregungsanstiegs, denn die Betroffenen haben ja nun für ihr Fehlverhalten oder ihre persönlichen Mängel gebüßt. Ihrem Konzept zu Folge ist das „Verschulden" damit aufgewogen und sie können sich nun, nach selbst erteilter Absolution, wieder „in die Augen schauen".

Fallbeispiel

Auch im Fallbeispiel 8.1 („Aufregung ist gefährlich!") konnten wir eine Tendenz des Patienten zur Selbstabwertung für schlechte Leistungen oder Fehler beobachten.

Häufig geschieht dies sehr subtil, wird im Gespräch kaum offen vermittelt. Um so wichtiger ist dann die Sensibilität des Therapeuten für solche Denkstile, um sie zu erkennen, aufzudecken und zu bearbeiten.

In nachfolgendem Fall geht es um eine allein erziehende Mutter, die in die Therapie gekommen ist, weil sie sich Vorwürfe macht, sie sei schuld, dass ihr Sohn womöglich nicht versetzt wird, da sie eine schlechte Mutter sei und sich nicht genügend um ihn kümmern könne.

Der Therapeut hat beobachtet, dass die Patientin in den letzten Stunden immer dann besonders heftig an ihren ohnehin schon abgeknabberten Fingernägeln beißt, wenn das Gespräch um ihr vermeintliches Versagen geht. Als sie dies in der aktuellen Sitzung erneut tut, bis schließlich zwei Fingerkuppen leicht bluten, nimmt der Therapeut eine erneute verbale Selbstabwertung der Patientin zum Anlass, dieses Thema anzusprechen.

Hinführung zum Thema

T: „Sie sagten gerade: 'Ich bin auch wirklich zu blöde, um ein Kind zu erziehen!' und haben danach so sehr an Ihren Fingernägeln gebissen, dass diese jetzt bluten. Hat das eine etwas mit dem anderen zu tun?"

P: (Stutzt, blickt auf ihre Fingerkuppen und errötet.) „Das ist mir jetzt aber peinlich."

T: „Weshalb?" (1)

P: „Man kaut nicht an Fingernägeln, schon gar nicht vor anderen."

T: „Und wenn doch?"

P: „Dann zeigt das, dass man keine gute Kinderstube hatte, sich nicht zu benehmen weiß. Oh Gott, wie peinlich!" (P setzt sich auf ihre Hände.)

T: „Was meinen Sie, hat das Beißen an Ihren Nägel etwas mit dem Gedanken zu tun 'Ich bin auch wirklich zu blöde, um ein Kind zu erziehen!'?" (2)

P: „Keine Ahnung. Darüber hab' ich noch nie nachgedacht. Aber ich mache das schon seit Jahren... Gott, ist mir das peinlich!... Was habe ich nicht alles probiert, um mir das abzugewöhnen!"

T: „Wie finden Sie das denn von sich, dass Sie hier vor mir Ihre Fingerkuppen blutig beißen?" (3)

P: „Total bescheuert! Völlig idiotisch!"

T: „Und wie fühlen Sie sich, wenn Sie etwas total bescheuert und idiotisch von sich finden?" (4)

P: „Ich bin total sauer auf mich! Ich sollte das endlich sein lassen! Und das in meinem Alter! Manchmal denk' ich, ich bin auch wirklich das Letzte!"

Kommentar

(1) T will hier lediglich prüfen, ob P hierzu erneut selbstabwertende Äußerungen macht. Er wird an dieser Stelle nicht das Selbstwertproblem der P besprechen. Dieses Hauptproblem wird ausführlich separat behandelt. In diesem Dialog geht es lediglich um den Aspekt von Schuld und Sühne und um die Prüfung, inwieweit P autoaggressive Tendenzen zeigt.

(2) T führt zurück zur Frage.

(3) T prüft, ob P mit selbstabwertenden Äußerungen reagiert.

(4) T prüft, ob P mit Autoaggression reagiert.

T: „Tut das nicht weh?"   (5)
P: „Doch. Und wie. Vor allem bei der Büro- und Hausarbeit."
T: „Und weshalb machen Sie es dann?"   (5)
P: „Gute Frage..." (Pause)
T: „Tut es sofort weh, wenn Sie sich wund beißen, oder erst später?"   (6)
P: „Das tut sofort weh und brennt."
T: „So dass Sie es schon merken, wenn Sie sich wund beißen?"
P: „Ja."
T: „Weshalb hören Sie denn dann nicht sofort damit auf, wenn es weh   (5)
    tut?"
P: „Ich will dann nicht aufhören."
T: „Weshalb nicht?"
P: „Ich bin total sauer auf mich!"
T: „Und da fügen Sie sich dann weiter Schmerzen zu?"
P: „Ja."
T: „Weshalb?"
P: „Weil ich so sauer auf mich bin!"
T: „Das klingt so, als würden Sie sich damit in Ihrem Ärger auf sich   (5)
    selbst für irgend etwas bestrafen wollen. Ist das so?"
P: „Darüber hab' ich noch nie nachgedacht... ." (Pause) „Ja, das kann
    schon sein."
T: „Wofür haben Sie sich denn in diesem Moment bestraft, als Sie ge-   (7)
    rade eben wieder Ihre Fingernägel gebissen haben?"
P: „Weil ich mal wieder zu blöd war, mein Kind richtig zu erziehen!"
T: „Und dafür gehören Sie bestraft?"
P: „Ja. Soviel Blödheit und Unfähigkeit gehört bestraft."

(1) Auswahl des Themas
T: „Für Dummheit und Fehler gehören Sie bestraft?"
P: „Ja."
T: „Wie kommen Sie darauf?"   (8)

---

(5) T hat Selbstabwertung und Autoaggression bei P erkannt und versucht
     nun herauszufinden, ob P damit ein Sühnekonzept verbindet.
(6) T prüft, ob P unbewusst an den Nägel kaut, oder ob sie dies in der Situa-
     tion wahrnimmt (möglicherweise, ohne den Gesprächspartner dabei
     noch wahrzunehmen).
(7) T konkretisiert und stellt den Gegenwartsbezug her.
(8) Die Frage zielt auf die überdauernden Normen und Moralvorstellungen
     (B1) der P. T prüft, ob P bereits eine Erklärung für ihre Selbstbestra-
     fungsstrategie hat.

P: „Worauf?"

T: „Das Sie für Dummheit oder Fehler bestraft gehören. Wie kommen (8)
Sie darauf?"

P: (Pause) „Keine Ahnung. Das sehe ich eben so."

(2) Herstellung des Alltagsbezugs

T: „Vielleicht verstehen wir das besser, wenn wir uns die Situation
von eben daraufhin noch einmal genauer betrachten. Wollen wir
das herauszufinden versuchen, weshalb Sie sich so schmerzhaft
bestrafen?"

P: „Das wäre vielleicht ganz gut. Ich versteh' das ja auch nicht, wieso
ich damit nicht aufhören kann."

T: „Sie sagten ja vorhin, als Sie zuletzt an Ihren Fingerkuppen bissen: (7)
'Ich bin auch wirklich zu blöde, um ein Kind zu erziehen!' Das bezogen Sie ja darauf, dass Ihr Kind möglicherweise nicht versetzt
wird. Oder?"

P: „Ja. Ich hätte mehr mit ihm üben müssen! Ich habe mich nicht genug gekümmert!"

(3) Sammeln der positiven und negativen Aspekte

T: „Unabhängig von der Überlegung, wann etwas 'genügend' sein soll (9)
und wer die Verantwortung für das schlechte Abschneiden in der
Schule trägt, angenommen, das wäre tatsächlich so: Sie hätten nicht
genügend geübt und sich nicht genügend gekümmert. Wofür gehören Sie dann bestraft?"

P: „Dafür, dass ich es nicht genügend gemacht habe!"

T: „Und wofür ist das gut, sich so zu bestrafen?"

P: (Pause) „Die Frage verstehe ich nicht."

T: „Sie haben mir schon genannt, wofür es schlecht ist, sich die Fingerkuppen zu zerbeißen: Es schmerzt, es brennt, es behindert Sie
bei der Büro- und Hausarbeit, Sie mögen es nicht leiden und finden
es nicht altersangemessen. Aber Sie machen es trotzdem. Könnte
das nicht darauf hindeuten, dass es auch für etwas gut ist, dass es zu
etwas dient, wenn Sie sich so verhalten?"

P: „Hm..., darüber muss ich erst nachdenken...." (Pause) „Ich glaube,
danach bin ich entspannter, wieder ruhiger."

T: „Weshalb?"

---

(9) T unterstellt das „Worst-case-Szenario" und diskutiert an dieser Stelle
nicht die verwendeten erklärungsbedürftigen Begriffe und Aussagen der
P, um an seinem Thema zu bleiben.

P: „Es ist dann wieder im Lot. Es ist ausgeglichen."
T: „Ah ja. Und, sehen Sie noch weitere Vorteile?" (10)
P: „Nein, nicht, dass ich wüsste."

(4) Zusammenfassen der positiven und negativen Aspekte

T: „Wenn ich Sie richtig verstanden habe, spricht für das blutig Beißen (11)
der Fingerkuppen, dass Sie dann wieder ausgeglichen sind, weil alles im Lot ist. Dagegen spricht, dass es weh tut, brennt, bei der Büro- und Hausarbeit behindert, Sie es nicht leiden mögen und für nicht altersadäquat halten. Stimmt das so?"
P: „Ja, so kann man das sagen."

(6) Suche nach tangierten ethisch-moralischen Werten, Normen oder (Lebens-)Zielen

T: „Ich möchte gern verstehen, was Sie damit meinten, als Sie sagten: (12)
'Es ist dann wieder im Lot. Es ist ausgeglichen.' Was genau ist nun ausgeglichen?"
P: „Ich hab' mein Fett weg."
T: „Wofür?"
P: „Dafür, dass ich mal wieder als Mutter versagt habe."
T: „Dafür gehören Sie bestraft?" (13)
P: „Ja."
T: „Und dann geht es Ihnen danach besser." (13)
P: „Irgendwie schon. Außer natürlich, dass meine Finger wehtun."
T: Ich möchte gern Ihre Ziele, Regeln oder Gesetze besser verstehen, nach denen Sie sich in solchen Situationen bestrafen. Wie könnten Sie die beschreiben?"
P: „Für Fehler gehört man bestraft. Für Dummheit und Faulheit auch. Auch für unmoralisches Denken und Verhalten. Und zwar so, dass es der Schwere des Fehlers entspricht."
T: „Welche Fehler haben Sie in der Situation, die wir vorhin bespra- (14)
chen, begangen?"

---

(10) T möchte zunächst das Sammeln der positiven und negativen Aspekte abschließen, bevor er sich mit dieser Aussage P's auseinander setzt.
(11) T fasst zusammen und lässt das Ergebnis von P bestätigen.
(12) T greift die zuvor zurückgestellte Untersuchung von P's Aussage auf und sucht nun nach den Normen oder Zielen, die diesem Verhaltensmuster zugrunde liegen.
(13) Auf diese Frage hätte T verzichten können, da P sie schon zuvor bejaht hat.
(14) T konkretisiert erneut und stellt den Alltagsbezug her.

P: „Ich war zu dumm und unfähig, mein Kind so zu erziehen, dass es die Schule schafft. Und ich bin eine schlechte Mutter, weil ich es nicht geschafft habe, meinem Kind eine heile Familie zu erhalten und selbst viel zu wenig Zeit für es aufbringe, weil ich arbeiten gehe."

T: „Ich höre da verschiedene Ziele heraus: Ich möchte, dass mein Kind (15) die Schule schafft, ich möchte in einer heilen Familie leben, ich möchte mehr Zeit für mein Kind aufwenden. Habe ich das richtig verstanden?"

P: „Ja."

T: „Aber weshalb geht es Ihnen nach der Selbstbestrafung besser?" (16)

P: „Weil ich dann für meinen Fehler gezahlt habe."

T: „Gezahlt?"

P: „Gelitten. Gebüßt. Es wieder wett gemacht habe."

T: „Und dann ist wieder alles gut?"

P: „Vorerst ja. Bis zum nächsten Mal."

T: „Wenn man einen Fehler macht oder sich eine Schuld auflädt, kann man das wieder wett machen, indem man genügend leidet und Buße tut?"

P: „Ja."

(7) Zusammenfassen der tangierten ethisch-moralischen Werte, Normen oder Ziele

T: „Ich möchte das, was ich bisher verstanden habe, noch einmal zu- (15) zusammenfassen. Sie sagen:ʾFür Fehler, Dummheit, Faulheit, unmoralisches Denken und Verhalten gehört man bestraft. Und zwar so, dass es der Schwere des Fehlers entspricht. Denn wenn man genügend leidet und Buße tut, kann man seine Fehler wieder wett machen.ʾ Die Ziele, die Sie dabei verfolgen sind:ʾIch möchte, dass mein Kind die Schule schafft, ich möchte in einer heilen Familie leben, ich möchte mehr Zeit für mein Kind aufwenden.ʾ Habe ich Sie so richtig verstanden?"

P: „Ja. So denkʾ ich das wohl. Obwohl mir das noch nie so bewusst war."

(8) Abwägen der Gründe und der positiven und negativen Aspekte

T: „Dann lassen Sie uns doch jetzt prüfen, ob die von Ihnen vertrete- (17) nen Normen und Grundsätze dabei helfen, Ihre Ziele zu erreichen.

---

(15) T formuliert die Selbstanschuldigungen Pʾs in Ziele um und fragt nach Bestätigung derselben.

(16) T will nun mit P das Schuld- und Sühnekonzept erarbeiten.

(17) T fasst zusammen, worum es bei dieser Abwägung geht und holt Pʾs Einverständnis dazu.

Daran können wir dann erkennen, ob die negativen Aspekte, die Sie dadurch zu ertragen haben, auch wirklich zielführend und sinnvoll sind oder nicht. Was halten Sie davon?"

P: „Ja, das würde ich wirklich gerne mal wissen, wozu Fingernägel knabbern gut ist."

T: „Und wie ist das mit der Selbsterniedrigung, der Selbstbeschimpfung, den Schmerzen, der Behinderung bei Büro- und Hausarbeit und Ihrem eigenen Missfallen daran?" (18)

P: „Ja, das natürlich auch."

T: „Schauen wir uns doch zunächst ein Ziel an und entscheiden, wobei Ihnen dabei Ihre Normen und Grundsätze helfen: 'Ich möchte, dass mein Kind die Schule schafft.' Hilft es Ihrem Kind in irgendeiner Weise dabei, in der Schule voranzukommen, wenn Sie sich so behandeln?"

P: „Hm..., wohl kaum. Das hat damit ja auch gar nichts zu tun."

T: „Womit dann?"

P: „Das ich für mein Versagen bestraft gehöre!"

T: „Mit welchem Ziel?"

(5) P findet weitere positive Aspekte

P: „Damit ich künftig nicht wieder versage. Damit ich es besser mache." (19)

T: „Ah ja. Dieser Punkt ist noch neu für mich. Sollen wir den unter die positiven Aspekten aufnehmen, dass die Selbstbestrafung Ihnen dabei hilft, künftig besser zu sein, keine Fehler mehr zu machen?"

P: „Ja, das ist ein ganz wichtiger Punkt!"

(8) Abwägen der Gründe und der positiven und negativen Aspekte

T: „Dann schauen wir uns den doch zuerst an. Wenn Sie sich die Fingerkuppen blutig zerbeißen, so dass es schmerzt und brennt, sich selbst beschimpfen und erniedrigen, welchen Fehler genau hilft dieses Verhalten künftig zu vermeiden?" (20)

P: (Pause) „Vielleicht, dass ich mich dann mehr um seine Hausaufgaben kümmere?"

T: „Sie sind sich da nicht so sicher?" (21)

---

(18) T ergänzt die fehlenden negativen Aspekte.

(19) Da P nun neue positive Aspekte benennt, muss T diese bei der Abwägung der Aspekte einbeziehen.

(20) T konkretisiert die Behauptung von P und stellt den Alltagsbezug her.

(21) T greift die Frageform in der Antwort von P auf.

P: „Nicht so ganz. Weil, wir machen ja immer die Hausaufgaben zusammen. Vielleicht, dass ich das dann besser mache?"

T: „Sie machen das bisher nicht so gut, wie Sie können?"

P: „Doch, schon."

T: „Wie soll das dann gehen, es noch besser zu machen? Verhilft Ihnen (22) Ihre Selbstbestrafung zu neuem Wissen, zu neuen Erziehungstricks oder neuen Fähigkeiten?"

P: (Seufzt) „Leider nicht."

T: „Wobei hilft sie dann, die Selbstbestrafung?" (22)

P: „Tja, dabei wohl leider nicht."

T: „Wobei dann?" (22)

P: (Pause) „Weiß ich nicht. Hierbei wohl gar nicht."

T: „Hm. Okay, wenn es in dieser Situation nicht bewirkt, was es soll, (20) dann nehmen wir doch einfach eine andere. Können Sie mir irgendein Beispiel nennen, in dem Ihnen Ihre Selbstbestrafung zu neuen Fähigkeiten verhilft oder Sie davor bewahrt, Fehler zu machen und besser zu sein?"

P: (Längere Pause) „Es hilft mir dabei, nicht zu vermeiden. Nicht Dingen oder Tätigkeiten auszuweichen, die mir unangenehm oder lästig sind."

T: „Ah ja. Haben Sie dafür ein konkretes Beispiel?" (20)

P: (Pause) „Vielleicht meine Lohnsteuererklärung. Dazu brauche ich immer einen unendlichen Anlauf, bis ich mich dazu aufraffen kann."

T: „Trotz der Selbstbestrafung?" (22)

P: „Äh,... ja."

T: „Wobei hilft sie denn?" (22)

P: „Sonst hätte ich es vielleicht überhaupt nicht gemacht."

T: „Wie lange mussten Sie denn Ihre Finger zerbeißen, um das zu erledigen?"

P: „Na, so acht Wochen, vielleicht."

T: „Und wie hätten Sie sich bestrafen müssen, um es sofort zu tun?" (23)

P: (Lächelt) „Vielleicht hätte ich mir beide Hände abbeißen müssen...."

T: „Sie lachen?" (24)

P: „Ja, weil das natürlich Blödsinn ist. Weil ich ohne Hände keine Steuererklärung machen kann. Aber vielleicht wäre das ja die Lösung." (Lacht)

---

(22) T greift die Behauptung von P an, durch Selbstbestrafung werde man besser und mache weniger Fehler.

(23) T will aufzeigen, dass eine Verstärkung der Selbstbestrafung nicht zu sinnvolleren Ergebnissen führt.

(24) T prüft, ob P schon selbst die Widersinnigkeit dieses Vorgehen erkennt.

T: „Die Lösung wofür?"

P: (Grinst) „Keine Steuererklärungen mehr machen zu müssen."

T: „Wieso *das* denn?"

P: „Na, ich hätte doch eine astreine Entschuldigung!"

T: „Dafür, dass Sie die Steuererklärung nicht mehr selbst ausfüllen oder dafür, dass Sie überhaupt keine mehr abgeben?"

P: „Hm, stimmt. Ich werd' sie wohl weiter abgeben müssen. Ich könnte sie dann von einem Steuerberater ausfüllen lassen."

T: „Darf man das nur, wenn man keine Hände mehr hat?" (25)

P: (Lacht) „Nein, aber das wäre mir zu teuer. Das kostet bestimmt 100 Euro oder sogar mehr."

T: „Ist das teurer, als sich acht Wochen lang die Fingerkuppen blutig zu beißen und sich selbst zu beschimpfen?"

P: (Schweigt zunächst betroffen, dann:) „So hab' ich das noch gar nicht betrachtet..., da haben Sie Recht..., das macht keinen Sinn."

T: „Was genau?"

P: „Das steht in gar keinem Verhältnis! Wenn Sie mich jetzt so vor die Alternative stellen, entweder 100 Euro oder 8 Wochen leiden..., dann wär' mir das *sofort* klar, wie ich mich entscheide! Für 100 Euro geh' ich doch nicht durch die Hölle!"

T: „Die Selbstbestrafung ist unangemessen hoch?"

P: „Aber klar!"

T: „Und die 100 Euro?" (26)

P: „Das würde mich auch ganz schön zwicken, aber lange nicht so, wie das Nägelbeißen."

T: „Würde es genug zwicken, um es doch lieber selbst zu machen?" (27)

P: „Keine Ahnung. Das hab' ich ja noch nie versucht."

T: „Angenommen, es würde nicht genug zwicken und Ihre Faulheit wäre stärker. Als 'Strafe' für Ihre Bequemlichkeit würden Sie dann die 100 Euro zahlen müssen, oder?"

P: „Ja."

T: „Sehen Sie einen Unterschied zwischen diesen beiden Bestrafungs- (26) möglichkeiten oder Motivierungsversuchen? Körperliche und see-

---

(25) T greift die Logik von P's neuer Erklärung an.

(26) T möchte, dass P erkennt, dass Sanktionen für Bequemlichkeit nur dann sinnvoll sind, wenn sie zielführend wirken und nicht noch die ohnehin schon durch das Vermeiden bewirkte Bestrafung (z.B. zu viel Steuern zu zahlen) weiter verstärken.

(27) T verweist damit auf die Möglichkeit, dass P auch diese selbst gewählte Sanktion durch die gewünschte Handlung (hier: Steuererklärung machen) verhindern kann.

lische Selbstbestrafung einerseits und 100 Euro 'Geldstrafe' für den Steuerberater andererseits?"

P: (Pause) „Klar! Wenn ich mich acht Wochen misshandelt habe, muss ich die Erklärung immer noch selbst machen. Wenn ich 100 Euro zahle, macht's ein anderer!"

T: „Wenn Sie denn schon mit Bestrafungen arbeiten wollen, um sich zu bestimmtem Verhalten zu motivieren, welche Bestrafungsform halten Sie dann für zielführender?"

P: „Ganz klar. Die mit der Geldstrafe."

T: „Weshalb?" (26)

P: „Sie ist nicht selbstschädigend und sie dient meinem Ziel, es nicht selbst machen zu müssen."

T: „Aber es kostet doch Geld. Wollen Sie das für Ihre Bequemlichkeit (27) opfern?"

P: „Das muss ich mir dann in jedem Fall überlegen, ob es mir das wert ist."

T: „Und wenn nicht? Wenn es Ihnen das nicht wert ist?"

P: „Dann mach' ich sie lieber selbst."

T: „Lieber, als das Geld zu bezahlen?" (28)

P: „Logisch. ...Wenn ich das so bedenke, was ich mir da die ganze Zeit unnötig angetan habe! Ich bin auch wirklich zu blöd! "

(**Exkurs**: Störung durch neue Selbstabwertung der P)

T: „Hm. Haben Sie sich gerade bei einem Fehler erwischt?" (29)

P: „Und bei was für einem!"

T: „Und sind Sie nun dabei, sich dafür wieder einmal kräftig abzu- (29) werten?"

P: (Stutzt, dann betroffen:) „Da haben sie Recht. Das mach' ich ganz automatisch."

T: „Ja, das wird wohl etwas dauern, bis Sie sich das abgewöhnt haben. (30) Wollen Sie es lernen?"

P: „Selbstverständlich! Damit will ich sofort aufhören!"

---

(28) T ergänzt den von P verwendeten Komparativ um die getilgte Sanktion.

(29) T prüft aufgrund der letzten Äußerung, ob P sich gerade wieder, gemäß ihres alten Selbstbestrafungsmusters, für einen begangenen Fehler abwertet.

(30) T versucht damit deutlich zu machen, dass P neue Verhaltensalternativen nicht nur durch Einsicht gewinnt, sondern dass sie bei 'automatischen Gedanken' selbst dann einen Umlern*prozess* benötigt, wenn die neue Verhaltensalternative keine Fertigkeiten verlangt, die P *nicht* bereits besäße (hier: sich *nicht* abzuwerten).

T: „Wollen Sie es auch lernen, wenn Sie es nicht *immer sofort* schaffen, Ihre neue Ansicht umzusetzen? Auch wenn Sie sich nicht *immer* rechtzeitig daran erinnern?"

P: „Ja."

T: „Ohne sich dafür abzuwerten, wenn Sie feststellen, dass Sie sich lei-   (31)
der gerade einmal wieder für einen Fehler abgewertet haben?"

P: „Ich will's versuchen."

T: „Gut. Mehr können Sie ja dann auch nicht tun."   (32)

(**Exkurs Ende**. Weiter mit: (8) Abwägen der Gründe und der positiven und negativen Aspekte)

„Können Sie mir helfen, den Faden wieder zu finden? Was haben   (33)
Sie bisher herausgefunden bezüglich angedrohter oder durchge-
führter Selbstbestrafung als Motivation für erwünschtes eigenes
Verhalten?"

P: „Selbstbestrafung macht nur dann Sinn, wenn es zielführend wirkt.
Es ist unsinnig, wenn die Selbstbestrafung eine zusätzliche Bestrafung ist, die noch zu der hinzukommt, die man ohnehin schon ertragen muss, weil man etwas getan oder nicht getan hat."

T: „Ah ja. Und wie ist das im Zusammenhang mit Fehlern? Wozu   (34)
dient es, sich für begangene Fehler selbst zu bestrafen?"

P: „Das ist unsinnig. Die Fehler hat man ja bereits begangen und muss
schon deren Konsequenzen ertragen. Da ist eine weitere Bestrafung
unsinnig."

T: „Weshalb?"

P: „Das hilft mir nicht. Das dient auch nicht meinen Zielen. Es schadet
nur noch zusätzlich."

T: „Hm..., aber hilft es nicht vielleicht, künftig Fehler zu vermeiden?"   (35)

P: (Kurze Pause) „Na, *die* Fehler hab' ich ja nicht sehenden Auges begangen, so wie beim Vermeiden der Steuererklärung. Und da ich ja
leider feststellen musste, dass ich durch mein Nägelbeißen keine
neuen Fähigkeiten bekomme, werd' ich solche Fehler künftig wohl
auch dann nicht erkennen können, wenn ich vorsorglich täglich
eine Stunde Nägel kaue... ." (P lächelt)

T: „Worüber lachen Sie?"   (36)

---

(31) T spricht damit die Möglichkeit eines → 'Problems höherer Ordnung' an.
(32) T verstärkt die Sichtweise von P.
(33) T möchte, dass P die bisherigen Ergebnisse des Disputs zusammenfasst.
(34) T prüft, ob P diese neue Erkenntnis schon mit Argumenten stützen kann.
(35) T übernimmt die Rolle des 'advocatus diaboli'.
(36) T prüft, ob P sich wegen der Widersinnigkeit eines solchen Verhaltens erneut ablehnt.

P: „Über diese Vorstellung. Ziemlich blöd, so ein Verhalten."

T: „Ja. Zumindest unzweckmäßig und sowohl körperlich als auch psy- (37)
chisch unnötig schmerzhaft. Vermutlich hätte es sich ja auch ziemlich schnell herumgesprochen, wenn so etwas vor Fehlern schützte,
und wir hätten dann alle keine Fingernägel mehr." (T lächelt)
„Aber eine Ihrer Normen haben wir noch nicht untersucht: 'Für
Dummheit gehöre ich bestraft!' Wie steht's denn damit, ist das für
irgendetwas sinnvoll?"

P: (Nach kurzer Pause:) „Nein. Das ist das Gleiche wie mit den Fehlern. Man ist ja nicht absichtlich dumm und kann das frei entscheiden, wie bei der Steuererklärung. Da ist man ja schon bestraft genug, die Konsequenzen zu ertragen, die einem aus der eigenen
Dummheit erwachsen. Da muss man sich nicht noch extra eines
oben drauf geben.... Das wäre unsinnig. ...Unnötig. Man leidet unnötig stark. ...Und vor allem: Es bewirkt nichts. Man wird dadurch
auch nicht schlauer."

T: „Ja, das klingt logisch. Und wenn Sie Ihre Erkenntnisse nun zusam- (37)
men betrachten. Wie stehen Sie denn dann zu unserer untersuchten
Behauptung: 'Für Dummheit und Fehler gehöre ich bestraft!'?"

(9) Entscheidung

P: (Nach kurzer Pause:) „Wenn jemand dumm ist ...oder unwissend
Fehler macht, ...ist er schon bestraft genug. Da wäre es total unsinnig, sich darüber hinaus auch noch zusätzlich selbst zu bestrafen.
...Wenn jemand allerdings aus Faulheit Fehler begeht, kann der
auch zusätzliche Sanktionen einführen, um sich zu bestimmten
Verhalten zu motivieren, so wie in dem Beispiel mit meiner Steuererklärung. ...Solche Bestrafungen sollten dann aber zielführend
sein und nicht noch weiter selbstschädigend."

T: „Ja, das klingt mir sehr logisch, ...sehr einleuchtend. Und gilt diese Er- (38)
kenntnis nur für Sie selbst, für *Ihre* Dummheiten und *Ihre* Fehler, oder
nur für andere und *deren* Dummheiten und Fehler oder für alle?"

P: „Wieso? Natürlich für alle!"

T: „Sie wollen also künftig weder sich selbst für eigene Dummheiten, (38)
eigenes Nichtwissen, eigene Unfähigkeiten oder unbeabsichtigte
Fehler bestrafen oder abwerten, noch andere Menschen, wenn die
dumm, nichtwissend, unfähig oder ungewollt fehlerhaft auftreten?"

P: „Hm... ." (Pause)

---

(37) T verstärkt die Sichtweise von P.

(38) T prüft, ob P bereit ist, die Erkenntnis zu generalisieren.

T: „Worüber denken Sie nach?"

P: „Wie ich das finde, so generell. ...Also, so will ich das nicht. Das würde ja auch bedeuten, dass jemand, der unbeabsichtigt bei Rot über die Kreuzung fährt und dabei ein anderes Auto zerdeppert oder sogar ein Kind tötet, außer seiner Beule im Blech nicht weiter bestraft werden soll.... . Das fände ich nicht angemessen."

T: „Wie fänden Sie es angemessen?"

P: „Na, zumindest, dass er dann den angerichteten Schaden ersetzt!"

T: „Und das Kind?"

P: (Schweigt, dann:) „Ja, das ist schwer. Ich weiß auch nicht, wie man das wieder gut machen kann,... so wie mit dem Blechschaden,... aber irgendwie sollte der dafür bestraft werden."

T: „Hm, ...aber wie?"

P: „Dafür haben wir ja Gesetze. Danach. ...Ehrlich gesagt, bin ich ganz froh, dass ich das nicht beantworten muss. Ich wüsste nicht, wie. ...Vermutlich würde ich eher dazu neigen, dass der Fahrer der Familie des Kindes etwas geben oder für die etwas tun muss, als dass er eine Strafe an den Staat zahlt oder im Gefängnis sitzt. Wenn er das nicht bewusst getan hat, bei Rot über die Kreuzung zu fahren, sehe ich darin keinen Sinn. Es ist nicht zielführend, denn es schützt ja nicht davor, dass er künftig – wegen dieser Strafe – nie wieder eine rote Ampel übersieht. Das tut die Strafe, die er für die Familie ableistet, zwar auch nicht, aber dann hätten die Hauptleidtragenden wenigstens *etwas* davon. ...Aber das kann ich ja zum Glück sowieso nicht selbst entscheiden.... ."

T: „Okay. Können Sie diesen Aspekt dann noch in Ihre Entscheidung einbauen?"

P: (Pause) „Wenn jemand dumm ist oder unwissend Fehler macht, ist er schon bestraft genug. Es ist unsinnig, sich dazu auch noch zusätzlich zu bestrafen. ...Wenn man aus Faulheit Fehler begeht, kann man zusätzliche Strafen einführen, um sich zu einem Verhalten zu motivieren. Solche Bestrafungen sollten aber zielführend und nicht noch weiter selbstschädigend sein. Wenn jemand andere durch seine Fehler schädigt, auch durch unbeabsichtigte, sollte er allerdings dafür insofern zusätzlich bestraft werden, als er für diesen angerichteten Schaden aufkommen soll, ihn – wenn es geht – wieder ausgleicht."

T: „Nach dieser Norm wollen Sie künftig leben?" (39)

---

(39) T vergewissert sich, dass P nun eine Lösung gefunden hat, die sie künftig als neue moralische Norm und Zielsetzung vertreten und leben will.

P: „Ja.“

T: „Dann haben Sie ja eine Lösung für sich gefunden, wie Sie künftig   (40)
    mit Selbstbestrafung umgehen wollen. Schauen wir uns jetzt an,
    was Sie tun können, um sich künftig häufiger daran zu erinnern
    und diese neue Norm im Alltag umzusetzen. ...“

(Ende des Disputs).

---

(40) T verstärkt die Lösung von P, macht aber gleichzeitig deutlich, dass es sich
     hier um eine individuelle Norm ohne Anspruch auf Allgemeingültigkeit
     handelt.

9   Praktische Hinweise zur Durchführung eigener Sokratischer Dialoge

Ich hoffe, es ist mir gelungen, mit Hilfe der vorangegangenen Beispiele einen Eindruck von der sokratische Gesprächsführung und der Methode der regressiven Abstraktion zu vermitteln und aufzuzeigen, wie damit typische, therapierelevante philosophische Themen bearbeitet werden können. Aus den bereits im Vorwort genannten Gründen bin ich mir dabei aber im Klaren, dass ich hiermit kein allgemein gültiges, immer wieder auf gleiche Weise anwendbares Muster oder Rezept vermitteln kann.

Um mehr zu *wissen*, als das, was *ich* mit einem speziellen Patienten in einer spezifischen Situation erarbeitet habe (und was keinen Anspruch auf Allgemeingültigkeit besitzt), bedarf es der eigenen Umsetzung, der Übung und des Trainings dieser Methodik.

Insofern sollten die obigen Musterdialoge nicht als Patentrezepte verstanden werden. In eigenen Dialogen wird jeder Therapeut, wenn auch auf der Grundlage desselben Modells, stets seinen eigenen Weg und die adäquate Lösung finden müssen, die dem jeweiligen Gesprächspartner unter Berücksichtigung seines Sozialisationshintergrundes und seines ethisch-moralischen Normensystems gerecht wird.

Das Erlernen philosophischer Disputationen ist ziemlich übungsintensiv. Die Kenntnis der Methodik, des Modells und ihrer einzelnen Phasen ist zwar unabdingbar für ihren sinnvollen Einsatz, bietet jedoch noch keine Garantie für deren sinnvolle, angemessene Anwendung. Diese Umsetzung wird in der Regel erst sukzessive, nach diversen (Fehl-)Versuchen gelingen.
Hierzu möchte ich Sie eindringlich ermutigen.

Wenn ich schon keine allgemein gültigen Rezepte an die Hand geben kann, so doch vielleicht einige nützliche Hinweise und Tipps, die Ihnen bei ersten Übungsdialogen dienlich sein können. (Da ich hierbei keinen „kleinsten gemeinsamen Nenner" der Leser in ihrer psychotherapeutischen oder beraterischen Erfahrung und Fertigkeit unterstellen kann, bitte ich die „alten Hasen" um Nachsicht, wenn der eine oder andere Punkt dabei als selbstverständlich oder profan erscheinen sollte.)

! Regeln und Tipps für Sokratische Dialoge

(1) Prüfe, ob die Voraussetzung für eine sokratische Gesprächsführung gegeben ist.

Egal ob in Beratung oder Therapie: Voraussetzung für den Einsatz Sokratischer Dialoge ist das Vorliegen eines Themas, d.h. einer unlogischen, irrationalen oder dysfunktionalen Grundüberzeugung, Ideologie, Anspruchshaltung, (Lebens-)Philosophie oder Moralvorstellung.

(2) Prüfe, ob der Patient zur sokratischen Gesprächsführung fähig ist.

Der Patient sollte intellektuell und psychisch zu einem Disput fähig sein (siehe hierzu: Kontraindikation für die sokratische Gesprächsführung in Kapitel 5.2).

(3) Prüfe, ob genügend Zeit für einen Sokratischen Dialog zur Verfügung steht.

Sokratische Dialoge sollten nur begonnen werden, wenn sie, zumindest zeitlich gesehen, auch beendet werden können. Ungeübte Therapeuten sollten dafür zunächst 3 Stunden pro Thema einplanen.

(4) Prüfe, ob die Therapeut-Patient-Beziehung stimmt.

Ein Sokratischer Dialog wird nur dann begonnen, wenn der Patient dazu bereit ist, wenn er *dieses* Thema mit *diesem* Therapeuten oder Berater zu *diesem* Zeitpunkt ansprechen, ausführen und reflektieren möchte.

(5) Prüfe die Veränderungsmotivation des Patienten.

Ein Sokratischer Dialog wird nur dann begonnen, wenn der Patient Veränderungsmotivation zeigt. Macht er andere, die Umwelt oder das Schicksal für seine momentanen Probleme verantwortlich, und negiert er die Möglichkeit, eigenverantwortlich etwas dagegen unternehmen zu können, ist eine Disputation zu diesem Zeitpunkt nicht angezeigt (wie vermutlich jede andere Form eines therapeutischen Veränderungsansatzes auch nicht). Zunächst müssen beim Patienten Krankheitseinsicht und Veränderungsmotivation erreicht werden. (Zu notwendigen Bedingungen für psychotherapeutische Änderungsprozesse siehe z.B. Stavemann, 1999, S.120).

(6) Sei mit der Dialogform, ihrem Wesen, ihrer Methodik und ihrem Ablauf vertraut.

Der Therapeut sollte vor dem ersten praktischen Einsatz das verwendete Ablaufmodell auswendig kennen und mit den einzelnen Disputationsformen vertraut sein. Er kann sich besser auf das konzentrieren, was sein Patient berichtet, wenn er sich nicht nebenbei auch noch auf sein Modell konzentrieren oder dieses gar nachlesen muss.

(7) Entscheide, ob ein explikativer oder normativer Diskurs angezeigt ist.
Zu Beginn des Diskurses sollte klar sein, welcher Diskurstyp zur Beantwortung der Ausgangsfrage führt, um von Beginn an das adäquate Ablaufmodell zu wählen.

(8) Halte dich an die Struktur des gewählten Diskurstyps.
Ein Sokratischer Dialog verläuft struktur- und prozessmäßig, das heißt z.B. für den explikativen Diskurs: keine Widerlegung, bevor nicht das Modell des Patienten erklärt und verstanden ist, keine Hinführung, bevor der Patient nicht den „Zustand der inneren Verwirrung" erreicht hat.

(9) Bleibe beim Thema.
Beginne nicht mit neuen Themen, bevor nicht das Begonnene zu Ende geführt ist, auch wenn der Patient neue, irrationale oder klärungsbedürftige Begriffe verwendet oder Behauptungen aufstellt. (Ausnahme: Aufspalten des Ausgangsthemas in Subthemen mit anschließender Rückführung auf die Ausgangsfragestellung.)

(10) Vermeide abstrakte Themen ohne Alltags- oder Realitätsbezug für den Patienten.
Es geht ja nicht darum, per Sokratischem Dialog allgemein gültige, absolute Wahrheiten zu finden, sondern lediglich um die individuelle, angemessene Lösung für den Patienten. Deshalb: Stelle stets durch konkrete Beispiele des Patienten den Alltags- und Realitätsbezug her und formuliere das Thema entsprechend (bei einem normativen Diskurs z.B.: 'Soll ich mein Kind austragen oder abtreiben?' statt 'Darf man abtreiben?'). Viele Diskurse verlaufen deswegen end- oder ergebnislos, weil der Therapeut es versäumt hat, den Patienten auf konkrete Alltagsbezüge festzulegen.

(11) Stelle kurze, präzise Fragen.
Stelle Fragen einfach, verständlich und präzise (aber nie mehr als eine zur gleichen Zeit) und prüfe, ob der Patient sie verstanden hat und darauf antwortet. Falls nicht: Zurück zur Frage.

(12) Bewahre eine naive, fragende Haltung.
Der Therapeut ist zuvörderst um das Verständnis dessen bemüht, was der Patient ihm mitteilt. Er enthält sich aller ungeprüften Hypothesen, Spekulationen, Übertragungen oder Generalisierungen und füllt damit

keine eigenen Verständnislücken auf, sondern klärt diese durch konkretes Nachfragen.

(13) Sei offen für und verstehe das Modell des Patienten.
Für eine glaubwürdige Widerlegung des Patientenmodells ist zunächst das Verständnis desselben unabdingbar. Der Therapeut muss verstehen und nachvollziehen können, was der Patient glaubt, um die Schwachstellen seines Modells zu erkennen und es anschließend daran ausheben zu können. (Ein häufiger Fehler besteht darin, dass der Therapeut gar nicht genau genug hinhört, um das 'unsinnige' Modell seines Patienten zu verstehen, da er ja schon weiß, was er ihm gleich vermitteln will und nur noch auf seine Möglichkeit wartet, damit beginnen zu können.)

(14) Vermeide belehrende Aussagen.
Der Patient sucht im Dialog seine eigenen Erkenntnisse und Wahrheiten. Der Therapeut sollte sich daher aller belehrenden Aussagen und der Darlegung eigener Sichtweisen oder Normen enthalten, um den Patienten in seinem Suchprozess nicht zu behindern.

(15) Sei geduldig.
Der Therapeut wiederholt seine Fragen oder Ableitungen so oft, wie es der Patient zu seinem Verständnis und mit seiner Lernfähigkeit benötigt. Er drängt oder hetzt nicht (z.B. durch schnelleres Sprechen), verweist nicht auf die Zeit („Wie müssen uns etwas beeilen!") oder macht Zielvorgaben („Wir sollten damit nächste Stunde fertig sein."), um den Patienten nicht in seiner Such- und Erkenntnisphase zu beeinträchtigen.

(16) Vermeide jegliches Sendungsbewusstsein.
Der Therapeut sollte zuvor selbst verstanden und akzeptiert haben, dass es *die* gute, richtige oder sinnvolle Lösung nicht gibt, dass die eigene Lösung keine Allgemeingültigkeit besitzt und nicht notwendigerweise adäquat für den Patienten ist. Es geht ausschließlich darum, eine Aussage, Entscheidung oder Position des Patienten auf Realitätsbezug, Widerspruchsfreiheit und Zielgerichtetheit innerhalb *seines* Systems vor dem Hintergrund *seiner* Sozialisation und *seines* ethisch-moralischen Normensystems zu prüfen. Die „Lebensweisheiten" des Therapeuten bleiben hierbei außen vor.

(17) Vermeide den Eindruck des allwissenden Fachmanns.
Verwechsle nicht Kompetenz als Psychotherapeut mit Allwissenheit und vermeide den Eindruck, schon die Lösung der Fragestellung zu kennen und den Patienten nun nur noch dabei zu beobachten, wie er

sich abstrampelt, diese Lösung zu suchen. Auch der Therapeut ist ein Suchender. Auch er sucht, zusammen mit dem Patienten, nach der für diesen angemessenen Lösung. (So kann er auch reagieren, falls er gefragt wird, ob er die Lösung der untersuchten Fragestellung bereits kenne: „Ich kenne sie nur für mich und meine Lebensziele. Aber wir suchen ja die Lösung für Sie, eine, die zu Ihnen und Ihren Zielen passt.")

(18) Agiere nicht als Punktrichter.
Benenne Fehler im Modell des Patienten nicht als solche, sondern frage so lange nach einer Erklärung, bis der Patient selbst erkennt, dass er diese nicht sinnvoll beantworten kann. Versuche, damit seinen Widerstand möglichst gering zu halten und vermeide, dass er als 'Dummlack' dasteht, um nicht die Wahrscheinlichkeit zu erhöhen, dass der Patient damit ein möglicherweise vorhandenes Selbstwertproblem verstärkt.

(19) Fahre die Ernte ein.
Wiederhole und präzisiere die herausgearbeiteten Erkenntnisse des Patienten und lasse sie durch ihn bestätigen (z.B.: „Sie sagten gerade,... . Habe ich das richtig verstanden?"), um es dann als *dessen* (Zwischen-) Ergebnis festzuhalten.

(20) Die Erfolge des Dialogs gehören dem Patienten.
Der Therapeut sollte den Eindruck vermeiden, er habe das alles schon vorher gewusst. Er sollte genügend selbstbewusst und selbstsicher sein, dem Patienten für die gefundene Lösung Anerkennung zu zollen, ohne sich dabei als derjenige in den Vordergrund zu spielen, dem diese Lösung zu verdanken ist.

(21) Wenn etwas daneben geht...
Verheddert sich der Therapeut im Dialog und sollte er es – aus welchem Grund auch immer – in der Sitzung nicht schaffen, einen irrationalen Gedanken des Patienten zu entkräften, sollte er sich nicht scheuen, das Thema wieder neu aufzugreifen. Wenn er sich in der um Verständnis bemühten Rolle befindet, ist es leicht, diese weiterhin einzunehmen, zum Beispiel durch: „Ich habe noch mal über das nachgedacht, was Sie letztes Mal herausgefunden haben. Eines ist mir dabei noch nicht klar: Wie ..." (hier folgt die Widersprüchlichkeit oder ein Beispiel für die irrationale Idee).

Die Kollegen, die sich tiefer in diese Materie einarbeiten möchten, ohne aber besondere Vorkenntnisse oder Vorerfahrungen mit dieser Methodik zu besitzen, möchte ich ermuntern, die ersten Schritte in Workshops zu diesem Thema zu trainieren.

Für die schnelle Einarbeitung in die philosophischen Disputationsstrategien empfehle ich zudem, die ersten eigenen Dialoge durch hierin kompetente Kollegen supervidieren zu lassen.

Sollten Sie hierfür keine geeignete Ansprechperson oder Fortbildungseinrichtung kennen, können Sie sich an das IVT – Institut für integrative Verhaltenstherapie in Hamburg wenden. Die Anschrift finden Sie vorne im Impressum.

Viel Erfolg!

10 Anstelle eines Nachworts: Plädoyer für eine „philosophische Wende"

Konfuzius, Lao-Tse, Buddha, Epiktet, Cicero, Seneca, Marc Aurel, Kant, Schopenhauer, Emerson, Dewey, Santayana, Russell ..., sie alle haben, nach Ellis (1995), dasselbe zentrale Thema: Menschen schaffen sich ihr unnötiges emotionales Leid größtenteils durch irrationales oder dysfunktionales Denken. Und schaut man heute auf die thematischen Inhalte von psychischen Störungen und die individuellen Begründungen der Betroffenen für ihre emotionalen Probleme, stellt man fest, dass sich daran bislang nichts geändert hat. Insofern verwundert der Anspruch orthodoxer Verhaltenstherapeuten, all dies objektiv empirisch (er)fassen zu wollen. Handelt es sich hier doch in der Regel um subjektiv *berichtete* Qualitäten und nicht um beobachtbare Quantitäten.

Probleme mit naturwissenschaftlichen Forschungskriterien. Der auf diesem Gebiet naturwissenschaftlich Forschende wird nun unversehens mit der typischen Problematik seines Untersuchungsgegenstandes konfrontiert: Qualitative, subjektiv vermittelte Größen objektiv und gemäß seiner naturwissenschaftlichen Gütekriterien zu erfassen.

Betrachten wir diese Schwierigkeit einmal an der wohl häufigsten neurotischen Störung, an Selbstwertproblemen – mit depressiven, sozialphobischen oder agoraphobischen Symptomen oder ohne. Probleme mit der Selbstwertschöpfung sind ja nicht neu. Schon vor ca. zwei Jahrtausenden berichtet Epiktet vom Hang der Menschen, ihren Selbstwert mehr oder weniger an äußere oder innere Eigenheiten, Errungenschaften oder Haltungen zu knüpfen und von damit verbundenen emotionalen Turbulenzen (Epiktet, 1958, 1992).

Auch Ellis sieht in dieser Tendenz zur Selbstbewertung eine universelle, typisch menschliche (Un-)Art. Die Lösung sieht er in existentialistisch-philosophischer Weise in einer Selbstwertbestimmung in Abhängigkeit vom (Da-)Sein, von der Existenz, und er fordert, dass effektiv arbeitende Psychotherapeuten besser zuvor für sich eine gute eigene Lebensphilosophie erarbeitet haben sollten, um für philosophische Fragen ihrer Patienten gewappnet zu sein (Ellis, 1973). Denn derartige Aufgaben stellten sich ihnen häufig, beispielsweise, wenn ihr Gesprächspartner herauszufinden versucht: Bin ich ein guter/schlechter/wertvoller/wertloser Mensch? Was ist ein gutes/erfülltes/wertvolles Leben? Bin ich eine gute Mutter/ein guter Vater? Wie werde ich zufrieden und glücklich?

Gibt es eine richtige/falsche Art zu leben? Was ist moralisch/unmoralisch? Wessen Moral ist besser oder richtig?

Der Ratsuchende wird zur Beantwortung dieser objektiv nicht zu klärenden Fragen eigenverantwortlich Lösungen finden und Entscheidungen treffen müssen.

Dabei wird dem Betrachter recht schnell deutlich: Selbstwertprobleme lassen sich weder objektiv erfassen, noch allein durch Lernerfahrungen, Konditionierung oder Verhaltenstrainings lösen. Denn, um Selbstwertprobleme zu verstehen, bedarf es zunächst einer Erhebung der verwendeten persönlichen Maßstäbe, der individuellen Bezugsgrößen, die zur Selbstwertbestimmung herangezogen werden. Und dabei bleibt dem Therapeuten keine Alternative: Diese individuellen Messlatten, die jeweiligen Gründe für die Selbstwerterniedrigung oder -erhöhung wird er von seinen Klienten *erfragen* müssen.

So etwas wäre für Behavioristen und orthodoxe Verhaltenstherapeuten natürlich indiskutabel gewesen, da die Antworten der Befragten unüberprüfbar sind und – bewusst oder unbewusst – gefärbt, verzerrt, sozial erwünscht oder schlicht gelogen sein könnten.

Allein, es gibt keine andere Möglichkeit, krank machenden (Selbst-)Bewertungsmustern auf die Schliche zu kommen. Und deren Kenntnis ist natürlich unabdingbar, wenn Selbstwertprobleme durch kognitive Umstrukturierung, durch Veränderung dieser individuellen Maßstäbe zur Selbstwertschöpfung, abgebaut werden sollen.

Defizitäre Ausbildungscurricula. Philosophie durchsetzt das Leben aller Leben, bewusst oder auch nicht. Für ihre Relevanz bei der Lösung psychischer Probleme bedarf es daher wenig Begründung. Psychologen sollten sich darüber im Klaren sein, dass ihre Disziplin und die heutigen Formen aller vom Psychotherapie-Gesetz anerkannten Verfahren aus den Philosophien des 18. und 19. Jahrhunderts hervorgegangen sind (Mahoney, 1991). Leider wird dieser Fakt besonders von Verhaltenstherapeuten häufig übersehen, die damit bewusst oder unfreiwillig, auf jeden Fall aber unnötig, auf wichtige, therapierelevante, änderungsförderliche Modelle und therapeutische Strategien verzichten.

Betrachtet man die gesetzlich festgelegten Curricula, die zum Fachkundenachweis und zur Approbation von Verhaltenstherapeuten führen, dann findet eine praktische philosophische Ausbildung für Psychotherapeuten – zumindest im verhaltenstherapeutischen Bereich – faktisch nicht mehr statt. Und liest man die Ausbildungscurricula für Verhaltenstherapeuten – z.B. die des NIVT (Norddeutsches Institut für Verhaltenstherapie, Bremen), des IVAH (Institut für die Ausbildung in Verhaltenstherapie, Hamburg) oder anderen, dem DVT (Dachverband Verhaltenstherapie, Münster) angeschlossenen Ausbildungsinstituten – auch die zur Ausbildung von *kognitiven* Verhaltenstherapeuten, so wird schnell offenbar, dass die inhaltlichen Schwerpunkte noch immer auf der empirisch-methodologischen Ebene liegen. Kognitive Techniken wie ABC-Methode und RSA- oder SAE-Modell werden zwar vermittelt, vielleicht sogar in der praktischen Anwendung geübt, aber die Vermittlung selbst ist meist doch nur sophistisch. Philosophische Betrachtungsweisen finden, wenn überhaupt, nur rudimentär Erwähnung. Geschweige denn, dass den angehenden Therapeuten auf sokratische Weise vermittelt würde, *wie* sie selbst künftig auf ebensolche Art ihre Patienten das eigenständige Reflektieren (beispielsweise über die oben erwähnten lebensphilosophischen Fragen) lehren könnten.

Hier tut sich eine gewaltige Lücke in der psychotherapeutischen Ausbildung auf.

Folgen und Auswirkungen. Ohne die Errungenschaften, Ergebnisse und Möglichkeiten der empirischen Natur- und Sozialwissenschaften allgemein oder der Verhaltenstherapie Skinnerscher Prägung im Speziellen zu negieren oder zu schmälern, ist mir doch die Notwendigkeit nicht einsichtig, diese Themen zu Lasten philosophischer Ausbildungsinhalte derart überzugewichten. Dies führt dann in der Praxis – meist eher früher als später – bei vielen Therapeuten zum klassischen Zustand „sokratischer Verwirrung": Sie haben dann zwar beispielsweise ein Selbstwertproblem bei ihrem Patienten identifiziert, erkennen nun aber, dass sie nicht wissen, wie sie dieses mit den gelernten Mitteln und Verfahren langfristig und zielgerichtet auflösen sollen.

Nur allzu häufig erschöpft sich der therapeutische Ansatz in solchen Fällen in nicht endender Exploration – einem verlässlichen Indiz für die Hilflosigkeit des Helfers – oder in unreflektiertem „In-vivo-Training"-Aktionismus.

Die Ergebnisse solchen Vorgehens – falls denn überhaupt welche erzielt werden – zeigen sich dann oft in Form von Symptomverschiebungen, denn dem eigentlichen Problem, den zugrunde gelegten inadäquaten Kriterien zur Selbstwertschöpfung, war mit den angewandten Techniken nicht beizukommen.

Auch bei phobischen Erkrankungen, zum Beispiel bei Spinnenphobikern, lässt sich die Annahme orthodoxer Verhaltenstherapeuten prüfen, dass neue (Lern-)Erfahrungen zur Problembewältigung führten: Ob dies tatsächlich eintritt, hängt davon ab, ob die Betroffenen bereit sind, ihre (meist gar nicht einmal so neuen) Erfahrungen auch zu *glauben*, sie nicht als *Zufall* abzutun oder als „noch mal Schwein gehabt" abzuhaken.

Ohne kognitive Umstrukturierung ist auch der Angst eines Spinnenphobikers nicht beizukommen. Und häufig reichen dazu Lernerfahrungen aus Verhaltenstrainings eben einfach nicht aus.

Selbst *Kognitive* Verhaltenstherapeuten stehen kurz nach ihrer Ausbildung vor einem ähnlichen Problem. Sie wissen zwar, wie eine kognitive Umstrukturierung aussieht, kennen die Modelle und Methoden, besitzen eine genaue Vorstellung vom Therapieplan, aber leider sind sie noch ungeübt und unsicher in der Anwendung philosophischer Dispute. Auf die Methode der Wahl, den Sokratischen Dialog, wurden sie zwar in ihrer Ausbildung hingewiesen, haben womöglich auch schon den einen oder anderen Dialog gehört oder gar selbst ausprobiert, oft ist es aber dabei geblieben.

In derartigen Fällen lässt sich oft beobachten, dass etliche Therapeuten dann lieber dieses für sie unsichere, ungeübte Gebiet meiden und dafür endlos ABC-Modelle erstellen. Kein Wunder, dass sie dabei dann kaum bis zum Disput der irrationalen Gedanken vorstoßen, geschweige denn, dass sie die neu erarbeiteten, zielführenden Denkweisen auf der Vorstellungs- und Verhaltensebene trainieren. Nachhaltige kognitive Veränderungen können auch sie *so* nicht bewirken.

Wenn dann aber eine Disputation dysfunktionaler Gedanken stattfindet, dann erschöpft sich diese meist in einem logisch-empirischen Disput (Wilken, 1998) oder, nach Ellis (1979a) und Ellis & Hoellen (1997), auf „unelegantem" Wege, indem einzelne Behauptungen des Patienten auf Realitätsbezug oder Logik geprüft und in Frage gestellt werden. Auf die dahinter liegenden irrationalen Grundphilosophien stößt man *so* natürlich nicht, und damit entgehen diese dann auch regelmäßig der Überprüfung und Veränderung.

Derart übergeordnete Schemata oder grundlegende (Lebens-)Philosophien lassen sich jedoch hervorragend auf sokratische Weise (mit oder ohne Anwendung der Methode regressiver Abstraktion) bearbeiten, indem diese selbst (nach Ellis auf „elegante" Weise) einer Überprüfung unterzogen werden.

Was den meisten (Verhaltens-)Therapeuten dazu leider fehlt, ist ein selbstreflektierter, sicherer, geübter Umgang mit (lebens-)philosophischen Themen und die Fähigkeit, auf sokratische Weise dysfunktionale, krank machende Lebenszielsetzungen, Selbstwertschöpfungsmethoden und Moralvorstellungen zu disputieren.

Forderungen nach philosophischen Ausbildungsinhalten. Mahoney (1991) sieht die Philosophie und die Psychologie unzertrennbar miteinander verknüpft, und beide seien bedeutsam für die Entwicklungen in allen anderen Wissenschaften. Die Bedeutung philosophischer Inhalte für die eigene Disziplin werde von Psychologen jedoch leider allzu häufig übersehen.

Auch Chessick sieht (1971) einen Hauptgrund für das Versagen von Psychotherapeuten in deren Unfähigkeit begründet, philosophischen Fragestellungen ihrer Patienten auf eben solchem Wege zu begegnen. Kein denkender Mensch könne um philosophische Betrachtungen herumkommen. (Sogar die Philosophie des Positivismus – die versucht, philosophische Inhalte möglichst ganz zu vermeiden – beruhe auf Grundannahmen, die ausschließlich mit philosophischen Methoden untersucht und nicht durch wissenschaftliche Methoden validiert werden könnten.) Deshalb sei es offensichtlich, weshalb Psychotherapeuten Philosophie verstehen und sich auch auf diesem Bereich auskennen müssten, um angemessen Therapie betreiben zu können.

Wenn man Philosophie als einen endlosen Prozess versteht, die grundlegenden Annahmen und Prinzipien aufzudecken, die hinter unserem Denken und Verhalten stehen, dann wird schnell deutlich, dass die Untersuchung dieser

Grundannahmen und Lebensphilosophien nicht durch wissenschaftliche Experimente, sondern nur durch philosophische Betrachtungen vorgenommen werden kann. Deshalb folgert auch Chessick (1971, S.50): „For the psychotherapist, philosophy [...] should be a mandatory field of study." Dazu führt er (a.a.O., S. 55–67) zehn verschiedene Bereiche an, die er als besonders bedeutsam ansieht – sowohl für sich selbst als Therapeuten als auch für seine Patienten. Die Kenntnis philosophischer Inhalte sei zudem ein wertvolles diagnostisches und therapeutisches Instrumentarium, um unterscheiden zu können, ob ein Patient lediglich mit seinen (philosophischen) Grundannahmen und Konzepten durcheinander kommt, oder ob psychopathologische Gründe vorliegen. **Fazit: Wir brauchen eine fundiertere philosophische Ausbildung für Psychotherapeuten.**

Notwendige Revision der Prüfungsordnung. Leider richtet die staatliche Prüfungsordnung für psychologische Psychotherapeuten (und entsprechend, bedauerlicherweise, auch die auf die Approbation ausgerichteten Curricula psychotherapeutischer Fortbildungsinstitute) ihre Gewichtung allzu einseitig auf sophistische Wissensvermittlung zu Lasten praktischer Übungsmöglichkeiten. Hier bedarf es einer Revision.

Wenn die Ausbildung nicht nur einzig die kurzfristige Zielsetzung verfolgen soll, möglichst schnell zur Approbation zu kommen, sondern auch, damit langfristig erfolgreich im Sinne der Patienten wirken zu können, müssen andere Gewichtungen vorgenommen werden. Die Ausbildungsteilnehmer brauchen erheblich intensivere Übungs- und Trainingsmöglichkeiten, als dies bisher – in den dazu meist viel zu großen Ausbildungsgruppen – der Fall ist.

Was den angehenden Psychotherapeuten auf sokratische Weise zu vermitteln wäre, ist, wie sie auf eben solche Art ihre Patienten ohne Belehrungen lehren könnten, ein eigenverantwortliches, selbstbestimmtes Leben ohne unnötige emotionale Turbulenzen zu führen.

Dazu sollten sie dann allerdings auch selbst in der Lage sein. Hierbei würde die praktische Vermittlung sokratischer Gesprächsführung nicht nur ihnen selbst, sondern auch ihren Patienten in elementarer Weise dienlich sein. Diese philosophischen Inhalte gehören daher in jede Form psychotherapeutischer Ausbildung.

Glossar

ABC-Methode. → ABC-Modell

ABC-Modell. Der amerikanische Psychotherapeut Albert Ellis hat sich in den fünfziger Jahren als einer der Ersten darum verdient gemacht, die Zusammenhänge zwischen Denken und Fühlen in die psychotherapeutische Alltagspraxis einzubauen. Eines seiner wichtigsten therapeutischen Werkzeuge hierzu ist das ABC-Modell der Emotionen. Es dient der Beschreibung, dem Aufspüren und der Diagnose von Situationen, Gedanken, Gefühlen und Verhalten.

ABC steht für **A**ugenblickliche Situation, **B**ewertungssystem und **C**onsequenzen. Die zentralen Aussagen des Modells lauten: Nicht die augenblickliche Situation **A** bestimmt, wie wir uns fühlen und verhalten (**C**), sondern unser Bewertungssystem **B**. Und: Wenn wir unter einem Gefühl unangemessen leiden, können wir dies beenden, indem wir die Bewertungen ändern, die dazu führen.

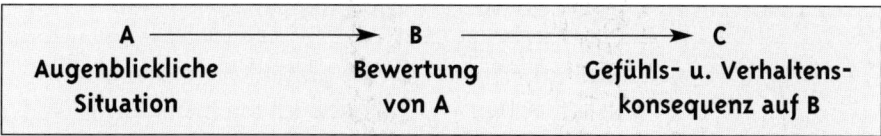

A ⟶	B ⟶	C
Augenblickliche Situation	**Bewertung von A**	**Gefühls- u. Verhaltenskonsequenz auf B**

A beschreibt so objektiv wie irgend möglich die augenblickliche Situation, in der wir die Bewertungen B fällen. Hier werden folgende Fragen beantwortet: Was geschieht gerade zu dem Zeitpunkt, als ich diesen Gedanken oder dieses Gefühl bei mir entdecke? Was kann jeder Mensch ohne Vorwissen in dieser Situation wahrnehmen und beschreiben?

B enthält alle bewussten und unbewussten Gedanken zum Zeitpunkt A. Dazu gehören Erinnerungen, Schlussfolgerungen, Träume, Vorstellungen, Spekulationen und Bewertungen. Diese gedanklichen Prozesse können sich auf alle Sinneswahrnehmungen beziehen, auf akustische, verbale, optische, taktile Reize, auf Gerüche und Geschmack, aber auch auf andere Gedanken, auf Träume und Phantasien. Betrachtet man Bewertungsprozesse genauer, stellt man fest, dass sie sich inhaltlich in drei unterschiedliche Bereiche aufteilen lassen: (B1) Die *persönliche Sichtweise* von A mit all unseren Erinnerungen, Vorurteilen und unseren grundsätzlichen, überdauernden Normen und Wertmaßstäben. (B2) Die *Schlussfolgerungen*, die wir aus 1. ableiten, und die *Konsequenzen*, die wir dann vermuten. (B3) Die *Bewertung* dieser in 2. getroffenen Schlussfolgerungen und vermuteten Konsequenzen im Hinblick auf unsere Ziele. Anders ausgedrückt stehen bei B die Antworten auf folgende Fragen: (B1) Wie sehe ich persönlich die Situation A mit meinem Vorwissen? (B2) Welche Schlussfolgerungen ziehe ich daraus? Welche Konsequenzen vermute ich? (B3) Wie finde bzw. fände ich das? Ist die Bewertung (B3) erst einmal gefällt, so ist an der nachfolgenden Emotion nicht mehr zu drehen. Man spricht daher auch von der Bewertung-Gefühl-Logik.

C beschreibt, mit welchem *Gefühl* wir auf unsere Bewertung der Situation A reagieren, und wie wir uns daraufhin *verhalten*. Hier stehen die Antworten auf die Fragen: (C1) Welches Gefühl habe ich nach der Bewertung der Situation A? Gibt es körperliche Begleiterscheinungen zu diesem Gefühl? (C2) Was genau tue ich darauf hin?

Das ABC-Modell im Überblick		
	Was steht hier?	Mit welchen Hilfsfragen finde ich das heraus?
A Augenblickliche Situation	Die objektive, sachliche Beschreibung der Situation.	Was geschieht gerade zu dem Zeitpunkt, als ich diesen Gedanken bei mir entdecke? Was kann jeder Mensch ohne Vorwissen in dieser Situation wahrnehmen und beschreiben?
B Bewertungs-system	Alle bewussten und verdeckten Gedanken zum Zeitpunkt **A**.	**1. (die persönliche Sichtweise):** Was sehe ich mit meinen Vorerfahrungen in der Situation **A**? **2. (die Schlussfolgerungen und vermuteten Konsequenzen):** Was glaube ich hat das zu bedeuten? Welchen Grund, Sinn, Zweck hat das? Welche Konsequenzen hat/ hätte das für mich und meine Ziele? **3. (Bewertung):** Wie finde bzw. fände ich das?
C Konsequenzen	Mein Gefühl und mein Verhalten aufgrund der Bewertung der Situation **A**.	**1. (Gefühl):** Welches Gefühl habe ich nach der Bewertung der Situation **A**? Spüre ich körperliche Begleiterscheinungen? **2. (Verhalten):** Was tue ich darauf hin?

(vgl. Stavemann, 2001)

ABCZ-Modell. Eine Erweiterung des → ABC-Modells um die *Zielsetzung* (Z). Mit Z beschreiben wir die angestrebte Gefühls- und Verhaltensreaktion, die wir unter Berücksichtigung unserer Lebensziele in einer bestimmten Situation für angemessen halten.

So wie wir zuvor die Reaktionen auf ein Bewertungssystem in *Gefühls-* (C1) und *Verhaltenskonsequenz* (C2) unterschieden haben, unterteilen wir nun die Zielsetzung in *Zielgefühl* (Z1) und *Zielverhalten* (Z2). Z1 beschreibt, welches Gefühl wir in der Situation A für angemessen halten, Z2 beschreibt, welches Verhalten wir in der Situation A sinnvoll finden.

Um entscheiden zu können, ob ein Zielgefühl oder Zielverhalten für eine Situation angemessen ist, benötigen wir die persönlichen Lebensziele, die Ober- und Unterziele und die Rangordnung der verschiedenen Vorsätze. Nur so können wir verstehen, welche Bedeutung ein Ereignis für eine Person hat, ob es in deren Lebensziele und -pläne hineinpasst oder ob es sie torpediert, behindert oder gar unerreichbar macht. Erst wenn wir die Wichtigkeit und Tragweite eines Ereignisses für die Lebensziele einer Person kennen, können wir entscheiden, ob die angemessene Gefühlsreaktion negativ, neutral oder positiv ausfallen sollte (aus: Stavemann, 2001).

Arete. Die Tugendhaftigkeit. Sie beschreibt als zentraler Begriff der antiken griechischen Sittenlehre die Tüchtigkeit, Vortrefflichkeit und Tauglichkeit der Seele zu Weisheit und Gerechtigkeit.

Asebie. Gottlosigkeit, Frevelhaftigkeit wider die Götter.

Asebie-Prozess. Öffentlicher Schauprozess im antiken Athen nach Anklage wegen Asebie.

Behaviorismus. Eine, von J.B. Watson um 1920 begründete psychologische Schule, die eine „naturwissenschaftliche", möglichst objektive Beobachtung offenen Verhaltens anstrebt. Untersucht wird die Wirkung von Verstärkern zu unterschiedlichen Zeitpunkten auf das beobachtbare Verhalten. Aus diesen Beobachtungen werden die verschiedenen Konditionierungsarten und die → Lerngesetze abgeleitet.

Bewertung (B3)-Gefühl (C1)-Logik. Die Bewertung (B3)-Gefühl (C1)-Logik oder die B3-C1-Logik (Stavemann, 1999) beschreibt die eineindeutige Beziehung zwischen der Bewertung (B3) und der emotionalen Reaktion (C1). Ist eine der beiden Variablen bekannt, ist die andere damit ebenfalls festgelegt. Diesen Umstand kann man sich zur Rekonstruktion von Bewertungssystemen zu Nutze machen. Für die im → Gefühlsstern aufgeführten Gefühlsdimensionen ergeben sich folgende Bewertungszuordnungen:

Gefühl (C1)		Bewertung (B3)
Freude	⇔	toll, schön
Ärger	⇔	Sauerei, unverschämt
Scham	⇔	peinlich
Trauer	⇔	schade, schlimm
Niedergeschlagenheit	⇔	furchtbar und hoffnungslos
Sympathie	⇔	der/die ist toll
Angst	⇔	das wäre furchtbar/schlimm/peinlich
Gleichgültigkeit	⇔	egal

B3-C1-Logik. → Bewertung (B3)-Gefühl (C1)-Logik.

B^{neu}. Die neue Denkweise, die zu den Gefühls- und Verhaltenszielen Z1 und Z2 führt (→ SAE-Modell).

Deduktion. → Deduktiver Schluss.

Deduktiver Schluss. Die Ableitung des Besonderen vom Allgemeinen, die Erkenntnis des Einzelfalls aus einem allgemeinen Gesetz. Die Wahrheit des Schlusssatzes ist gewährleistet, wenn die Prämissen wahr und die Regeln der Logik eingehalten werden. Beispiel: Alle Menschen müssen sterben. Ich bin ein Mensch. Ich muss sterben.

Deduktive Methode. → Deduktiver Schluss.

Dialektik. Die von Sokrates und Platon begründete Kunst, in Rede und Gegenrede zu überzeugen. Ausgangspunkt sind zwei gegensätzliche Behauptungen (These und Antithese), wobei Letztere die These in Frage stellt und in der Synthese – der Verbindung beider Teile zu einem größeren Ganzen – eine Erkenntnis höherer Art anstrebt.

Didaktik. Die Lehre vom Lehren und Lernen, vom Unterricht und seiner Methodik.

Dysfunktional. Unzweckmäßig, nicht zielführend, in der KVT auch für *irrational*.

Elenktik. Die Kunst des Beweisens, Widerlegens und Überführens.

Encheiridion (Enchiridion). Ein kurzgefasstes Handbuch.

Epistemologisch. Die Epistemologie, die → Erkenntnistheorie betreffend, erkenntnistheoretisch.

Eristik. Die Kunst und die Technik des wissenschaftlichen Disputs.

Eristisch. Auf die Art der → Eristik.

Erkenntnistheorie. Der Teil der Philosophie, der sich mit dem Wesen und dem Umfang der Erkenntnis beschäftigt. Die → Sophisten und Sokrates behandeln erste erkenntnistheoretische Ansätze. Wichtige Vertreter in der Neuzeit sind Descartes und Kant. Grundaussage: Alle philosophischen Betrachtungen haben mit der Prüfung des Erkenntnisvermögens zu beginnen. Ansätze, die negieren oder bezweifeln, dass Realität objektiv wahrnehmbar ist (Agnostizismus, Skeptizismus, Fiktionalismus), stehen denen gegenüber, die diese Möglichkeit bejahen und an der Erlebniswelt festmachen (Empirismus, Sensualismus, Phänomenalismus, Positivismus). Andere Modelle unterscheiden sich darin, dass behauptet wird, Erkenntnis sei durch Vernunft zu gewinnen (Rationalismus), Erkenntnis sei unmittelbar durch Erfahrung mit der Außenwelt bestimmt (naiver Realismus) oder lediglich mittelbar (kritischer Realismus) oder Erkenntnis führe ohnehin nicht über den Bewusstseinbereich hinaus (Idealismus).

Eschatologisch. Die Lehre vom Endschicksal des Menschen und der Welt, den Tod und das Jenseits betreffend.

Eusebie. Die Gottesfurcht und Frömmigkeit.

Gefühlsstern. Das Wort „Gefühl" wird in der Alltagssprache oft mit recht unterschiedlicher Bedeutung verwendet. Die seelischen Gefühle (oder Emotionen) des Menschen unterscheiden sich jedoch nicht oder nur unwesentlich von denen höher entwickelter Tiere. Sie lassen sich auf wenige Bereiche begrenzen und beschreiben: Freude und Zuneigung als angenehme Empfindungen, Gleichgültigkeit als neutrale, Angst, Ärger, Scham, Trauer und Niedergeschlagenheit als unangenehme. Eine Vielzahl weiterer Begriffe zur Beschreibung von Gefühlszuständen sind entweder Mischformen aus diesen Emotionen (wie z.B. Eifersucht), oder sie dienen zur Bestimmung ihrer Stärke, der Gefühlsintensität.

Gefühle gehen mit mehr oder weniger großer Aufregung, dem Erregungsniveau, einher. In der Regel empfindet man Emotionen um so stärker, je höher die sie begleitende Erregung ist. (Ausnahme: Beim Gefühl der Niedergeschlagenheit nimmt das Erregungsniveau ab, je intensiver die Deprimiertheit wird.)

In nachfolgender Abbildung bezeichnet der grau unterlegte Kreis in der Mitte des Gefühlssterns das Grunderregungsniveau und den Gefühlszustand, den man erlebt, wenn eine Situation als neutral angesehen wird (Gefühl der Gleichgültigkeit). Je weiter die Gefühle nun nach außen auf den Strahlen angesiedelt sind, um so höher ist das sie begleitende Erregungsniveau. Mit wachsender Entfernung vom neutralen Gefühl nach innen schwächt es sich ab. Es

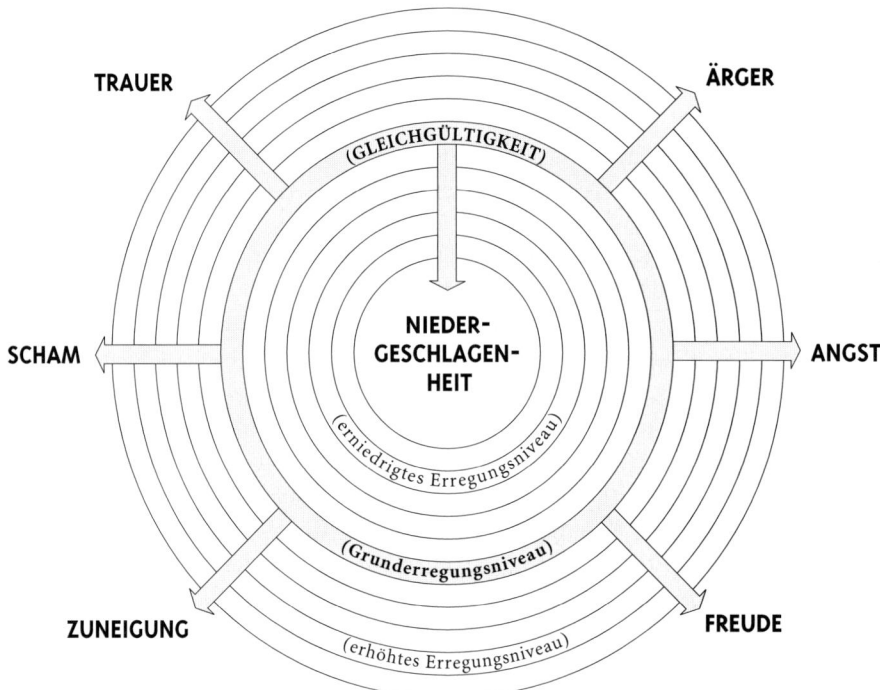

Gefühlsstern mit Einteilung nach dem Erregungsniveau

liegt dann unter dem Normalniveau. Die eingezeichneten Kreise stellen diese unterschiedlichen Erregungsniveaus dar.

Grundsätzlich ist es leichter, ein Gefühl in ein anderes auf derselben Erregungshöhe zu verändern, als das Erregungsniveau innerhalb einer Gefühlsdimension zu verringern und das Gefühl weniger intensiv zu empfinden. Je höher aber das Erregungsniveau ist, umso intensiver fallen die damit verbundenen körperlichen (physiologischen) Begleitsymptome aus. Und je ausgeprägter diese Reaktionen ausfallen, desto größer ist auch der Stress, den die Person ihrem Organismus zufügt. Dies kann zu psychosomatischen Reaktionen führen. Wie der Organismus auf Stress reagiert, ist abhängig von der Konstitution der betreffenden Person. Mit der Veränderung eines Gefühls in ein anderes auf demselben Erregungsniveau können psychosomatische Erkrankungen nicht verhindert werden, sondern nur durch eine Senkung des Erregungsniveaus (vgl. Stavemann, 2001).

Induktion. Der Schluss vom Besonderen auf das Allgemeine. Aristoteles unterscheidet dabei Induktion durch einfache Aufzählung und Induktion durch vollständige Auszählung. Die Skeptiker bezweifeln die Berechtigung von Induktionsschlüssen, da nie alle Einzelfälle berücksichtigt werden könnten. Beispiel: Aus der Beobachtung, dass alle Menschen unter Wasser ersticken, lässt sich die allgemeine Erkenntnis folgern, dass Menschen keine Wassertiere sind.

Induktionsschluss. → Induktion.

Induktive Abstraktion/Modelle/Methode. → Induktion.

Irrationales Denken. Nicht → rationales Denken.

Kategorischer Imperativ. Ein unbedingt gültiges ethisches Gesetz, das (von Immanuel Kant aufgestellte) allgemeinste Sittengesetz, nach dem man stets so handeln soll, als ob die eigene Handlungsmaxime zum universalen Naturgesetz werden würde.

Kognitive Modelle. Die Modelle, die in die Erklärung der Reaktion auf einen Stimulus kognitive Variablen einbeziehen oder gar zur allein bestimmenden Größe machen. In der Psychotherapie sind dies vor allem A. Ellis mit seiner Rational-emotiven (Verhaltens-)Therapie, A. Beck mit der Kognitiven Therapie, M.C. Maultsby und M. Mahoney mit ihren Modellen der Kognitiven Verhaltenstherapie und D. Meichenbaum mit der Kognitiven Verhaltensmodifikation.

Lebenszielanalyse. Besonders bei depressiven Patienten sollte vor Beginn des Veränderungsprozesses eine Lebenszielanalyse erfolgen, um zu prüfen, ob der Patient überhaupt noch Lebensziele besitzt und wenn ja, ob diese erreichbar sind. Hat der Patient grundsätzlich erreichbare Ziele genannt, ist zu prüfen, ob er dafür zielgerichtete, sinnvolle und realistische Pläne besitzt, ob er Etappenziele festgelegt hat, und ob er bereit ist, die aus der Zielverfolgung resultierenden Konsequenzen zu ertragen.

Als Hilfsmittel lässt sich dabei folgendes Schema verwenden, wobei der Patient als Hausaufgabe die einzelnen Felder mit den entsprechenden lang-, mittel- und kurzfristigen Zielen auszufüllen hat:

	Ist-Zustand	30 Jahre	5 Jahre	1 Jahr
Lebensein-kommen:				
Partnerschaft, Familie, Freunde:				
Hobby, Freizeit, Vergnügungen:				

Dabei ist zunächst für den Ist-Zustand anzugeben, welche Aktivitäten der Patient zur Zeit in den einzelnen Bereichen zeigt. Danach erfolgen die Zielbeschreibungen für jeden einzelnen Bereich, zunächst für die langfristigen Ziele, da die mittel- und die kurzfristigen sich ja an diesen auszurichten haben („Bitte geben Sie für den Bereich... an, was Sie hier in... Jahren erreicht haben möchten.") Als günstig hat sich erwiesen, dabei auch die aktuelle und angestrebte Energie- und Zeitverteilung (z.B. in Prozent) zu erheben, da diese oftmals erheblich zwischen Soll- und Ist-Zustand differiert.

Lerngesetze. → Lerntheorie.

Lerntheorie. Die Lehre vom Lernen, in der Regel im Sinne des → Behaviorismus, beschreibt die gesetzmäßigen Auswirkungen von gelernten Vorerfahrungen auf Verhaltensreaktionen. Dabei werden hauptsächlich zwei Lerntypen unterschieden: Die klassische (der 'bedingte Reflex') und die instrumentelle Konditionierung (das 'Lernen am Erfolg'). Ausgangspunkt der Lerntheorien sind quantitative Analysen von Abläufen wie dem Übungsfortschritt und des Vergessens, aus denen Vergessens- und Lernkurven abgeleitet werden. Vertreter einiger Theorien sind: E.R Guthrie (Kontiguitätstheorie: eine → S-R-Theorie), E.L. Thorndike (Effekt-Gesetz: Lernen am Erfolg), C.L. Hull (Theorie der Verstärkung von Reaktionstendenzen: eine → S-R-Theorie), E.C. Tolman (Orientierungstheorie), O.H. Mowrer (Zwei-Faktoren-Theorie) und A. Bandura (Beobachtungslernen).

Mäeutik. Die Hebammenkunst. In der Philosophie: Die sokratische Methode, mit der durch gezielte Fragen Einsichten und Antworten herausgearbeitet werden, die zuvor nur unbewusst vorhanden sind.

Metaphysik. „Jenseits der Physik". Die philosophische Lehre, die die Gründe und Zusammenhänge des Seins über das naturwissenschaftlich fassbare hinaus behandelt. Teilbereiche der Metaphysik sind die Ontologie, die Kosmologie, die philosophische Anthropologie und die Theologie. Wichtigste Vertreter: Platon, Aristoteles, Plotin, Thomas von Aquin, Descartes, Spinoza, Leibnitz, Kant, Fichte, Hegel.

Metaphysisch. Überempirisch, den menschlichen Erfahrungshorizont überschreitend.

Methode des Paarvergleichs. → Paarvergleich.

Nicht-Evidenz-Wissen. Evidenz: Die innere Gewissheit um die Gültigkeit oder Wahrheit einer Erkenntnis

Nominalisierung. Die sprachliche Wiedergabe eines andauernden Prozesses durch ein abgeschlossenes Ereignis. Häufig wird dadurch – bewusst oder unbewusst – versucht, die eigene Verantwortung für eine jetzt mögliche neue Entscheidung zu verbergen.

Paarvergleich. Eine Skalierungsmethode, bei der die Rangfolge durch den Vergleich von Item-Paarungen hergestellt wird. In der therapeutischen Praxis wird die Methode des Paarvergleichs beispielsweise angewendet, um Übungsleitern zu erstellen:

Um eine Übungsleiter zu erstellen, werden zunächst verschiedene problemtypische Situationen auf kleine Zettel geschrieben und anschließend in eine Schwierigkeits-Rangreihe gebracht. Dazu werden die leichteste und die schwierigste Übung bestimmt. Sie erhalten die Rangplätze 1 und 10, alle weiteren Zettel fügt man nun ein, indem man sie mit jeder bereits eingeordneten Übung im Hinblick darauf vergleicht, ob sie leichter, schwerer oder gleich schwer ist. Auf diese Weise ordnet man so viele Übungsbeispiele ein, bis möglichst auf jeder Schwierigkeitsstufe mindestens zwei verschiedene Aufgaben stehen.

(1) — (2) — (3) — (4) — (5) — (6) — (7) — (8) — (9) — (10)
niedrigste Schwierigkeitsstufe   *höchste Schwierigkeitsstufe*

Paradigmenwechsel. In der Philosophie: Der Wechsel einer wissenschaftlichen oder philosophischen Erklärung oder Sichtweise von der Welt, der Wechsel eines Weltbildes.

Pathos. Gefühlsüberschwang. In der Antike: Das Hinweggetragenwerden von Stimmungen und Emotionen. (Im Gegensatz zum Ethos, dem sittlichen Charakter des Menschen, der sich in seinem Handeln zeige.)

Phänomenologisch. Die → Phänomenologie betreffend.

Phänomenologie. Die Lehre von den Erscheinungen. Eine philosophische Richtung, in der man davon ausgeht, dass Verhalten stärker durch die Art bestimmt ist, wie man Phänomene (Dinge, so wie sie sich dem Betrachter zeigen, und was sie ihm bedeuten) erfasst, als durch eine physikalisch definierbare, äußere Realität.

Problem höherer Ordnung. Hierarchische Probleme entstehen, wenn jemand im Laufe der Zeit ein Problem mit seinem (älteren) Problem entwickelt. Dabei gibt es verschiedene Möglichkeiten, sich wegen alter, unangemessener Gefühle in neue emotionale Turbulenzen zu stürzen: Selbstärger oder Scham wegen Angst, Angst vor der Angst, Angst vor körperlichen Begleitsymptomen einer Emotion, Angst vor Ärger oder Aufregung, Deprimiertheit wegen Deprimiertheit, Deprimiertheit wegen Angst, Ärger wegen Ärger.

Übergeordnete Probleme können die Bearbeitung der ursprünglichen Problematik behindern oder gar völlig blockieren, da deren Existenz ja vom Patienten nicht akzeptiert wird. Die therapeutische Arbeit wird zuerst immer mit dem neueren, dem übergeordneten Problem beginnen, um danach, nach der Akzeptanz der alten Problematik, auch diese bearbeiten zu können. Unerkannte Probleme höherer Ordnung führen in der Regel zu Therapieabbrüchen oder Misserfolg (aus: Stavemann, 1999).

Protreptik. Die Heranführung, Ermunterung oder Aufforderung zu philosophischer Betrachtung eines Themas.

Prytaneion. Das Versammlungshaus der Ratsherren im antiken Athen.

Rationale Alternative. In der Kognitiven (Verhaltens-)Therapie: Ein von M.C. Maultsby im Rahmen seiner → Rational-Self-Analysis (RSA-Modell) geprägter Begriff, der die neue, funktionale Denkweise beschreibt, die zu angemessenen Gefühls- und Verhaltensreaktionen führt.

Rationales Denken. Die Kriterien für angemessenes Denken werden erfüllt: Das Denken stützt sich möglichst auf Tatsachen statt auf Meinungen und Spekulationen, und es widerspricht nicht der Realität. Es ist auf das Erreichen persönlicher Ziele ausgerichtet. (Dies bedeutet auch, dass es nur die dafür nötige emotionale Belastung verursacht und unnötige Selbstkonflikte bzw. Konflikte mit den Mitmenschen oder der Umwelt vermeidet.) Die Kriterien für rationales Denken wurden im Bereich der Kognitiven (Verhaltens-)Therapie zuerst von M.C. Maultsby formuliert.

Rational-Self-Analysis (RSA). Das – von M.C. Maultsby entwickelte – Modell zur rationalen Selbstanalyse von Denkmustern (RSA-Modell). Wie mit dem → ABC-Modell (Ellis) und dem → SAE-Modell (Stavemann), können damit Denkmuster auf Angemessenheit und Zielgerichtetheit geprüft und die Auswirkungen → irrationalen Denkens durch dessen Austausch mit der → rationalen Alternative behoben werden.

Regress. In der Philosophie: Das gedankliche Zurückschreiten vom Besonderem zum Allgemeinen, vom Bedingten zur Bedingung, von der Symptomatik zur Ursache.

Regressive Abstraktion. Eine Begriffsbildung oder Verallgemeinerung, die regressiv (auf Art eines Regresses, vom Besonderen zum Allgemeinen zurückschreitend) gewonnen wird.

Regressive Methode. Auf Art eines → Regresses.

Reiz-Reaktions-Zusammenhang. In der behavioristischen Theorie besagt der Reiz-Reaktions-Zusammenhang, dass auf einen Stimulus (S) direkt die Reaktion (R) folgt, ohne dass dabei kognitive oder motivationale Aspekte eine Rolle spielen bzw. berücksichtigt werden: Stimulus-Response (S-R)-Theorien.

SAE-Modell. → Selbstanalyse von Emotionen.

Selbstanalyse von Emotionen. Das Modell zur Selbstanalyse von Emotionen (SAE) ist ein erweitertes → ABCZ-Modell, in dem zusätzlich das Bewertungssystem B auf Zielgerichtetheit und Angemessenheit geprüft und gegebenenfalls so verändert wird, dass das veränderte, neue Denkmuster nun zu den Zielreaktionen (Z) führt.

Das SAE-Modell im Überblick

I Das Erstellen des ABCZ-Modells

A: Augenblickliche Situation
(Was geschieht gerade zum Zeitpunkt, als ich diese Gedanken oder dieses Gefühl habe? Was könnte hier jeder ohne Vorwissen wahrnehmen und beschreiben?)

B: Bewertungssystem
1. Meine persönliche Sichtweise von A (Was sehe ich mit meinem Vorwissen und meinen Normen in der Situation A?)
2. Schlussfolgerungen und vermutete Konsequenzen aus 1. (Wie interpretiere ich das? Welche Schlussfolgerungen ziehe ich aus meiner persönlichen Sichtweise von A? Welche Konsequenzen vermute ich?)
3. Bewertung meiner Schlussfolgerungen und vermuteten Konsequenzen (Wie finde bzw. fände ich das?)

C: Konsequenzen
1. Gefühlsreaktion (Welches Gefühl habe ich nach B? Gibt es körperliche Begleitsymptome?)
2. Verhaltensreaktion (Was genau tue ich daraufhin? Wie verhalte ich mich?)

| Z: | Zielsetzungen |

1. Zielgefühl
(Welches Gefühl halte ich in der Situation A für angemessen und zielführend?)

2. Zielverhalten
(Welches Verhalten finde ich in der Situation A angemessen und zielführend?)

II Die Diskussion des ABCZ-Modells

DA: Diskussion der augenblicklichen Situation A

(Beziehe ich mich auf einen konkreten Zeitpunkt? Habe ich Interpretationen oder Bewertungen vermieden? Ist A sachlich beschrieben?)

ggf.: Mein neues, verbessertes A lautet:

DC: Diskussion der Konsequenzen

1. Diskussion der Gefühlsreaktion:
(Ist ein Gefühl genannt? Falls mehrere genannt sind, entsprechend viele
ABCs erstellen. Ist dies das Gefühl in der Situation A? Habe ich Interpretationen und Bewertungen vermieden? Gehören die körperlichen Begleitsymptome zu *diesem* Gefühl?)

ggf.: Meine neue, verbesserte Gefühlsreaktion lautet:

2. Diskussion der Verhaltensreaktion:
(Ist eine konkrete Verhaltensreaktion genannt? Bezieht sie sich auf A?)

ggf.: Meine neue, verbesserte Verhaltensreaktion lautet:

DZ: Diskussion der Zielsetzungen

1. Diskussion des Zielgefühls:
(Ist ein Gefühl genannt? Ist es sinnvoll, realistisch, erreichbar? Bezieht es
sich auf den Zeitpunkt A? Habe ich Interpretationen und Bewertungen
vermieden?)

ggf.: Mein neues, verbessertes Zielgefühl lautet:

2. Diskussion des Zielverhaltens:
(Ist konkretes Verhalten beschrieben? Bezieht es sich auf A? Ist es realistisch, erreichbar, sinnvoll? Habe ich Interpretationen und Bewertungen

vermieden? Vermute ich neue Fähigkeiten wegen der Gefühlsänderung? Ist es ein Lernziel?)

ggf.: Mein neues, verbessertes Zielverhalten lautet:

Die Anforderungen an gesundes Denken

Ich prüfe meine Denkmuster auf Angemessenheit anhand folgender Merkmale:

DB: Diskussion des Bewertungssystems

1. Diskussion der persönlichen Sichtweise
   (Beschreibe ich Ereignisse tatsachengetreu? Vermeide ich ungeprüfte Aussagen, Gerüchte, Phantasie, moralische Wertvorstellungen? Gibt es Beweise für oder gegen meine Sichtweise?)

2. Diskussion der Schlussfolgerungen und vermutete Konsequenzen
   (Sind die Schlussfolgerungen zwingend und logisch? Gibt es auch andere Möglichkeiten? Falls nein: weshalb nicht? Gibt es Beweise dafür oder dagegen? Sind die *Konsequenzen* zwingend *so*? Falls nein: was könnte noch passieren? Was wäre, wenn es so einträte? Hilft es, dauernd an die möglichen Folgen zu denken?)

3. Diskussion der Bewertung
   (Ist sie angemessen? Würdigt sie alle Vor- und Nachteile? Ist es wirklich nicht auszuhalten, furchtbar oder katastrophal, oder ginge das Leben trotzdem weiter? Weshalb sollte es mir peinlich sein? Wieso ist das eine Sauerei? Ist es *so* schlimm, dass *diese* Konsequenzen angemessen sind?)

B^neu: Neue Zielgedanken (Merksätze)

(Was will ich künftig in so einer Situation A denken lernen? Wird dies das angestrebte Zielgefühl und Zielverhalten bewirken?)

(vgl. Stavemann, 2001)

A, B, C, Z: Diese Punkte entsprechen dem → ABCZ-Modell.
DA: Bei der Diskussion von A prüfen wir, ob die Wiedergabe der *augenblicklichen Situation* den dafür aufgestellten Anforderungen genügt.
DC: Bei der Diskussion der Konsequenzen wird geprüft, ob die Beschreibung der tatsächlichen *Gefühls- und Verhaltensreaktion* die notwendigen Bedingungen erfüllt.

DZ: Bei der Zieldiskussion wird untersucht, ob das angestrebte *Zielgefühl und Zielverhalten* hinsichtlich der übergeordneten persönlichen Zielsetzungen, Lebensziele und Zielhierarchien realistisch, widerspruchsfrei, angemessen und zielführend ist.

Die Anforderungen an gesundes Denken sind die Maßstäbe zur Beurteilung von Denkweisen, die Entscheidungskriterien dafür, ob ein B angemessen oder unangemessen, sinnvoll oder unsinnig, zielführend oder nicht zielführend ist (→ rationales Denken).

DB: Hier werden die einzelnen Teile von B auf Angemessenheit und Zielgerichtetheit geprüft.

Bneu beschreibt zusammengefasst die erarbeitete angemessene Denkweise, die wir künftig in Situationen, wie dem angeführten A, verwenden wollen.

Skinner. B.F. Skinner, ein amerikanischer Psychologe in der Nachfolge J.B. Watson's, dem Begründer des → Behaviorismus, der Mitte des 20. Jahrhunderts die Verhaltenstherapie entwickelt.

Sokratismus. Die Verbreitung und das Vertreten der sokratischen Lehre.

Sophist. Der „Weisheitslehrer", im antiken Athen ein gut bezahlter Wanderlehrer, der die Jugend in Wissenschaft, Philosophie und Redekunst ausbildet.

Sophistisch. Auf die Art der Sophisten.

S-R-Theorie. → Reiz-Reaktions-Zusammenhang.

Stoa. Eine Philosophenschule, die von Zeno und Chrysipp um 300 v.Chr. in Athen gegründet wird. Durch Cicero kommt der Stoizismus, die Lehre der Stoiker, nach Rom. Bekannteste Vertreter sind dort Seneca, Epiktet und Marc Aurel.

Syllogistik. Die Lehre von den Schlüssen.

Syllogismus: Syllogismen bezeichnen logische Schlüsse unterschiedlichster Art, z.B. die einfachste Form eines → deduktiven Schlusses: Aus zwei Urteilen (Prämissen) wird ein drittes (Konklusion) geschlossen. Beispiel: Alle psychischen Probleme sind auch emotionale Probleme. Der Patient hat ein psychisches Problem, also hat der Patient auch ein emotionales Problem.

Synonymik. Die Lehre von den Bedeutungsunterschieden sinnverwandter Wörter.

Synonymisch. Die Synonymik betreffend.

Verstärkerprinzipien. Die Prinzipien und Gesetze von Verstärkung sind zentraler Bestandteil der verschiedenen → Lerntheorien. Von Verstärkung spricht man, wenn durch Belohnungen oder Bestrafungen in nachfolgenden gleichen Situationen eine Verhaltensänderung durch Konditionierung erfolgt (klassische, instrumentelle oder operante Konditionierung). Verstärkende Reize können extern (z.B. soziale oder materielle Belohnung und Bestrafung) oder intrinsisch sein (z.B. Eigenlob).

Literatur

Aristophanes. (o.J.). Die Wolken (dt.). Mit Nachwort und Anmerkungen von O. Seel. Ditzingen: Reclam.

Aristoteles. (1968). Sophistische Widerlegungen. Hamburg: Meiner.

Aristoteles. (1994). Metaphysik. Reinbek: Reclam.

Aristoteles. (1997). Eudemische Ethik. Berlin: Akademie-Verlag.

Aristoteles. (1999). Rhetorik. Ditzingen: Reclam.

Armstrong, A. (1959). An Introduction to Ancient Philosophy. Westminster: University Paperbacks.

Aurel, M. (1992). Selbstbetrachtungen. Frankfurt/M.: Insel.

Bandler, R. & Grinder, J. (1981). Metasprache und Psychotherapie, Struktur der Magie I. Paderborn: Jungfermann.

Beck, A.T. (1976). Cognitive therapy and the emotional disorders. New York: International University Press.

Beck, A.T. (1979). Wahrnehmung der Wirklichkeit und Neurose, Kognitive Psychotherapie emotionaler Störungen. München: Pfeiffer.

Beck, A.T. (1985). Cognitive Therapy, behavior therapy, psychoanalysis, and pharmacotherapy: A cognitive continuum. In M. Mahoney & A. Freeman (Hrsg.), Cognition and psychotherapy. New York: Plenum Press.

Beck, A.T. (1988). Love is never enough. New York: Harper & Row.

Beck, A.T. & Emery, G. (1981). Kognitive Verhaltenstherapie bei Angst und Phobien. Tübingen: DGVT.

Beck, A.T. & Freeman, A. (1993). Kognitive Therapie der Persönlichkeitsstörungen. Weinheim: Psychologie Verlags Union.

Beck, A.T. & Greenberg, R.L. (1979). Kognitive Therapie bei der Behandlung von Depressionen. In N. Hoffmann (Hrsg.), Grundlagen kognitiver Therapie. Bern: Huber.

Beck, J.S. (1999). Praxis der Kognitiven Therapie. Weinheim: Psychologie Verlags Union.

Beck, A.T., Rush, A.J., Shaw, B.F. & Emery, G. (1996). Kognitive Therapie der Depression (5. Aufl.). Weinheim: Psychologie Verlags Union.

Beck, A.T., Wright, F.D., Newman, C.F. & Liese, B.S. (1997). Kognitive Therapie der Sucht. Weinheim: Psychologie Verlags Union.

Bernard, M.E. (Hrsg.) (1991). Using Rational-Emotive Therapy Effectively. New York: Plenum Press.

Bernard, M.E. & DiGuiseppe, R. (Hrsg.) (1989). Inside rational-emotive therapy: A critical appraisal of the theory and therapy of Albert Ellis. New York: Academic Press.

Bönsch, M. & Schäffner, L. (Hrsg.) (1986). Theorie und Praxis, Bd. 11. Hannover.

Capelle, W. (1992). Nachbemerkung. In Epiktet. Wege zum glücklichen Handeln. München: Eugen Diederichs Verlag.

Chessick, R.D. (1971). Why Psychotherapists Fail. New York: Science House.

Chessick, R.D. (1977). Great Ideas in Psychotherapy. New York: Jason Aronson.

Chessick, R.D. (1982). Sokrates: First Psychotherapist. The American Journal of Psycho-analysis, 42 (1).

Chessick, R.D. (1992). What constitutes the patient in psychotherapy: alternative approaches to understanding humans. Sranton: Jason Aronson.

Davison, G.C. & Neale, J.M. (1998). Klinische Psychologie (5. Aufl.). Weinheim: Psychologie Verlags Union.

Diekstra, R.F.W. & Dassen, W.F.M. (1982). Rational-Emotive Therapie. Lisse: Swets & Zeitlinger.

Dryden, W. (1984). Rational-Emotive Therapy. Fundamentals and Innovations. Guildford: Croom Helm.

Dryden, W. & Trower, P. (Hrsg.) (1986). Rational-Emotive Therapy. Recent Developments in Therapy and Practice. Bristol: Institute for RET, UK.

Ellis, A. (1962). Reason and emotion in psychotherapy. New York: Lyle Stuart.

Ellis, A. (1973). Humanistic Psychotherapy: The rational-emotive approach. New York: The Julian Press.

Ellis A. & Harper, R.A. (1975). A New Guide to Rational Living. Hollywood: Wilshire Book Company.

Ellis, A. (1977). Die rational-emotive Therapie. Das innere Selbstgespräch bei seelischen Problemen und seine Veränderung. München: Pfeiffer.

Ellis, A. (1979a). Die wichtigsten Methoden der rational-emotiven Therapie. In A. Ellis & R. Grieger (Hrsg.), Praxis der rational-emotiven Therapie. München: Urban & Schwarzenberg.

Ellis, A. (1979b). Psychotherapie und der Wert eines Menschen. In A.Ellis & R. Grieger (Hrsg.), Praxis der rational-emotiven Therapie. München: Urban & Schwarzenberg.

Ellis, A. (1985). Overcoming Resistance. New York:Institute for Rational-Emotive Therapy.

Ellis, A. (1988). How to Stubbornly Refuse to Make Yourself Miserable About Anything – Yes, Anything. N.J.: Lyle Stuart.

Ellis, A. (1991). Using RET Effectively. Reflections and Interview. In M.E. Bernard (Hrsg.), Using Rational-Emotive Therapy Effectively. New York: Plenum.

Ellis, A. (1992). Group Rational-Emotive and Cognitive Behavioral Therapy. International Journal of Group Psychotherapy, 42 (1), 63–80.

Ellis, A. (1995). Better, deeper, and more enduring brief therapy: the rational emotive behavior therapy approach. New York:Brunner & Mazel.

Ellis, A. & Abrahms, E. (1978). Brief Psychotherapy. New York: Institute for Rational Living.

Ellis, A. & Becker, I. (1982). A Guide to Personal Happiness. Hollywood: Wilshire Book Company.

Ellis, A. & Dryden, W. (1987). The practice of rational-emotive therapy (RET). New York: Springer Publishing Company.

Ellis, A. & Grieger R. (Hrsg.) (1979). Praxis der rational-emotiven Therapie. München: Urban & Schwarzenberg.

Ellis, A. & Hoellen, B. (1997). Die Rational-Emotive Verhaltenstherapie – Reflexionen und Neubestimmungen. Stuttgart: Pfeiffer.

Emery, G. (1981). A New Beginning – How you can change your life through cognitive therapy. New York: Simon & Schuster.

Eng, E. (1974). Modern Psychotherapy and Ancient Rhetorics, Psychotherapy and Psycho-somatic, 24, 493–496.

Epiktet. (1958). Handbüchlein der Ethik. Dt. und Einleitung von E. Neitzke. Stuttgart: Reclam.

Epiktet. (1984). Handbuch der Moral und Unterredungen. Hrsg. H. Schmidt, neu bearbeitet von K. Metzler. Stuttgart: Kröner.

Epiktet. (1992). Wege zum glücklichen Handeln. Dt. von W. Capelle. München: Eugen Diederichs Verlag.

Flechsig, K.-H. (1996). Kleines Handbuch didaktischer Modelle. Bonn: Künzell.

Fliegel, S. (Hrsg.) (1994). Verhaltenstherapeutische Standardmethoden: ein Übungsbuch. Weinheim: Psychologie Verlags Union.

Försterling, F. (1980). Disputationstechniken in der Rational-Emotiven Therapie, RET-Report, 1 (1).

Fuhrmann, M. (1986). Anmerkungen und Nachwort. In Platon, Apologie des Sokrates. Stuttgart: Reclam.

Goldfried, M.R. & Davison, G.C. (1976). Clinical behavior therapy. New York: Holt, Rinehart & Winston.

Habermas, J. (1997). Nachmetaphysisches Denken (2.Auf.). Frankfurt/M: Suhrkamp.

Hautzinger, M. (Hrsg.) (1994). Kognitive Verhaltenstherapie bei psychischen Erkrankungen. Berlin: Quintessenz.

Hautzinger, M. (2000a). Kognitive Verhaltenstherapie bei Depressionen (5. Aufl.). Weinheim: Psychologie Verlags Union.

Hautzinger, M. (2000b). Depression im Alter. Weinheim: Psychologie Verlags Union.

Hautzinger, M. (Hrsg.) (2000c). Kognitive Verhaltenstherapie bei psychischen Störungen (3. Aufl.). Weinheim: Psychologie Verlags Union.

Hautzinger, M., Stark, W. & Treiber, R. (1994). Kognitive Verhaltenstherapie bei Depressionen (3. Aufl.). Weinheim: Psychologie Verlags Union.

Heckmann, G. (1981). Das Sokratische Gespräch. Erfahrungen in philosophischen Hochschulseminaren. Hannover: Hermann Schroedel.

Herrmann, U.U. (1999). Fragen an die Rationalität des Konzeptes der voraussetzungslosen Selbstakzeptanz in der REVT. Zeitschrift für Rational-Emotive & Kognitive Verhaltenstherapie, 10, 25–36.

Hoellen, B. (1986). Stoizimus und RET. Pfaffenweiler: Centaurus.

Hoffmann, N. (1979). Einstellungsänderung und kognitive Therapie. In N. Hoffmann (Hrsg.), Grundlagen kognitiver Therapie. Bern: Huber.

Hoffmann, N. (Hrsg.) (1979). Grundlagen kognitiver Therapie. Bern: Huber.

Horster, D. (1986). Das Sokratische Gespräch in der Erwachsenenbildung. In M. Bönsch & L. Schäffner (Hrsg.), Theorie und Praxis, Bd. 11. Hannover.

Horster, D. (1994). Das Sokratische Gespräch in Theorie und Praxis. Opladen: Leske + Budrich Verlag.

Jacobi, C., Thiel, A. & Paul, T. (2000). Kognitive Verhaltenstherapie bei Anorexia und Bulimia nervosa (2. Aufl.). Weinheim: Psychologie Verlags Union.

Janis, I.L. & Feshbach, S. (1953). Effects of fear-arousing communications. Journal of Abnormal and Social Psychology, 48, 78–92.

Janis, I.L. & Feshbach, S. (1954). Personalty differences associated with responsivness to fear-arousing communication. Journal of Personality, 23, 154–166.

Kafka, G. (1921). Sokrates, Platon und der sokratische Kreis. München: Ernst Reinhardt Verlag.

Kammer, D. & Hautzinger, M. (Hrsg.) (1988). Kognitive Depressionsforschung. Bern: Huber.

Kant, I. (1990). Die Metaphysik der Sitten. Ditzingen: Reclam.

Kant, I. (1995). Kritik der reinen Vernunft. Köln: Könemann.

Kraemer, S. & Möller, H.-J. (2000). Kognitive Verhaltenstherapie bei schizophrenen Störungen. In M. Hautzinger (Hrsg.), Kognitive Verhaltenstherapie bei psychischen Störungen (3. Aufl.). Weinheim: Psychologie Verlags Union.

Krohn, D., Horster, D. & Heinen-Tenrich, J. (Hrsg.) (1989). Das Sokratische Gespräch – Ein Symposium. Hamburg.

Lakatos, A. & Reinecker, H. (1999). Kognitive Verhaltenstherapie bei Zwangsstörungen: ein Therapiemanual. Göttingen: Hogrefe.

Lazarus, A.A. (1976). Multimodal Behavior Therapy. New York: Springer Publishing Company.

Linden, M. & Hautzinger, M. (Hrsg.) (1993). Verhaltenstherapie: Techniken und Einzelverfahren. Berlin: Springer.

Lloyd, A.C. (1978). Emotion and decision in Stoic psychology. In J.M. Rist (Hrsg.), The Stoics. Berkeley: University of California Press.

Lotz, N.W. & Diekstra, R.F.W. (1996). Rational-Emotive Therapie: Eine zusammenfassende Betrachtung (2. Aufl.). Frankfurt/M.: Eschborn.

Lückert, H.R. & Lückert, I. (1994). Einführung in die kognitive Verhaltenstherapie. München: Ernst Reinhardt Verlag.

Mahoney, M. (1974). Cognition and behavior modification. Cambridge: Ballinger.

Mahoney, M. (1977). Kognitive Verhaltenstherapie. Neue Entwicklungen und Integrationsschritte. München: Pfeiffer.

Mahoney, M. (1991). Human change processes: The scientific foundations of psychotherapy. Delran: Basic Books.

Mahoney, M. & Freeman, A. (Hrsg.) (1985). Cognition and psychotherapy. New York: Plenum Press.

Mahoney, M.J. & Gabriel, J.G. (1987). Psychotherapy and the Cognitive Sciences: An Evolving Alliance. Journal of Cognitive Psychotherapy, 1 (1), 39–56.

Martens, E. (1992). Die Sache des Sokrates. Stuttgart: Reclam.

Maultsby, M.C. (1975). Help Yourself to Happiness (2.Aufl.). New York: Institute for Rational Living.

Maultsby, M.C. (1986). Coping Better … Anytime, Anywhere (2.Auf.). Appleton: Rational Self-Help Books.

Mead, G.H. (1969). Geist, Identität und Gesellschaft. Frankfurt/M.: Suhrkamp.

Mead, G.H. (1987). Gesammelte Aufsätze. Hrsg. von H. Joas. Frankfurt/M.: Suhrkamp.

Meichenbaum, D. (1977). Methoden der Selbstinstruktion. In F.H. Kanfer & A.P. Goldstein (Hrsg.), Möglichkeiten der Verhaltensänderung. München: Urban & Schwarzenberg.

Meichenbaum, D. (1979). Kognitive Verhaltensmodifikation. München: Urban & Schwarzenberg.

Meichenbaum, D. (1991). Interventionen bei Stress – Anwendung und Wirkung des Stressimpfungstrainings. Stuttgart: Huber.

Montgomery, R.W. (1993). The Ancient Origins of Cognitive Therapy: The Reemergence of Stoicism. Journal of Cognitive Psychotherapy, 7 (1), 5–19.

Neitzke, E. (1958). Einleitung. In Epiktet. Handbüchlein der Ethik. Stuttgart: Reclam.

Nelson, L. (1929). Die sokratische Methode (2. Aufl). Göttingen: Verlag „Öffentliches Leben".

Nelson, L. (1970ff). Gesammelte Schriften in neun Bänden. Hamburg.

Overholser, J.C. (1987). Facilitating autonomy in passive-dependent persons: An integrative model. Journal of Contemporary Psychotherapy, 17(4), 250–269.

Platon. (1957). Phaidros. Dt. und Einleitung von K. Hildebrandt. Stuttgart: Reclam.

Platon. (1961). Gorgias. Dt. von F. Schleiermacher, hrsg. von K. Hildebrandt. Stuttgart: Reclam.

Platon. (1964). Der siebente Brief. Dt. und hrsg. von E. Howald. Stuttgart: Reclam.

Platon. (1973). Der Staat. Stuttgart: Kröner.

Platon. (1975). Laches. Dt. und hrsg. von J. Kerschensteiner. Stuttgart: Reclam.

Platon. (1977). Charmides. Dt. und hrsg. von E. Martens. Stuttgart: Reclam.

Platon. (1978). Euthyphron. Dt. und hrsg. von O. Leggewie. Stuttgart: Reclam.

Platon. (1979). Das Gastmahl. Dt. und Einleitung von K. Hildebrandt. Stuttgart: Reclam.

Platon. (1986). Apologie des Sokrates. Dt. und hrsg. von M. Fuhrmann. Stuttgart: Reclam.

Platon. (1987a). Pharmenides. Dt. und hrsg. von E. Martens. Stuttgart: Reclam.

Platon. (1987b). Phaidon. Dt. von F. Schleiermacher, Nachwort von A. Graeser. Stuttgart: Reclam.

Platon.(1994). Menon. Dt. und hrsg. von M. Kranz. Stuttgart: Reclam.

Rist, J.M. (Hrsg.) (1978). The Stoics. Berkeley: University of California Press.

Rosen, M.A. & Wyer, R.S. (1972). Some further evidence for the „Socrates effect" using a subjective probability model of cognitive organisation. Journal of Social Psychology, 24, 490–494.

Rückert, R.-W. (1983). Überlegungen zu einer transformativen RET: Praktische Vorschläge. RET-Report, Jg. 4 (1), 29–59.

Schmidt, H. (1984). Einleitung. In Epiktet: Handbuch der Moral und Unterredungen. Stuttgart: Kröner.

Schnädelbach, H. (1977). Reflexion und Diskurs. Fragen einer Logik der Philosophie. Frankfurt/M.: Suhrkamp.

Schnädelbach, H. (1989). Zum Verhältnis von Diskurswandel und Paradigmenwechsel in der Geschichte der Philosophie. In D. Krohn, D. Horster & J. Heinen-Tenrich (Hrsg.), Das Sokratische Gespräch – Ein Symposium. Hamburg.

Schneider, S. & Margraf, J. (2000). Panikanfälle und Agoraphobie. In M. Hautzinger (Hrsg.), Kognitive Verhaltenstherapie bei psychischen Störungen (3. Aufl.). Weinheim: Psychologie Verlags Union.

Scholz, W.-U. (2000). Gewandelte Verhältnisse: Verhaltenstherapie : Kognitive (Verhaltens) Therapie : Rational-Emotive (Verhaltens) Therapie. Zeitschrift für Rational-Emotive & Kognitive Verhaltenstherapie, 11, 5–49.

Schröder, B. & Hahlweg, K. (2000). Partnerschaftsprobleme. In M. Hautzinger (Hrsg.), Kognitive Verhaltenstherapie bei psychischen Störungen (3. Aufl.). Weinheim: Psychologie Verlags Union.

Scott, J., Mark, J., Williams, G. & Beck, A. (Hrsg.) (1991). Cognitive Therapy in Clinical Practice. New York: Routledge.

Seidmann, P. (1982). Tiefenpsychologie. Stuttgart.

Seneca, L.A. (1953). Vom glückseligen Leben und andere Schriften. Dt. von L. Rumpel, Einleitung von P. Jaerisch. Stuttgart: Reclam.

Seneca, L.A. (1968). Briefe an Lucilius. Dt. und hrsg. von E. Glaser-Gerhard. Reinbek: Rowohlt.

Seneca, L.A. (1987). Epistulae morales. Paderborn: Schöningh.

Siebert, U. (1996). Das Sokratische Gespräch. Darstellung seiner Geschichte und Entwicklung. Kassel: Weber, Zucht & Co.

Simmler, M. (1985). Pädagogik als Praxis der Vernunft. Über die sokratische Methode, das Lernen zu lehren. Frankfurt/M.: Peter Lang.

Skinner, B.F. (1974). About Behaviorism. New York: Vintage Books.

Skinner, B.F. (1977). Why I am not a cognitive psychologist. American Psychologist, 32, 1–10.

Stavemann, H.H. (1982). Meine Gedanken machen mich krank. Lisse: Swets & Zeitlinger.

Stavemann, H.H. (1995, 1999). Emotionale Turbulenzen (1., 2. Aufl.). Weinheim: Psychologie Verlags Union.

Stavemann, H.H. (2001). Im Gefühlsdschungel – Emotionale Krisen verstehen und bewältigen. Weinheim: Psychologie Verlags Union.

Steil, R. (2000). Posttraumatische Belastungsstörungen. In M. Hautzinger (Hrsg.), Kognitive Verhaltenstherapie bei psychischen Störungen (3. Aufl.). Weinheim: Psychologie Verlags Union.

Wagenschein, M. (1975). Verstehen lehren. Genetisch-Sokratisch-Exemplarisch (5. Aufl.). Weinheim: Beltz.

Walen, S.R., Di Guiseppe, R. & Wessler, R.L. (1980). A Practitioners Guide to Rational-Emotive Therapy. New York: Oxford University Press.

Walen, S.R., Di Guiseppe, R. & Wessler, R.L. (1982). RET-Training, Einführung in die Praxis der rational-emotiven Therapie. München: Pfeiffer.

Wilken, B. (1998). Methoden der Kognitiven Umstrukturierung. Stuttgart: Kohlhammer.

Woolfolk, R.L. & Sass, L.A. (1989). Philosophical foundations of rational-emotive therapy. In M.E. Bernard & R. DiGuiseppe (Hrsg.), Inside rational-emotive therapy: A critical appraisal of the theory and therapy of Albert Ellis. New York: Academic Press.

Xenakis, I. (1969). Epictetus: Philosopher-therapist. Den Haag: Martinus Nijhoff.

Xenophon. (1956). Die sokratischen Schriften; Memorabilien, Symposion, Oikonomikos, Apologie. Dt. und hrsg. von E. Bux. Stuttgart.

Xenophon. (1980). Erinnerungen an Sokrates. Ditzingen: Reclam.

Xenophon. (1988). Hellenika. Dt. und hrsg. von G. Strassburger. München.

Young, J.E. (1990). Cognitive therapy for personality disorders: A Schema-focused approach. Sarasota: Professional Resources Exchange.

Stichwortverzeichnis

Das ganze Spektrum psychotherapeutischer Verfahren in einem Buch

Jürgen Kriz
Grundkonzepte der Psychotherapie
5., vollständig überarbeitete Auflage
2001.
325 Seiten. Gebunden.
ISBN 3-621-27451-0

Schreibt man eine Geschichte der Psychotherapie, beginnt man oft bei Freud. Man sollte aber nicht bei ihm stehen bleiben. Seit den Anfängen der Psychoanalyse mit Freud, Adler oder Jung hat sich ein ganzes Spektrum psychotherapeutischer Verfahren entwickelt.
Sie reichen von verhaltenstherapeutischen Ansätzen wie der rational-emotiven Therapie über humanistische Ansätze wie Gesprächspsychotherapie und Psychodrama bis zu systemischen Ansätzen der Paar- und Familientherapie.

In seinem beliebten Standardwerk hat Jürgen Kriz die wichtigsten Konzepte psychotherapeutischer Verfahren zusammengestellt und erklärt. Überschaubare, klar gegliederte Kapitel beschreiben Entstehungsgeschichte, Fragestellungen und Vorgehen der verschiedenen Therapieverfahren. Auch Verfahren, von denen im Kontext von Arbeit und Beruf zu hören ist, wie z.B. die Transaktionsanalyse, haben ihren Platz. Die ansprechende Aufbereitung der überarbeiteten und erweiterten Neuauflage sowie zahlreiche Abbildungen und ein modernes, zweifarbiges Layout lockern die Darstellung auf und laden zum Schmökern ebenso ein wie zum ernsthaften Studieren.

Verlagsgruppe Beltz · Postfach 100154 · 69441 Weinheim · www.beltz.de

Differenziert – anschaulich – faszinierend!

Gerald C. Davison • John M. Neale
M. Hautzinger (Hrsg.)
Klinische Psychologie
6., neu übersetzte und vollständig
überarbeitete Auflage 2002
Gebunden. 848 S. € 49,90
ISBN 3-621-27458-8

Die Klinische Psychologie gehört zu
den schillerndsten Gebieten der Psychologie.
Die neue Übersetzung basiert auf der
aktuellen 8. amerikanischen Auflage
von 2001 und vermittelt einen anschaulichen
Überblick über das ganze Spektrum
psychischer Störungen:
Entstehung, Behandlung und Erforschung.

Das beliebteste amerikanische Lehrbuch –
über 1 Million verkaufte Bücher – für
Klinische Psychologie zeichnet sich in deut-
scher Übersetzung aus durch:
- Die sorgfältige Anpassung an deutsche und
  europäische Verhältnisse (Psychothera-
  peutengesetz, Internationale Klassifikati-
  onssysteme etc.),
- Fokuskästen zu wichtigen Studien (z.B.
  Berliner Altersstudie) und interessanten
  Fällen,
- die Integration neuester Forschungs-
  ergebnisse,
- die ausführliche Darstellung von psychischen Störungen im Alter,
- die kritische Reflexion der Möglichkeiten
  und Grenzen verschiedener Forschungs-
  und Therapieansätze,
- ein eigenes Kapitel zur Psychotherapie-
  forschung,
- die Erörterung ethischer und rechtlicher
  Rahmenbedingungen psychologischer
  Interventionen.

Verlagsgruppe Beltz • Postfach 100154 • 69441 Weinheim • www.beltz.de

Das neue unverzichtbare Standardlehrbuch für Juristen und Psychologen

Mediation aus dem Blickwinkel der Psychologie: Ein Lehrbuch für Psychologen und Juristen und ein Markstein auf dem Weg zu einer standardisierten und professionellen Mediation.

Die Psychologie liefert wichtige Einsichten für eine erfolgreiche Mediation.
Die Autoren weisen auf Mängel der gängigen Verfahren hin und räumen mit etlichen »Mythen« auf. Ausführlich erklären sie anhand psychologischer Theorien – etwa zu Motivation, Emotion, Kreativität und (subjektiver) Wahrnehmung von Recht und Gerechtigkeit –, wie die Mediation zu verbessern ist.
Den Anwendungsbezug verlieren sie dabei nicht aus dem Auge: Anschauliche Beispiele und Checklisten erleichtern die Umsetzung in die Praxis. Ein Glossar schließlich hilft Juristen und Psychologen bei der »Übersetzung« der jeweiligen Fachtermini.

Leo Montada/Elisabeth Kals
Mediation
Lehrbuch für Psychologen und Juristen
2001. 302 Seiten. Gebunden. € 44,50
ISBN 3-621-27492-8

Verlagsgruppe Beltz • Postfach 100154 • 69441 Weinheim • www.beltz.de

Hilfe zur Selbsthilfe – was kann man tun, wenn Gefühle den Alltag beherrschen?

Stavemann
Im Gefühlsdschungel
Emotionale Krisen verstehen und bewältigen

BELTZ*PVU*

Harlich H. Stavemann
Im Gefühlsdschungel
Emotionale Krisen verstehen und bewältigen
2001. 323 Seiten. Gebunden.
ISBN 3-621-27497-9

Wie beeinflussen typische Denkmuster unsere Gefühle? Was tun, wenn die Gefühle den Alltag beherrschen? Harlich H. Stavemann weist Wege aus dem Gefühlsdschungel!
In diesem Buch erfahren Sie, wie man sich mit krank machenden Denkmustern und damit einhergehenden Gefühlen den gesamten Alltag »versaut«, … und wie man dies ändern kann.
Sie erfahren, wie emotionale Krisen entstehen und wodurch sie aufrecht erhalten werden. Sie erleben anhand zahlreicher Fallbeispiele, wie unser Denken unsere Gefühle und unser Verhalten bestimmt. Sie erkennen, zu welchen typischen Denkmustern Sie selbst neigen und wie Sie besser damit umgehen können. Konkrete Übungsaufgaben und Tipps erleichtern Ihnen die Übertragung gewonnener Einsichten auf eigene Probleme und helfen Ihnen, Ihre Veränderungsziele zu planen und zu erreichen.

Verlagsgruppe Beltz · Postfach 100154 · 69441 Weinheim · www.beltz.de

Die praxisorientierte Einführung in die KVT

Wesentlich an Kognitiver Verhaltenstherapie ist der Prozess der »kognitiven Umstrukturierung«: Gemeinsam mit den Patienten werden irrationale oder krank machende Denkmuster aufgedeckt, durch neue funktionale Denkweisen ersetzt und trainiert. Die vorliegende Einführung bietet Therapeuten eine Systematik zur Strukturierung emotionaler Turbulenzen.

Schritt für Schritt und anhand fachlich kommentierter Fallbeispiele beschreibt der Autor das therapeutische Vorgehen beim kognitiven Umstrukturieren in 5 Phasen:
1. Vermitteln des kognitiven Modells
2. dysfunktionale Denkweisen auffinden
3. diskutieren, ob sie realitätsbezogen sind
4. funktionale Denkweisen erarbeiten
5. diese alternativen Denkweisen trainieren.

Jedes Kapitel schließt mit Übungs- bzw. Ausbildungsfragen und weiterführender Literatur. Insbesondere für Berufsanfänger und Ausbildungskandidaten ist die grundlegende Überarbeitung der »Emotionalen Turbulenzen« eine unentbehrliche Hilfe.

Harlich H. Stavemann
Therapie emotionaler Turbulenzen
Einführung in die
Kognitive Verhaltenstherapie
3., vollst. überarb. Auflage 2003
Gebunden. X, 284 S.
ISBN 3-621-27530-4

Verlagsgruppe Beltz • Postfach 100154 • 69441 Weinheim • www.beltz.de

Der Schlüssel zur kompetenten Gruppenentwicklung und Gruppenführung

Eberhard Stahl
Dynamik in Gruppen
Handbuch der Gruppenleitung
Mit einem Geleitwort
von Friedemann Schulz von Thun
1. Auflage 2002
Gebunden. 400 S. € 29,90
ISBN 3-621-27515-0

Das Leben in Gruppen gehört zu unserer menschlichen Existenz selbstverständlich und unausweichlich dazu. Wir brauchen andere, um uns sicher zu fühlen, um produktiv arbeiten zu können und um zu wissen, wer wir selbst sind.

Unsere Fähigkeit und Bereitschaft, uns in immer neue Gruppenzusammenhänge einzufügen und sie ertragreich zu gestalten, wird heute stärker gefordert denn je. Wo es immer weniger einengende und verlässliche Schablonen für das Miteinander gibt, müssen Gruppen sich weitgehend selbst erfinden.

Vor dem Hintergrund dieser Entwicklungen hat die Frage nach dem Wesen und Funktionieren von Gruppen an Aktualität gewonnen - vor allem für jene von uns, die als Vorgesetzte, Lehrer oder in der Rolle des Supervisors und Coaches Leitungsfunktionen in Gruppen wahrnehmen.

Ihnen bietet das Buch eine schlüssige theoretische Grundlage und ein darauf abgestimmtes Repertoire an Interventionen zur Entstörung und Entwicklung von Gruppen. Eine verständliche, lebendige Sprache erleichtert den Zugang zu den Grundgedanken, die konkret und praxisnah, auch anhand vieler Praxisbeispiele dargestellt werden.

Verlagsgruppe Beltz · Postfach 100154 · 69441 Weinheim · www.beltz.de